农业保险理论与实证研究
——以河北省为例

周稳海　赵桂玲　著

河北大学科研创新团队培育与扶持计划
（2016年“一省一校”专项经费）资助出版

科学出版社
北　京

内 容 简 介

本书运用理论与实证的方法，研究农业保险发展的一般规律及河北省农业保险的实践经验。首先，在农业保险相关理论研究的基础上，对国内外农业保险成功经验、河北省农业保险发展现状及问题进行系统分析。其次，运用动态面板模型实证研究河北省农业保险对农民收入和农业生产的影响效应，并运用二元离散模型实证分析河北省农业保险的需求意愿和影响因素，进而对河北省农业保险区划、费率厘定等问题进行深入的探讨。最后，根据河北省实际，提出完善河北省农业保险发展的对策建议。

本书可为各级政府农业主管部门、保险监管部门、保险机构、农业经济管理相关领域的科研院所的工作人员，以及高等学校师生提供有益参考。

图书在版编目（CIP）数据

农业保险理论与实证研究：以河北省为例/周稳海，赵桂玲著. —北京：科学出版社，2017

ISBN 978-7-03-056145-9

Ⅰ.①农… Ⅱ.①周… ②赵… Ⅲ.①农业保险-研究-河北 Ⅳ.①F842.66

中国版本图书馆 CIP 数据核字（2017）第 317792 号

责任编辑：田悦红 李 娜 / 责任校对：王万红

责任印制：吕春珉 / 封面设计：图阅盛世

科学出版社 出版

北京东黄城根北街 16 号

邮政编码：100717

http://www.sciencep.com

北京京华虎彩印刷有限公司 印刷

科学出版社发行 各地新华书店经销

*

2017 年 12 月第 一 版 开本：B5（720×1000）

2017 年 12 月第一次印刷 印张：11 3/4

字数：236 000

定价：58.00 元

（如有印装质量问题，我社负责调换〈京华虎彩〉）

销售部电话 010-62136230 编辑部电话 010-62135763-2015

前　言

农业是人类生存和发展的基础，而农业保险是农业生产风险分散和风险补偿的重要经济手段，是实现农业现代化的重要保障。为建设社会主义新农村，解决“三农”问题，2004～2017年中央“一号文件”连续14次强调农业保险的作用，提出建立政策性农业保险制度、设立农业保险试点、开发农业保险新产品等重要内容。河北省自2007年实行政策性保险制度以来，在河北省政府和中国保险监督管理委员会的大力支持下，河北省农业保险发展迅速，保险覆盖面迅速扩大，保障水平不断提高，农业保险对农业生产的作用不断增强。2015年河北省农业保险保费收入为22亿元，居全国第6位，参保农户达1304.5万户，保险金额达639.6亿元，支付赔款17.2亿元，受益农户达239.5万户。在此背景下，作者应时代要求，对河北省农业保险运行过程中的相关问题展开全面系统的研究，提出改善农业保险服务质量，保证农业生产快速、健康、可持续发展的对策建议，对农业保险的健康发展具有重要的理论与现实意义。

作者在研究过程中综合运用文献研究、问卷调研、比较分析、实证分析、规范分析等研究方法。首先，在农业保险相关理论研究的基础上，比较分析国内外先进地区农业保险的成功经验，实证检验农业保险对农民收入的影响。其次，论述河北省农业保险发展的现状和存在的问题，运用动态面板模型实证分析农业保险对农业生产的影响效应，在此基础上运用二元离散模型实证检验河北省农业保险的需求意愿和影响因素。再次，根据河北省农业风险及经济发展水平等因素将河北省进行农业保险分区，并比较分析不同区域农业保险对农业生产的影响，进而对河北省各市玉米保险费率水平进行厘定。最后，提出了完善河北省农业保险发展的对策建议。

河北省农业保险虽然已经取得显著成果，但在保费来源、产品开发、道德风险防范、法律建设等方面还存在诸多不足。有关部门应该从加大政策支持力度，扩大保费来源；健全农业保险经营的生态环境；完善农业保险经营模式，提升农业保险服务水平等方面完善农业保险制度，以进一步推动农业保险的快速发展。

本书由河北大学周稳海和河北金融学院赵桂玲撰写，感谢研究生马晨、刘亚静等对河北省农业保险分区和玉米保险费率的厘定等内容所做的贡献。

由于作者水平有限，加之受理论水平、时间条件等因素的制约，书中难免会存在不足之处，许多相关问题还有待进一步深入研究和探索，敬请各位读者指正，共同探讨，以促进和改善我们今后的研究工作。

目　　录

第1章 绪　论

1.1 研究背景

河北省作为农业大省，农业生产在全国占据着举足轻重的地位。2015年河北省拥有3614万农民，约占全省人口的48.7%，耕地面积为652.55万公顷，其中，粮食、棉花、油料作物播种面积分别为639.25万公顷、35.93万公顷、41.66万公顷，猪肉、牛肉、羊肉产量为369.9万吨，牛奶产量为473.1万吨。近年来，河北省农业正由传统农业向现代农业迅速迈进，绿色经济和区域特色的农业经济蓬勃发展，农业在全省经济中发挥着越来越重要的作用。但是河北省一直是自然灾害较为严重的省份之一，其主要灾害有旱灾、水灾、风灾、雹灾、病虫害、火灾等。例如，2016年7月，河北省遭受特大水灾，受灾人口达904万，经济损失达163.68亿元。

自然灾害每年都会给河北省农业生产带来一定的经济损失。农业保险是化解农业风险、促进农业生产的重要经济工具，为建设社会主义新农村，解决“三农”问题，2004～2017年“中央一号”文件连续14次强调农业保险的作用，先后提出探索建立政策性农业保险制度、农业保险保单质押贷款、收入保险及稳步扩大“保险+期货”试点等重要内容。河北省政策性农业保险试点始于2007年，经过十几年的运作，取得了显著成效。在此背景下，本书对河北省农业保险运行过程中的相关问题展开全面系统的研究分析，探索发展适合河北省具体省情的农业保险制度，提出提高农业保险的服务质量、增强农业保险运行效率的政策建议，对保证农业生产快速、健康、可持续发展，全面建设和谐社会具有重要的现实意义。

1.2 研究现状

关于农业保险方面的研究，国内外相关学者、政府部门和保险业界人士进行了很多的探索，主要集中在理论与实证两个方面。

1.2.1 农业保险理论研究

国内外学者针对农业保险的相关理论研究成果主要集中在农业保险的性质和

作用、农业保险需求、道德风险和逆向选择、政策补贴、运行模式、费率厘定、完善农业保险制度等方面。

1. 基于农业保险性质和作用的角度

很多学者认为农业保险具有公共产品的特征，如李军（1996）从私人物品和公共物品的角度对农业保险进行了界定，认为农业保险属于准公共物品；费友海（2005）指出农业保险具有的外部性、准公共物品的特性；陈璐（2004）、杜彦坤（2006）研究表明，农业保险虽然在消费上具有排他性，但是它同时具备公共物品的特征。对农业保险的作用，一些学者也进行了探讨，认为农业保险对农业生产具有很强的促进作用，如张遵东（1998）认为农业保险是建立社会主义市场经济补偿制度的重要组成部分，也是保险业为农业生产提供支持和保障的重要途径；曹卫芳（2013）进一步指出，农业保险是推动农业现代化的动力。

2. 基于农业保险需求的角度

一些学者利用效用理论分析了农业保险需求，如 Neumann 和 Morgenstern（1947）从期望效用最大化的角度为保险需求研究提供了理论依据；Arrow（1963）指出，只有当购买保险的效用水平高于未购买保险的效用水平时，消费者才会选择购买保险，当保险费高到一定程度时，由于购买保险后的效用水平并未提高，消费者就会选择购买保险。还有一些学者认为农民的风险偏好和财富水平是影响保险需求的因素，如 Moschini 和 Hennessy（2001）研究认为，大量农民是所谓的“风险爱好者”，其风险爱好倾向在一定程度上造成农业保险参与率较低的事实；Serra 等（2003）在对农业保险需求的实证研究中发现，对于美国农民，当其初始财富到达一定程度以后，随着财富的增加其风险规避减弱，因而购买农业保险的动机降低。另外，冯文丽（2004）认为，中国农业保险处于“供需双冷”状态，即商业性农业保险市场表现为供给与需求都不旺盛，从而导致农业保险市场失灵。

3. 基于道德风险和逆向选择的角度

一些学者分析了道德风险和逆向选择的后果，如 Skees 和 Reed（1986）、Smith 和 Goodwin（1996）、Just 等（1999）一致认为道德风险和逆向选择提高了农作物保险的交易成本。另外一些学者分析了道德风险和逆向选择的表现形式，Knight 和 Coble（1997）就道德风险和逆向选择问题进行了研究，指出逆向选择和道德风险表现在农业保险的参与率上；Liang 和 Coble（2009）对道德风险进行了深入的研究，他们以密西西比州的棉花保险为例，用成本函数分析法探讨道德风险对棉花生产投入品的影响，研究表明在 1998～2006 年的个别年份道德风险会增加或减少农业投入，但并不是每年都存在，因此他们认为道德风险在特定条件下存在，与生产条件和销售条件有关；杨雪美等（2011）指出，投保农户与保险公司的逆向选择、心理风险和道德风险是农业保险信息不对称的主要表现形式，而农业生产的特殊性、农业风险的多样化、农业保险的利益外溢性、农民保险知识匮乏、诚信意识较差等是导致我国农业保险信息不对称问题产生的主要原因。还有一些学者提出了防范道德风险和逆向选择的建议，Ahsan 等（1982）、Nelson 和 Oehman（1987）、Chambers（1989）认为，保险公司为了避免投保人的道德风险和逆向选择问题，应该尽可能精确地划分风险单位，进行费率分区，细分费率档次；李勇杰（2008）从提高信息的透明度、构筑系统的道德风险监管体系、加强农户的道德意识等几个方面，提出了农业保险中道德风险的防范对策；温燕（2013）通过构建理论模型，分析了农户生产行为和农产品价格的关系，发现农产品价格越高，正常生产行为获得的利润越高，道德风险发生的概率越小，并指出价格保险可以在一定程度上降低道德风险。

4. 基于政策补贴的角度

一些学者对农业保险补贴的作用和标准进行了探讨，Glauber 等（2013）研究发现，由于农民参加农作物保险的主要动机是得到政府提供的补贴，假如取消政府提供的补贴，农业保险市场能否依然存在则具有不确定性。胡炳志和彭进（2009）认为补贴的不足和过高均会减少福利，并构建农业保险的福利经济学模型，分析了最优补贴边界的决定标准。一些学者分析了农业保险补贴的效果，Skees 等（1999）指出，政府的补贴由于很高的社会成本导致费率补贴失效；孙香玉和钟甫宁（2008）从福利经济学的角度出发，指出实行农业保险补贴所带来的潜在福利大于补贴带来的无谓损失。还有一些学者针对补贴现存的问题，提出了相应的对策建议，罗向明等（2011）指出我国农业保险补贴力度存在明显的地区差异，对东部补贴力度较大，而对西部补贴力度较小，提出应加大对西部地区农业保险的补贴力度的建议；肖卫东等（2013）认为我国农业保险补贴范围狭窄，应重新调整农业保险补贴的主要目标，完善补贴结构；张祖荣（2012）提出在保证一定投保率的条件下，确定适度保费补贴比例的方法，为政府科学制定保费补贴政策、确定保费补贴规模提供理论依据；张祖荣（2013）认为我国农业保险财政补贴方式单一，应实行地区差异化和险种差异化保费补贴的方式。刘从敏等（2016）认为我国农业保险存在财政补贴效率低下、补贴方式单一、中央财政补贴预算难以落实等问题，并从建立农业保险补贴效果评价体系、创新农业保险补贴机制、创新农业保险补贴方式、改进财政补贴资金拨付程序、创新农业保险财政补贴资金监管模式等方面提出了提高农业保险补贴效率的建议。

5. 基于农业保险运行模式的角度

一些学者基于国家层面对农业保险模式进行了研究，如黄公安（1937）在对国外农业保险的运作制度进行研究的基础上，结合中国的具体情况，对中国农业保险的实施意义及模式等方面进行了较为深入的研究。郭晓航（1986）在国内首先提出应推行农业保险政策性保险的观点。另外，庹国柱和李军（2003）认为农业保险作为准公共物品，只能采取国家财政支持下的政府经营方式或国家财政支持下的商业保险公司经营模式。还有一些学者提出了合作保险的运作模式，如姚海明和赵锦城（2004）、邓道才和郑蓓（2015）分析了建立合作制农业保险的可行性，并提出农业保险合作模式的相关建议。还有一些学者基于地方层面对农业保险模式进行了研究，如陈盛伟和郑文君（2004）通过深入分析山东农业保险在制度安排、经营管理等方面存在的问题，从目标定位、发展模式等多个角度，提出了建立山东政策性农业保险模式的构想。李燕（2011）通过对国外农业保险的模式进行比较研究，指出北部湾应实行政策性农业保险模式。

6. 基于费率厘定的角度

庹国柱和丁少群（1994）指出农作物风险和费率分区是成功开展农作物保险必不可少的先期准备工作和重要基础工作之一，并就农作物区域划分及费率厘定问题进行探讨；丁少群（1997）设计出农作物保险费率的计算公式，讨论了损失率平均时段问题，指出农业保险费率的计算应根据农作物单产分布和灾害发生规律，选用不同的技术和方法，并且在实际应用中不断调整；叶涛等（2012）在广泛综述国内外研究进展的基础上，探讨了产量统计模型中存在的主要问题，并就该模型未来发展的趋势进行了讨论。

7. 基于完善农业保险制度的角度

尹成远和周稳海（2006）通过分析美国、日本、法国农业保险的发展过程及其特点，从财政支持、融资渠道、保险层次、法制法规、人才建设等方面提出了完善农业保险的建议。张跃华等（2007）从政府、保险公司和农户三个维度对浙江、上海、江苏的农业保险制度及运行经验进行了分析，指出政策性农业保险是一种分散农户风险的重要工具，实施农业保险必须有明确的政策目的，并且政策性农业保险的保障品种需要划分不同的层次。陈世金等（2009）分析了河北省农业保险的运行问题，并从立法、财政和税收政策、风险分散等方面提出了完善河北省农业保险的风险分散机制。施红（2010）认为应根据政府与保险公司的风险偏好，构建由低风险报酬和高风险报酬共同组成的激励机制，以激发保险公司参与政策性农业保险的经营管理、控制保险公司的道德风险、提高农业保险的运作效率。庹国柱（2012）提出从法律体系、制度的顶层设计、研究和管理机构等方面提出了完善农业保险的建议。赵长保和李伟毅（2014）通过比较借鉴美国农业保险市场的成功经验，指出应该明晰政府在农业保险管理服务中的责任，进一步拓展农业保险的服务领域，设计多层次的保险产品；胡振华和傅晓晓（2016）通过对上海地区农业保险的调研分析，提出应通过政府财政支持、增加农民收入、建立大灾分散机制、推行农险立法、提高规避意识等方面来推进农业保险的发展。

1.2.2 农业保险实证研究

国内外学者对农业保险实证方面进行了大量的研究，研究成果主要集中在农业保险作用、农业保险需求、农业保险财政补贴、农业保险费率厘定、农业保险经营风险、农业保险经营效率等方面。

1. 基于农业保险作用的角度

国内外的研究成果一致认为农业保险对农业生产具有很大的促进作用，Just等（1999）、Glauber（2004）的研究发现，1981～1993年美国的参保农户平均每支付1美元的保费，就能够获得2美元的赔付，而这一时期，参保率最高达到40%左右；周稳海等（2015）收集河北省2007～2013年11个地级市的面板数据，构建静态和动态面板计量模型，实证分析了河北省农业保险对农业生产影响的方向和力度，实证结果一致认为农业保险对农业生产具有显著的促进作用；唐德祥和周雪晴（2016）运用格兰杰因果检验的方法，选取1982～2012年的实际运行数据进行研究，结果表明农业保险对农民收入具有正向影响。

2. 基于农业保险需求的角度

学者大多利用实地调研的方法研究农业保险需求，如Wright和Hewitt（1994）通过调查发现，影响农业保险需求的前5位的原因分别是保障太低、保费太高、更愿意自己承担风险、农场是分散化经营的、拥有其他农作物保险，这5种原因占总原因的84.9%。宁满秀等（2005；2006）在对新疆玛纳斯河流域340户棉农调研的基础上，利用调研数据实证研究了农户购买农业保险的影响因素。另外，侯玲玲等（2010）利用调研数据，构建logistic模型，研究发现农业保险补贴是影响农户购买保险需求的主要原因。杜鹏（2011）利用对湖北省5个县的调查数据进行研究，结果表明家庭农业人口数量、农业收入占比、贷款经验、对农业风险的认知、对农业保险的了解程度、保单产量保障水平、政府信任水平和政府补贴等因素均与农业保险需求呈显著正相关关系，而个人承担保费水平与农业保险需求呈负相关关系。王洪波（2016）利用相同的方法，首先分析了新型经营主体与传统农户在农业保险需求方面的异同，并构建logistic二元选择模型，对各经营主体的保险需求进行对比分析，发现随着规模化经营的逐步推进，合作社、龙头企业等新型经营主体对农业保险的需求更为强烈。聂荣和沈大娟（2017）利用对辽宁省农户的调查数据，通过构建Heckman两阶段模型，从微观层面实证研究了农业保险参保决策的影响因素，研究结果表明农业收入、农业灾害、耕地面积、家庭资产数量、农户受教育程度、农业保险的满意程度等均对农户参保决策有正向影响，而农业生产性支出对农户的参保决策影响不显著，农户风险偏好、负债对农户参保决策均具有负向影响。叶明华（2015）通过对江苏省 585 个农户的问卷调查获取数据，并通过 Pearson 相关性分析和 BP 神经网络进行保险购买决策模拟研究发现，制度诱导是农业保险的主要驱动力，应从农户的风险认知、保险认同的提升入手，结合农业保险险种与服务创新，使农业保险与不同农业经营主体的生产决策目标相匹配，以提高农户对农业保险的需求。另外，还有的学者利用两步模拟方程分析法研究了农业保险需求问题，如 Coble（1996）利用该方法分析了农户是否购买保险及购买何种保险的决策，认为影响保险购买决策的因素有初始财富、风险规避系数、产量均值、产量标准差、价格均值、价格标准差、风险发生概率、灌溉比率及选择购买收入保险而非数量保险的决策等。

3. 基于农业保险财政补贴的角度

一些学者的研究表明财政补贴对农业保险的发展具有极为重要的作用，如王凯和段胜（2009）在对相关文献研究的基础上，构建了自向量回归（vector autoregression，VAR）模型，对影响我国农业保险发展的因素进行了实证分析，得出政府的财政补贴是决定我国农业保险发展的最显著因素的结果。郑军和朱甜甜（2014）通过对农业保险财政补贴效率进行模拟分析，其研究表明政府财政补贴额是影响农业保险补贴效率的重要因素，农业保险财政补贴的产出弹性为 0.0825。另外，还有学者研究了我国农业保险补贴的效果，如施红（2008）的实证研究表明，农业保险政策补贴的实施效果并不尽如人意，财政补贴的耗散情况较为突出，财政压力较大，提出应提高对农户的保险费补贴，建立健全中央财政支持体系的建议。郑军和汪运娣（2017）对东部、中部、西部三大地区农业保险差异性需求和财政补贴的影响进行统计分析，发现经济发达地区农业保险发展的边际财富效应低于经济欠发达地区，发达地区高补贴和高保障、欠发达地区低补贴和低保障状况使不同地区间农民收入差距进一步扩大。因此，应形成以中央政府财政补贴为主，省级、市级、县级和乡（镇）级财政补贴相结合的多层次农业保险财政补贴制度。

4. 基于农业保险费率厘定的角度

众多学者利用不同的方法对农业保险费率厘定进行了广泛的研究，提高了费率厘定的精度和效率。例如，王丽红等（2007）利用农作物区域产量保险费率厘定的方法，对河北省安国市玉米保险费率进行厘定，得出在 80%的保障水平下纯保险费率为 3.4%，在 70%的保障水平下纯保险费率为 2.9%。梁来存（2009）利用非参数核密度法，分析粮食保险的纯费率厘定方法，并以高斯函数作为核函数，以 Silverman 的经验法则确定带宽，厘定了我国粮食单产保险的纯费率。刘锐金等（2012）利用湖北省 1991～2007 年县级水稻单产数据，借助 WinBUGS 进行 Gibbs 抽样估计，根据 DIC 准则进行选择最优模型，预测了 1992～2009 年各县市的水稻单产，并基于 2008 年预测单产及其后验分布，厘定县级水稻产量保险的纯费率。肖宇谷等（2014）通过 Bootstrap 方法模拟测试的方法，根据黑龙江 14 个县市的玉米产量数据，对玉米的农业保险费率进行了计算。

5. 基于农业保险经营风险的角度

一些学者认为农业风险具有显著的区域差异，如陈新建和陶建平（2008a）根据农作物生产风险程度大致类似的原则，运用聚类分析法对湖北省水稻生产县市进行了风险等级划分，结果表明湖北省水稻生产风险表现出高度的区域差异性。叶明华（2016）根据 1980～2014 年江、浙、沪、皖 71 个气象站点的降水量数据进行研究，结果表明灾害的空间集聚性易导致粮食主产区的政策性农业保险面临较高的赔付风险。还有一些学者对农业保险大灾风险的防范和测度方法进行了研究，如庹国柱等（2013）指出建立农业保险大灾风险管理制度的重要意义，并对农业保险大灾风险管理制度的基本框架进行了讨论，提出了建立和管理大灾风险准备金的原则和方式，测算了中央级大灾风险准备基金的规模；张琳和白夺林（2016）采用超越阈值模型拟合巨灾损失分布，运用期望损失衡量巨灾损失程度，提出湖南省种植业保险巨灾准备金的测算方法，研究结果表明湖南地区种植业保险巨灾准备金提取比例较低。另外，余欣等（2016）还利用黑龙江省 2010～2015 年生猪出场价格以及养殖户实际购买二等玉米价格的统计数据，测算出平均猪粮比值，并从保险公司经营风险的角度出发对黑龙江省未来开展生猪价格指数保险的经营风险进行了探讨。

6. 基于农业保险经营效率的角度

一些学者分析了保险公司经营农业保险的效率，认为农业保险的社会效率和公司效率成反比，如周文杰（2014）从交易成本的角度，建立农业保险效率评价指标体系，并利用 2007～2012 年中国农业保险的经营数据进行实证研究，表明保险公司农业保险的经营效率越高，社会价值越小。有的学者研究了农业保险的总体效率，认为农业保险的总体效率不是很高，并且存在地区差异，如李心愉等（2015）从企业和区域的视角，利用规模报酬可变（banker-charnes-cooper，BCC）模型和面板 Tobit 模型分析了我国农业保险开展的效率，其研究表明从企业样本分析结果来看，农业保险开展的效率总体不高，从区域实证结果来看，农业保险整体效率偏低但呈现逐年递增趋势。我国农业大省的农业保险效率低于全国平均水平，西部地区农险效率均高于中部和东部地区。还有一些学者研究了农业保险补贴的效率，认为农业保险补贴效率普遍较低，如张旭光和赵元凤（2014）利用数据包络分析（data envelopment analysis，DEA）模型，对农业保险财政补贴效率进行评价，结果表明农业保险的保费补贴效率有待提高，不同地区保险补贴存在一定差异。黄颖（2015）利用 DEA 静态分析和 Malmquist 动态分析方法分析我国农业保险保费补贴的规模效率和管理效率，研究表明二者均不太理性，技术效率变化率和技术进步指数呈下降趋势。孙蓉和奉唐文（2016）选取 2008～2013 年 14 家经营农业保险业务的保险公司相关数据，运用松弛变量测度（slacks based measure，SBM）模型和 DEA 方法，测算了各公司的经营效率，并运用面板 Tobit 模型分析了效率的影响因素。结果发现，农业保险的效率整体上还处于较低水平，但有逐渐上升的趋势，专业性农业保险公司的农业保险经营效率高于非专业性农业保险公司，并且公司经营规模越大，营业费用率越低，农业保险收入在公司总保费收入中占比越高，越有助于公司提升农业保险经营效率。另外，冯文丽等（2015）利用 Tobit 模型分析了农业保险效率的影响因素，研究表明农作物播种面积、农民人均纯收入、种植险平均费率、综合赔付率、承保利润率和保费补贴显著影响农业保险效率。

以上学者主要对国内外关于农业保险的性质、需求情况、道德风险、财政补贴、运行模式、费率厘定及运行效率等问题进行了一定的研究和探讨，但针对河北省农业保险的运行现状、现存问题、需求意愿、农业保险对农业生产的影响、制约河北省农业保险需求和供给的因素、经营区划、费率厘定等问题的研究还不多见。因此，本书将在以上文献研究的基础上对河北省农业保险发展中存在的问题进行系统的理论与实证分析，探索完善河北省农业保险的政策路径，以提高农业保险的经营效率和服务水平。

1.3　研究内容

本书的研究内容具体分为 12 章。

第 1 章是绪论。在对农业保险的研究背景进行论述的基础上，对国内外农业保险的相关文献进行总结梳理，并对研究内容和研究方法进行说明，进而对主要创新点进行提炼。

第 2 章是农业保险相关理论。对农业保险的相关理论，即农业的弱质性理论、农业保险外部性理论、福利经济学理论、政策性农业保险理论、农业保险需求理论、农业保险区划理论进行总结探讨，旨在为后面的实证分析和对策建议的提出奠定理论基础。

第 3 章是国内外农业保险经验及启示。对我国的上海、浙江、四川、黑龙江，以及美国、日本、法国、印度、菲律宾的农业保险经营制度进行了比较分析的基础上，从法律建设、经营模式、巨灾风险防范、保险产品等方面总结了给河北省农业保险发展带来的启示。

第 4 章是农业保险对农民收入影响的实证研究。首先从灾前效应与灾后效应两个方面分析农业保险对农民收入影响的作用机制，然后利用 2008～2012 年中国省际面板数据，构建动态面板系统广义矩估计（generalized method moments，GMM）模型对该作用机制进行实证分析。研究表明：农业保险灾前风险预防、风险转移效应和灾后赔偿效应均对农民收入具有显著的正向影响，但灾前效应的作用力度明显大于灾后的作用力度。因此，在大力发展农业保险的同时应增大灾后补偿范围和补偿比例，充分发挥农业保险灾后效应对农民增收的促进作用。

第 5 章是河北省农业保险发展现状与问题分析。首先回顾河北省农业保险的发展历程，其次分析河北省农业保险发展现状，最后对河北省农业保险的现存问题进行论述，旨在为对策建议的提出提供现实基础。

第 6 章是河北省农业保险对农业生产影响效应的实证研究。首先分析河北省农业保险对农业生产影响的发展现状和现存问题，然后采集河北省 2007～2013 年 11 个地级市的面板数据，构建静态和动态面板计量模型，实证分析了河北省农业保险对农业生产影响的方向和力度，并对实证结果进行了子样本的稳健性检验。无论是全样本还是子样本，实证结果一致认为：农业保险对农业生产具有显著的促进作用，并且其对农业生产的促进作用依赖于各地区的农业风险水平，其影响力度会随着农业风险水平的增加而增大；另外，人均农作物播种面积、农业保险赔付率、人力资本对农业生产也具有正向影响，而农业风险对农业生产具有负向影响。

第 7 章是河北省农业保险投保意愿的实证分析。该部分利用农户调查数据，通过选取指标，建立二元选择模型对影响农业保险投保意愿的因素进行了实证分析。研究结果表明：年龄与农业保险投保意愿呈负相关关系；耕地面积、农户对农业保险的了解程度、农业生产每年平均损失均与农业保险投保意愿呈正相关关系，而人们的收入水平对农业保险投保意愿影响不大，农户的参保意愿主要取决于农户对农业保险的了解程度。

第 8 章是河北省农业保险需求影响因素的实证分析。该章利用河北省 2006～2011 年 11 个地级市的面板数据，使用面板单位根检验、面板协整检验以及面板误差修正模型，就人均生产总值、耕地面积、当期赔付率、前期赔付率等因素与河北省农业保险需求之间的关系进行了短期波动和长期均衡分析。结果显示：人均生产总值无论是在短期还是在长期，都对农业保险需求产生了显著的促进作用；耕地面积、当期赔付率和农业保险需求在长期都呈显著正相关关系，短期影响很小；前期赔付率无论是在长期还是在短期，都对农业保险需求产生了显著的抑制作用。

第 9 章是河北省农业保险分区的实证研究。该部分选取农业保险购买能力、农业生产水平、农业机械化程度、农业风险及政府财政支持 5 个指标，以河北省 132 个县作为观测样本，利用聚类分析的方法，对河北省农业保险发展的县域环境进行了区域划分。研究结果表明：第一区包含 29 个县，农业生产水平良好，农村居民收入较高，农业机械化水平最高，政府收入较高，农业风险居中；第二区包含 69 个县，农业生产水平居中，农村居民收入居中，农业机械化水平居中，政府收入较差，农业风险最低；第三区包含 34 个县，农业生产水平、农村居民收入、农业机械化水平都处于较差的水平，农业风险较高，但是政府收入居中。最后根据各区的特点，针对三个区域提出了农业保险发展相应的对策建议。

第 10 章是河北省农业保险促进农业生产的区域比较研究。该章选取代表农业生产状况和农业保险发展水平的指标，利用聚类分析，将河北省 11 个地级市分成 3 个区域，然后选取 2007～2013 年市际面板数据实证研究了农业保险对农业生产的促进效果。研究结果表明：三个区域农业保险对农业生产均有正向促进作用，但其作用大小各区之间存在着显著差异，按作用由大到小依次为第一区、第二区和第三区；另外，人均资本、人均农作物播种面积、人均化肥施用量、人力资本对农业生产也具有正向影响，而农业风险对农业生产具有负向影响。

第 11 章是河北省玉米气象保险费率厘定的实证分析。该章首先将 1993～2010 年河北省各地级市玉米单产数据利用趋势模型进行趋势拟合，并剔除趋势得到平稳的玉米单产数据，然后运用单产分布模型分别厘定出各个地级市玉米产量保险的费率。研究表明：各个地级市玉米产量保险的费率普遍偏高，且各个地级市费率差别较大，并根据研究结果提出政府需加大补贴力度、保险公司应实行区域差别费率的政策建议。

第 12 章是河北省农业保险发展的对策研究。在以下三个方面提出了完善河北省农业保险的对策建议：加大政策支持力度，扩大保费来源；健全农业保险经营的生态环境；完善农业保险经营模式，提升农业保险服务水平。

1.4 研究方法

1. 文献研究法

通过系统地查阅和梳理国内外关于农业保险理论与实践的相关资料文献及研究成果，并在分类评述的基础上，建立农业保险的理论分析框架，为实证研究、对策提出、模式选择及产品创新提供了理论支持。

2. 问卷调查法

精心设计科学的调查问卷，对河北省各市农户、农业生产企业及保险公司进行实地调研，获取了第一手相关数据。为分析河北省农业保险供求状况及现存问题，探索影响农业保险发展因素，实证分析河北省农业保险需求意愿提供了翔实的数据支持。

3. 比较分析法

通过对我国的上海、浙江、四川、黑龙江，以及美国、日本、法国、印度、菲律宾的农业保险经营制度、模式、特点等进行比较分析，从法律建设、经营模式、巨灾风险防范、保险产品创新等方面总结给河北省农业保险发展带来的经验启示。

4. 实证分析法

利用动态面板模型、静态面板模型分别实证分析农业保险对农民收入和农业生产的影响；利用二元离散模型研究了农业保险实际需求和潜在需求的影响因素；利用聚类模型对河北省农业保险进行分区；利用保险精算模型厘定河北省各地级市玉米保险的保险费率水平。

1.5 创　新　点

1）首次基于河北省的角度，对河北省农业保险经营的区划问题进行探讨，并选取代表农业生产状况和农业保险发展水平的指标，利用聚类分析将河北省 11 个地级市分成 3 个区域，进而利用实证分析的方法研究农业保险对农业生产的促进效果及存在的差异。

2）首次从灾前效应和灾后效应两个方面分析农业保险对农业收入的影响机制，并对二者进行实证研究，为农业保险政策的完善提供理论依据，并将动态面板系统 GMM 模型应用到农业保险领域，GMM 模型不仅考虑了被解释变量滞后项对其当期值的影响，而且有效地克服了内生性问题对实证结果的影响，提高了估计结果的准确性。

3）基于河北省农业保险运行状况和农业生态环境，系统全面地从加大政策支持力度，扩大保费来源；健全农业保险经营的生态环境；完善农业保险经营模式，提升农业保险服务水平方面提出完善农业保险制度的政策建议。

第 2 章　农业保险相关理论

2.1　农业的弱质性理论

农业的弱质性是由其先天性决定的，主要表现在以下两个方面。

1）农业生产的弱质性。受到生物特性和生命运动规律的制约，农业生产周期长，生产过程中受到如旱灾、洪涝、冰雹、霜冻、病虫害等各种自然灾害的影响，农业生产面临极大的不确定性，致使农业生产的收益率大大落后于第二、第三产业。

2）农产品市场的弱质性。由于农业生产周期长，市场供求信号反应滞后，并且农产品是生活必需品，其需求弹性小，会出现增产不增收的现象。

农业生产的弱质性和生产者的风险厌恶特征决定了生产者对农业生产活动的排斥。但农业是人类生存和发展的前提，因此，对于农业生产必须进行合理的保护和支持，以克服其先天的弱质性。而农业保险具有转移和分散农业风险的功能，是对农业生产进行保护的有效形式之一，它对维护农业生产的稳定性、提高农民从事农业生产的积极性发挥着极为重要的作用。农业弱质性的农业保险分析，如图 2.1 所示，在没有农业保险时，农业产量是 Q_1；当农业保险存在的时候，生产者更愿意从事农业生产，供给曲线从 S_1 移至 S_2，对应的农业产量为 Q_2，显然 $Q_2 > Q_1$。由此可见，农业保险能提高农业产量，能在一定程度上克服农业的弱质性。

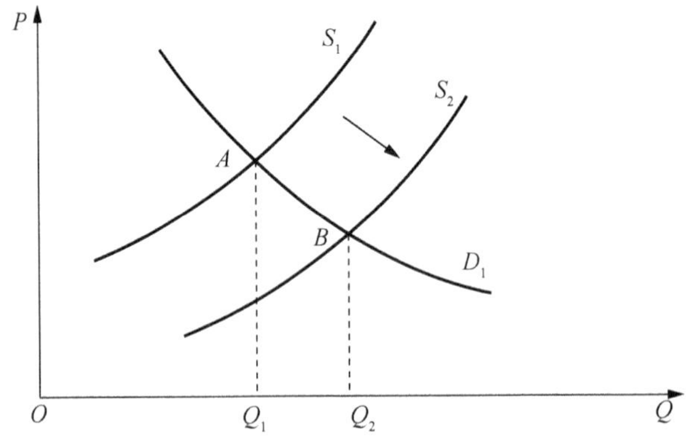

图 2.1　农业弱质性的农业保险分析

2.2　农业保险外部性理论

马歇尔和庇古在 20 世纪 20 年代提出了外部性的概念。外部性是指一个经济主体（生产者或消费者）在各自的活动中对另外的经济主体产生了有利影响或不利影响，这种有利影响带来的利益或不利影响带来的损失，都不是生产者或消费者本人所获得或承担的。外部性分为正外部性和负外部性。正外部性是指某经济主体的经济行为使另一经济主体受益而不收费的现象，或者说是某经济主体为另一经济主体的收益承担了经济成本，如养蜂人的蜜蜂给农民的农作物授粉，养蜂人的经济行为对农民就具有正外部性。负外部性是指某经济主体的经济行为使另一经济主体受损而不对其进行补偿的现象，或者说是某经济主体为另一经济主体的收益承担了经济成本，如化工厂将废气排到空气中，对空气造成了污染，该工厂就对其周围的居民具有负外部性。

农业保险本身就具有正外部性的特征。因为农业保险为农业生产保驾护航，在既定的农业风险的前提下，可以使受损农户恢复农业生产，减小农业生产损失，刺激农业生产的积极性，使农户增产增收。整个社会无疑会受益于农业保险，农产品价格因增产而下降，并且这个过程中受益的经济主体并没有因获得额外收益而付出更多的成本。农业保险的外部性特征可以很好地解释农业保险有效需求不足的现象，农业保险需求不足的外部性分析，如图 2.2 所示。

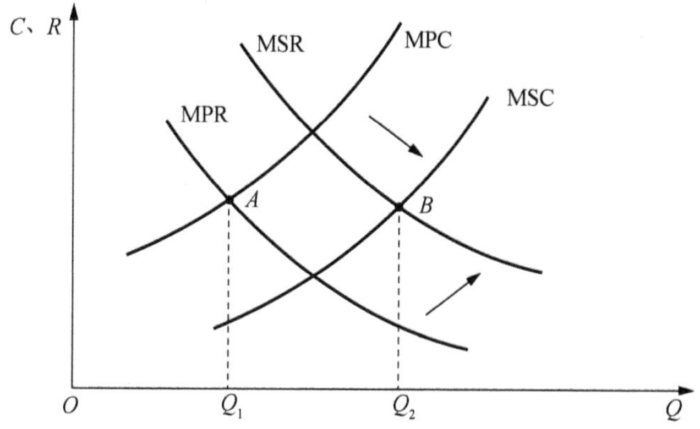

图 2.2　农业保险需求不足的外部性分析

MPR 和 MSR 分别表示农户和社会投保农业保险的边际收益，显然 MPR<MSR；MPC 和 MSC 分别表示农户和社会投保农业保险的边际成本，显然 MPC>MSC。这一结果是由农业保险的外部性特征决定的。农户对农业保险的需求为 A 点，对应的需求量为 Q_1；而社会对农业保险的需求为 B 点，对应的需求量为 Q_2，

显然 $Q_1<Q_2$，即农户对农业保险的需求小于社会对农业保险的需求，也就是说农户投保农业保险的积极性不高。要想提高农户投保需求，使之达到社会对农业保险的需求，一方面需要对投保农户提供保费补贴，降低农户投保农业保险的边际成本，即 MPC 向右移动至 MSC；另一方面需要农业保险公司对投保农户给予风险补偿，提高边际收益，即 MPR 向右移动至 MSR。

2.3　福利经济学理论

庇古是福利经济学的先驱，1920 年他在《福利经济学》中指出了福利经济学的主要思想。他根据边际效用基数论提出两个基本的福利命题：一是国民收入总量越大，社会经济福利就越大；二是国民收入分配越均等化，社会经济福利就越大。因此，要增加经济福利，在生产方面必须增大国民收入总量，在分配方面必须消除国民收入分配的不均等。

在农业保险支持下，农户在原有农业风险的条件下从事农业生产的积极性提高，农业产量较没有农业保险时将有所增加。由于农产品缺乏弹性，产量增加往往会引起价格下降，从而使整个社会的人民享有价格下降的好处。显然农业保险既可以提高农业产量，又可以使所取得的收益在全社会范围内分配，提高社会福利。如图 2.3 所示，在没有农业保险支持时，农业产品市场的均衡点是 A（Q_1，P_1），根据消费者剩余理论，总剩余（等于消费者剩余+生产者剩余）为△POA 的面积。在农业保险支持下，农业抵抗风险能力增强，农产品产量增加，供给增加，供给曲线由 S_1 增加到 S_2，农产品市场的均衡点由点 A（Q_1，P_1）到点 B（Q_2，P_2），总剩余为△POB 的面积。总剩余即社会总福利增加为△ABO 的面积，因此，农业保险增加了社会福利水平。

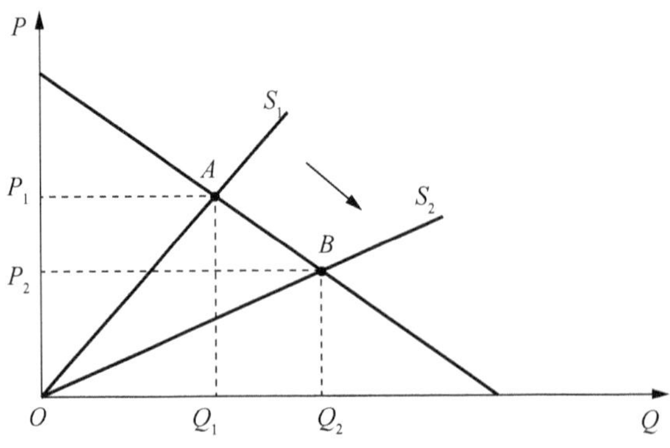

图 2.3　农业保险对社会福利的改进

2.4　政策性农业保险理论

根据保险费率厘定原理，风险频率和损失程度越大，费率水平就应该越高。而农业生产过程经常会受到自然风险和社会风险的威胁，这些风险常常会导致农业生产出现减产或绝产。农业保险如果采用纯商业化运作的模式，其费率水平必然较高，而由于农业的资产报酬率相对较低，农业生产者大多没有经济能力购买，农业保险必然会陷入“供需双冷”的尴尬局面。而政策性农业保险既可以有效提高农业生产者的购买力，也可以提高保险公司的积极性，是农业保险的必然选择。

如图 2.4 所示，S_1、D_1 分别是在农业保险采取商业化运作模式下的供给与需求曲线，由于保险公司的承保费率较高，而农业生产者所能承担的费率较低，二者差距较大，基本上没有重叠区，曲线 S_1 与 D_1 几乎没有交点，即商业化农业保险规模非常小或不存在。当采取政策性农业保险形式时，对农业生产者给予保费补贴，使需求曲线 D_1 向右移动至 D_2，与供给曲线 S_1 相交于 A 点，与其对应的农业保险规模为 Q_1。在对农业生产者进行补贴的同时，对保险公司给予税收减免、亏损补贴，保险公司经营农业保险的积极性也会提高，其供给曲线会从 S_1 移动至 S_2，与 D_2 交于 B 点，与其对应的农业保险规模为 Q_2，农业保险市场进一步扩大。

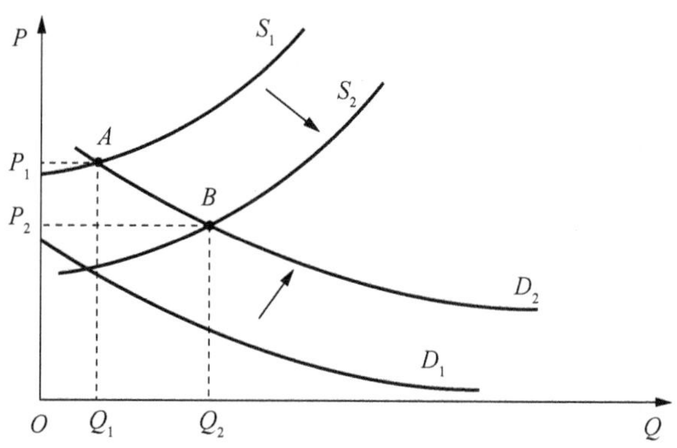

图 2.4　农业保险供给与需求

2.5　农业保险需求理论

假设农业生产者是风险厌恶的，即其财富的效用曲线是左凸的，则农业生产者确定性财富的效用一定大于同数值不确定性财富等值的效用，或者是说效用相同的情况下，期望财富值一定大于确定性财富值。如图 2.5 所示，W_1、W_2 分别表示农业生产者的两种财富状态，其中，W_1 表示发生农业风险的财富状态，其概率为 P，W_2 表示未发生农业风险的财富状态，其概率为 1−P。当没有农业保险时，农业生产者的期望财富为 $W_3=W_1P+W_2(1-P)$，与其相对应的期望效用为 $EU_C=U(W_3)=U(W_1P+W_2(1-P))$，与 EU_C 对应的确定性财富值为 W_4，也就是说期望财富 W_3 和确定性财富值为 W_4 给农业生产者带来的效用是相同的。但 $W_3>W_4$，W_3-W_4 称为风险升水。当农业保险存在时，农业生产者向保险公司缴纳保费π($\pi<W_3-W_4$)，获得确定性财富 W_5，对应的效用水平为 EU_D，$EU_D>EU_C$，即投保后农业生产者的效用比投保前增加了。如果降低保费π，则 EU_D 进一步提高，投保积极性将随之增大，相反如果提高保费π，则 EU_D 进一步降低，投保数量将减少，当 $EU_D<EU_C$ 时，农业生产者将不会参加农业保险。

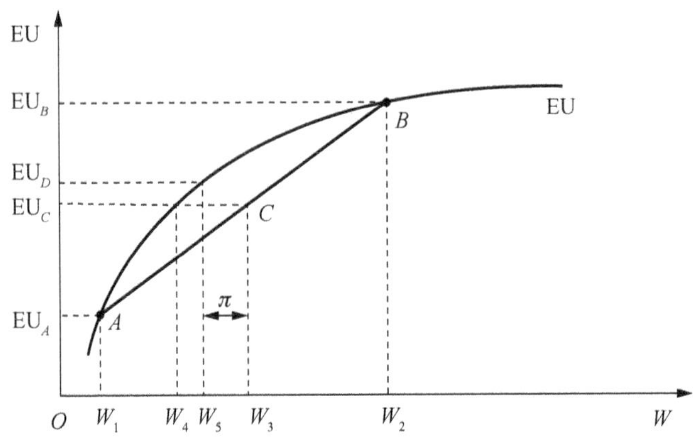

图 2.5　农业生产者的财富与效用

2.6　农业保险区划理论

由于地域和生产技术等因素的影响，不同农业生产者是不同质的，即所面临的农业风险水平是不同的。假设甲地区的农业生产者面临的农业风险高，乙地区的农业生产者面临的农业风险低。则甲地区投保农业保险时应该向保险公司支付较大的保费π_1，乙地区投保农业保险时应该向保险公司支付较低的保费π_2，不同质的农业生产者保费支付，如图 2.6 所示。

但农业保险在实际经营中，保险公司对不同质的农业生产者收取相同的保费π（$\pi_2<\pi<\pi_1$）。对于甲地区风险较大农业生产者来说，保费的减小会使效用水平 EU_F 提高，从而增加对农业保险的需求；对于乙地区风险较小农业生产者来说，保费的升高会使效用水平 EU_E 降低，从而减少对农业保险的需求，如果保费π过高，使

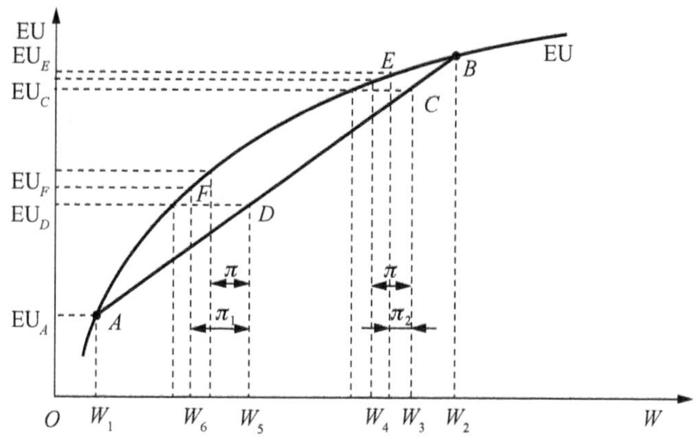

图 2.6　不同质的农业生产者保费支付

EU_E 降到 EU_C 以下，则会导致该地区的农业生产者完全退出农业保险市场，最终导致农业保险市场中低风险的农业生产者被高风险的农业生产者挤出，保险市场的总体风险水平提高，保险公司在既定利润水平的情况下，必将提升利率水平，导致农业保险市场出现萎缩。

2.7　研究结论

本章对农业的弱质性理论、农业保险外部性理论、福利经济学理论、政策性农业保险理论、农业保险需求理论、农业保险分区理论进行总结梳理。农业的弱质性理论表明农业保险能提高农业产量，在一定程度上克服了农业的弱质性；农业保险外部性理论表明农业保险本身就具有正外部性的特征，整个社会将受益于农业保险带来的好处，农产品价格因增产而下降，并且这个过程中受益的经济主体并没有因获得额外收益而付出更多的成本；福利经济学理论表明农业保险可以使农民从事农业生产的积极性提高，从而增加消费者剩余，提高社会福利水平；政策性农业保险理论表明农业保险的发展离不开政府的财政支持；农业保险需求理论表明农业保险的需求由农业风险升水决定；农业保险分区理论表明在农业风险水平不同的地区实行相同的保险制度，会导致农业保险市场中低风险的农业生产者被高风险的农业生产者挤出，保险市场的总体风险水平提高，保险公司在既定利润水平的情况下，必将提升利率水平，导致农业保险市场出现萎缩。

第 3 章　国内外农业保险经验及启示

3.1　国内农业保险经营的经验分析

3.1.1　上海

1．安信农业保险股份有限公司概况

安信农业保险股份有限公司（以下简称安信农业保险公司）成立于 2004 年 9 月，它是我国第一家专业的农业保险公司，在原中国人民保险公司（以下简称中国人保）上海分公司农险部的基础上组建，上海市各区县财政或农业委员会所属 11 家投资公司为主要投资人，共出资 2.2 亿元。公司采取“政府政策扶持、市场化运作”的经营模式。安信农业保险公司除经营传统的种植业和养殖业农业保险外，还经营财产保险、责任保险、信用和保证保险、短期健康和意外伤害保险及其他涉及农村、农民的财产保险及以上业务的再保险等。2016 年安信农业保险公司经营的保险产品共计 57 个，其中，农业保险涉及水稻、小麦、玉米、油菜、水果、林木、花卉、食用菌制种、大棚设施、蔬菜种植价格、生猪、能繁母猪、奶牛、鸡、鸭、肉鸽、羊、经济鱼虾、围网养蟹、南美白对虾等。2015 年安信农业保险公司加入中国太平洋保险（集团）股份有限公司（以下简称太保集团），充分利用太保集团的整体优势，积极响应农业保险的相关政策方针，不断进行农业保险产品创新，2015 年保费收入 5.17 亿元，保险金额 253.26 亿元，逐渐形成了具有地方特色的农业保险模式。

2．安信农业保险公司的成功经验

（1）实行“以险养险”的模式

安信农业保险公司除经营农业保险外还经营财产保险、责任保险、信用和保证保险、短期健康保险和意外伤害保险，其中财产险中的建房险是安信公司的主要利润来源。安信农业保险公司将其他险种的利润用来弥补农业保险的亏损，形成了“以险养险”的模式。

（2）政府对公司和农民给予财政支持

由市、区（县）两级财政对水稻、生猪、奶牛、家禽等种养两业险种实行的保费补贴，减轻了农民负担；另外，对于赔付率在 90%以上的大灾，政府还给予

60%的保费补贴；与此同时，对农业保险经营免征营业税和所得税。政策对农业保险的支持极大促进了安信农业保险公司的迅速发展。

（3）注重产品和模式创新

根据农业生产发展和市场需求的变化，安信农业保险公司与时俱进，注重产品创新，在全国农险市场上形成了独特的优势，由此安信农业保险公司入选“2014年度中国价值成长性十佳保险公司”。安信农业保险公司先后开发出气象指数保险、产量保险、家庭收入保险、小额信贷保证保险、绿叶菜综合成本价格指数保险、农产品期货价格保险等农业保险新品种，另外还尝试了对虾互助保险的运作模式。

3.1.2　浙江

1. 浙江共保模式概况

农业保险共保体模式是根据政府授权，由 2 家及 2 家以上的商业保险公司经营运作政策性农业保险项目，共同为农户提供服务的保险组织形式，其承办的基本原则是按约定的比例承担风险、分享保费、享受政策。2005 年 11 月，浙江开展农业政策保险试点，2006 年 3 月 1 日，由中国人保、中华联合财产保险股份有限公司（以下简称中华联合）、中国太平洋财产保险股份有限公司（以下简称太平洋财险）、中国平安保险股份有限公司、天安财产保险股份有限公司、永安保险公司、华安财产保险股份有限公司、安邦财产保险股份有限公司、太保集团、中国大地财产保险股份有限公司（以下简称大地财险）10 家财产保险公司组成浙江政策农业保险共保体。期限从 2006 年 1 月 1 日到 2008 年 12 月 31 日，各保险公司按比例分摊保险费，承担风险，享有政策。对国家和省定政策性农业保险品种实行保费财政补贴，原则上多保多补、不保不补，三年期浙江农业共保体在农业抗灾救灾和恢复生产中发挥了重要作用。2009 年 4 月 13 日，中国人保、太平洋财险、大地财险、安信农业保险股份有限公司和永安财产保险股份有限公司的总经理签署了共保体章程，这标志着浙江省第二届政策性农业保险“共保体”正式成立。2013 年，第三届“共保体”成立，由中国人保、太平洋财险、大地财险、永安保险公司、浙商财产保险股份有限公司、永安财产保险股份有限公司、中华联合财产保险股份有限公司 7 家保险公司组成。目前，“共保体”仍由这 7 家商业保险公司组成，并实行“单独建账、独立核算、赢利共享、风险共担”。共保体规程规定：一是业务经营完全由首席承保人独家操作；二是每月首席承保人向其他共保人提供承保理赔清单，并定期进行资金清算；三是发生大灾时，首席承保人与共保体成员沟通和协商共同处理理赔工作。

2. 共保体的成功经验

（1）给予保费补贴，减轻农民负担

老共保体省和地方财政对列入政策性农业保险的对象给予35%的保费补贴，其中，水稻为50%。新共保体省和地方财政对水稻的保费补贴为75%；大棚蔬菜、露地西瓜、柑橘、林木、生猪、鸡、鸭、鹅、淡水鱼9个品种的保费补贴为45%；能繁母猪的保费补贴为80%。

（2）赔付采取5倍封顶方案，注重风险控制

浙江实行全省范围内农业保险风险责任在当年全省保费5倍以内的封顶方案。浙江农业保险赔款在当年农业保险保费2倍（含）以内的，由共保体承担全部赔付责任；赔款在当年农业保险保费2～3倍（含3倍）部分，由共保体与政府按1∶1比例承担；赔款在当年农业保险保费3～5倍（含5倍）的部分，由共保体与政府按1∶2比例承担。

（3）保险品种分为必保品种和选保品种，重点突出

第一届共保体开办水稻、生猪、鸡、鸭、大棚蔬菜、柑橘、林木、淡水养殖等9个品种，承保方式实行1+X模式，水稻是必选项，X是其余8种中选4个。第二届共保体也将保险品种分为必保品种和选保品种2类，其中，能繁母猪、奶牛、油菜、水稻为必保品种。同时，根据当地农业产业发展和抗风险需要，由各地从大棚蔬菜、露地西瓜、柑橘、林木、生猪、鸡、鸭、鹅、淡水鱼中选择不超过6个品种开展保险。

（4）共保模式与其地域风险特征相适应

浙江位于东部沿海，洪涝、干旱、台风等大型自然灾害发生频率较多，损失金额较大。共保体由多家保险公司组成，很好地化解了较大农业风险对保险市场的冲击，并且共保体还设立了农业保险巨灾风险准备金，以应对巨灾风险赔付，从而提高了农业保险市场的稳定性。

3.1.3 四川

1. 安盟保险公司在四川发展概况

法国安盟保险公司于2003年6月9日获得在中国已开放城市经营财产保险的许可证，6月16日在四川取得营业执照，2004年10月26日成立成都分公司，该公司是第一家被允许在中国四川独资经营的欧洲保险公司。农业保险一直以来都是安盟保险公司的主打产品，该公司长期致力于积极推进、积极参与政策性农业保险。安盟保险公司推出了农村家庭财产保险、农作物自然灾害保险以及畜禽鱼养殖保险，主要的农业保险品种涉及大米、玉米、油菜、育肥猪、能繁母猪、奶牛、大棚保险、森林、果树、淡水鱼养殖等，特色农业保险产品涉及猕猴桃、葡

萄、柑橘、石榴、茶树、芒果、柠檬、食用菌等。2010 年，安盟保险公司为农业生产提供风险保障 5.74 亿元，总保费收入 2921.72 万元，同比增长 70%，赔付金额为 1253.5 万元，共计 4.8 万农户受益。2010 年 11 月 4 日，法国安盟保险公司与中国航空工业集团公司签署了在中国共同组建合资财产保险公司的合作意向书。安盟保险公司由外资独资子公司转变为合资保险公司，中法双方各持有 50%的股权，2012 年 3 月 5 日，公司正式更名为中航安盟财产保险有限公司。近年来，该公司农业保险业务逐渐扩大，2015 年公司已经拥有 6 家二级机构，农业保险总保费收入为 11.07 亿元，占保费收入的 67.4%，同期增长 6.8%。

2. 安盟保险公司的成功经验

（1）多品种经营，以险养险

安盟保险公司不仅经营农业保险，还经营其他的财产保险，并且用其他险种的收入来弥补农业保险的损失，采取以险养险的形式，这也是安盟保险公司农业保险保费低廉、农业保险产品较多的一个原因。

（2）注重产品和技术创新，发挥产品优势

安盟保险公司一直注重其险种特色，如其开展的居家乐、农家乐、农兴保均具有保险风险全面、费用低廉的特点。另外，安盟保险公司还根据地方特色，推出森林、果树、食用菌大棚险，淡水鱼养殖保险等特色险种。近年来，安盟保险公司继续抓住产品创新优势，相继开发出价格保险、收入保险、产量保险、天气指数保险，并且利用农业物联网、移动互联网、大数据、云计算等互联网技术，开展农产品流通、加工、储藏、消费责任保险等农业保险新品种。同时，还利用卫星导航通信与定位技术、遥感技术、无人机应用技术、地理信息技术等收集承保和理赔信息，提高了保险效率，降低了保险成本。

（3）坚持理念创新，改善服务水平

一方面，安盟保险公司坚持服务至上的理念，非常注重人员培训，对农村代办员进行严格培训，并要求在销售保单的同时，做好售后服务，以提高保险服务水平。另一方面，安盟保险公司坚持“寓保于防”的保险理念，在对广大农民提供风险管理知识和农业技术知识培训、提高农民的防灾能力的同时，利用信息化、数字化、智能化技术建立防灾减灾体系。

3.1.4 黑龙江

1. 黑龙江阳光农业相互保险公司的发展概况

作为国家农业保险试点的阳光农业相互保险公司是于 2005 年月 1 月经国务院同意、中国保险监督管理委员会（以下简称中国保监会）批准设立的一家相互制农业保险公司。该公司实行以统一经营为主导、以保险社互助经营为基础的双层经营管理体制，保户可以根据自身的需求联合其他保户组建起满足自己需要的互助社，这种模式可以在两方面扩大需求：一是原来有想投保而没有合适的投保公司而放弃投保的农民，他们可以根据自己的需要投保，二是对于保险公司无法涉及或者不愿意涉及的农业险种，可以通过互助形式开发出新的可以在一定程度上保护农业的险种，也就是说在原有的基础上扩展了新需求。阳光农业相互保险公司在黑龙江垦区范围内经营种养两业险、财产保险、责任保险等险种。其中种养两业险按照“独立经营、独立核算、独立补贴、独立政策优惠”的原则，以互助模式运作，主要涉及小麦、大豆、玉米、水稻、大麦、甜菜、亚麻、马铃薯、奶牛等的保险。阳光农业相互保险公司具体办理农险业务，自留保费 50%，其余向公司办理分保。2014 年阳光农业相互保险公司在黑龙江和广东省共设 2 个分公司和 11 个中心支公司，全年保费收入为 27.12 亿元，承保种植险面积为 7538 万亩，实现净利润 4.05 亿元，保障了农民的生产和生活稳定，发挥了农业保险对农业生产的风险分散和补偿功能。

2. 黑龙江阳光农业相互保险公司的成功经验

（1）实行互助模式，有利于降低承保成本

阳光农业相互保险公司实行互助模式，被保险人即为公司会员，通过缴纳会费的形式成为公司会员，被保险人同时又是保险人，会员对公司的责任以所交会费及保险费为限。会员之间利益共享、风险共担，如有盈余会员可参与公司分红。这种独特的保险形式使会员之间相互监督，有效地减少了道德风险，降低了农业保险的经营成本，特别适合对分散经营的农业生产方式进行承保。

（2）给予保费补贴，提高参保积极性

阳光农业相互保险公司的保费由农民、黑龙江省农垦总局和农场分别承担 65%、15%和 20%的保费。这样在一定程度上减轻了投保人的保费负担，提高了投保人的参保积极性，有利于提高农业保险的覆盖面。

（3）实行再保险制度，分散大型风险

由于阳光农业相互保险公司是以乡为承保单位，赔付能力有限，为了克服这个缺点，阳光农业相互保险公司要求每个承保单位向公司分保 50%的保险业务，力求每个保险社的风险能在整个公司得以分散。另外，总公司还和 7 家再保险公司签订再保险合同，将赔付率在 90%～140%的风险转移出去，实现了大型风险的风险转移，提高了公司经营的稳定性。

（4）建立防灾减灾预防体系

阳光农业相互保险公司在对受灾农户进行补偿的同时，更加注重灾前防损，购置高射炮、火箭推进器、气象雷达、气象卫星云图接收机等设施，建立了增雨防雹网络体系，有效地减少了农业风险损失，降低了公司的赔偿负担。

3.2　国外农业保险经营的经验分析

3.2.1　美国

1. 美国农业保险发展历程

美国的农业保险始于 19 世纪末，至今大体可分为四个发展阶段。

（1）纯私营商业化运作阶段：19 世纪至 20 世纪 20 年代

在这个阶段美国的农业保险完全由私营的保险公司采用商业化运作，由于农业风险大，私人保险公司抵抗风险的能力较差，农业巨灾风险难以分散，最终这些保险公司纷纷破产，这种农业保险的运作模式被历史淘汰。

（2）政府运作阶段：20 世纪 20 年代至 1980 年

1929 年美国发生严重的经济危机，为了使农业经济恢复，合理利用土地资源，美国于 1933 年出台《农业调整法》，1938 年出台《联邦农业保险法》，并成立联邦农业保险公司，该公司于 1939 年从事小麦长期一切险的保险尝试，拉开了由政府运作农业保险的序幕。在这个阶段农业保险由联邦农业保险公司开展农作物一切险，承保自然灾害和病虫害，但对投保人没有保费补贴，参保积极性较第一阶段并没有显著提高。农业风险较大、赔付率较高的特点使美国政府运营农业保险的成本很大，绝大多年份保险公司入不敷出。

（3）公私混合运作阶段：1980～1996 年

1980 年美国对《联邦农业保险法》进行了修订，规定分别对投保人和保险公司给予保费和管理费用补贴，并允许私人保险公司经营农业保险业务。这不仅使农民的参保积极性大大提高，还激发了私人保险公司参与农业保险的热情，使美国的农业保险市场大为改善。但这一阶段联邦农业保险公司的运作成本仍然居高不下。

（4）政府支持的私营商业化运作阶段：1996 年至今

1996 年联邦农业保险公司逐渐退出了美国的农业保险市场，农业保险完全由私人保险公司经营。政府加大对投保人和保险公司的补贴力度。联邦农业保险公司对私营保险公司监督，同时提高费率厘定、费用补贴、税收优惠、再保险等方面的服务。在政策的支持下私人保险公司进行农业保险产品创新，提高了农业保险的服务水平和经营效率。2012 年农作物参保面积达到 2.82 亿英亩（1 英亩≈4046.85 平方米），小麦、玉米、大豆和棉花的保险覆盖率均在 80%以上，全年实现保费收入 110.7 亿元，保险金额为 1170 亿元。2014 年美国取消了对农业耗资巨大的直接补贴，并提高对农业保险的补贴额度，进一步促进了美国农业保险的发展。

另外，农作物收入保险发展迅速，逐渐成为美国农作物保险的主流，2014 年农作物收入类保险的保费占总保费的 81.5%。

2. 美国农业保险的成功经验

（1）政府为农业保险提供了大量政策支持

为保护农业生产，繁荣农业保险市场，美国政府对农业保险给予大量的政策支持。一方面，政府对投保人保费给予保费补贴，并且补贴力度不断提高，补贴比率 2000 年为 53%、2008 年为 58%、2010 年为 62%。2014 年依据投保人选择的保障水平和保险单位补贴比率为 38%～80%。另一方面，政府对保险公司也提供业务补贴，在对联邦农业保险公司提供业务补贴的同时，还对私营保险公司经营农业保险给予 20%～25%的业务费用补贴和税收减免。财政支持对农业保险的顺利开展发挥了关键性的作用。

（2）健全的农业保险法

美国自从出台《联邦农业保险法》以来，先后经过 10 多次修改完善，在美国农业保险的启动和开展过程中发挥了重大的作用；1947 年出台的《标准再保险协议》，为农业保险再保险的顺利开展提供了法律依据；1994 年出台《克林顿农作物保险改革法》，对农业保险政策、管理方式和补贴水平等进行了调整，更大地促进了农户参加农业保险的积极性；2000 年颁布《农业风险保障法案》，2008 年出台《食品、环保和能源法案》，它们均对农业保险产品设置、补贴水平进行了调整。目前，美国已经形成较为完善的农业保险法律体系，为农业保险的顺利开展、保险合同的履行、保护农业保险主体利益提供了法律保障。

（3）开展农业再保险业务

农业风险不仅发生频率高，而且某些风险具有巨额损失的特点，私营保险公司出于对巨额赔付的担忧，往往不愿意从事农业保险。为此，联邦农业保险公司开展再保险业务，对私营保险公司和再保险公司提供再保险。这不仅调动了商业保险公司经营农业保险的积极性，而且提高了整个农业保险市场的稳定性。

（4）发展时期由政府运作，成熟后政府逐渐淡出

美国从 20 世纪 20 年代至今，经历了政府运作、公私混合运作、政府支持的私营商业化运作的更替过程。在 20 世纪初美国农业保险在私人部门尝试失败后，基本被边缘化，由于农业具有准公共产品的性质，农业保险处于失灵状态。在这种情况下国家介入农业保险市场是解决市场失灵的唯一途径，但政府介入在一定程度上降低了市场运行的效率。在政府的介入下，农业保险市场得到充分发展之后，政府在农业保险中退出，交由私营机构运行，充分发挥市场的作用，是美国农业保险运作的又一成功经验。

（5）实行自愿保险与强制保险相结合

美国的农业建立在大型商业化经营的基础之上，农场生产规模大，生产的风险也大，所以农户对保险的需求也相对强烈。对于一般农作物损失的风险，农户可以根据自己的意愿选择投保。但对于农场中的主要农作物（水稻、旱稻、小麦、大麦和果树等）和主要饲养动物（牛、马、猪和蚕等）可能遭受的大灾损失，则要求所有农户都必须为它们投保大灾保险，以得到最低水平的风险保障。

（6）坚持循序渐进

从 1922 年开始到现在，美国对如何建立适合本国国情、行之有效的农作物保险制度进行了漫长的探索和不断创新，经历了先立法、后实验，先试点、后推广，先农作物、后水产和牲畜，先产量保险、后收入保险的过程，循序渐进，逐步铺开，从而形成了现在较为完善、系统和先进的农业保险制度。

3.2.2　日本

1. 日本农业保险发展历程

日本农业不同于美国，其特点是经营分散、个体农户经营规模较小，和我国的经营现状极为相似。日本政府为了应付自然灾害给农业带来的不良后果，对农业保险制度进行了长期的探索，于 1929 年颁布《家畜保险法》，1938 年 4 月颁布《农业保险法》，并于 1939 年正式实施农业保险制度，政府对所缴保费给予 15%的补贴。1947 年日本将这两部法律合并成《农业损失赔偿法》，规定将补贴提升到 50%，将保险金额提升到正常产量的 72%。2003 年日本对农作物保险制度进行了调整，进一步扩大了农业保险的承保范围。2007 年日本提高了大豆和马铃薯全抵承保方式的补偿比例。目前，日本政府对关系民生的重要农产品水稻、陆稻与麦类作物实行强制保险，其他则实行自愿保险的形式。另外，对《农业保险法》和《农业损失补偿法》中农业保险的组织机构、政府职责、强制与自愿保险范围以及费率制度、如何计算赔款和进行再保险等相关制度做了多次修订，日本的农业保险经过近百年的发展，已形成可持续、全覆盖、惠农保农的灾害补偿制度。

2. 日本农业保险的成功经验

（1）实行互助保险模式，有利于降低农业保险经营成本

日本农业保险的最基层是农业共济组合，实际上就是农业互助组织，农业共济组合的会员既是投保人又是保险人。互助模式有利于会员（即投保人）之间相互监督，防止道德风险和逆向选择，而且农业共济组合直接和农民接触，承保范围小，便于承保、风险评估、理赔等，有利于降低承保成本。

（2）实施自愿保险与强制保险相结合的经营方式

1947 年《农业损失补偿法》规定，建立农业共济组合，承保农业风险，实行

自愿保险与强制保险相结合的经营方式。对于农业生产规模较小的农户，采取自愿参加农业保险的形式，而对于农业生产规模较大的农户，如农作物耕种面积达到规定规模（0.3 公顷）的农户则必须参加农业共济组合；另外，政府指令种植的农户自动进入农业保险的保障范围。这都体现强制保险的性质。自愿保险与强制保险相结合的经营方式有利于提高承保范围，最大限度地通过农业保险转移农业风险。

（3）给予大量的财政支持

政府对农业保险给予大力支持。日本在 1929 年颁布了《家畜保险法》，在 1938 年颁布了《农业保险法》。法律规定对投保人实行保险费率补贴，如水稻为费率的 58%，小麦为费率的 68%，春蚕茧为费率的 5%，牛、马为费率的 50%，猪为费率的 40%。县以上农业联合会的全部经费和农业共济组合部分费用由政府负担。政府作为农业保险的后盾，接受农业共济组合联合会的再保险。一般情况下，承担保险责任的比例为农业共济组合 10%～20%、农业共济组合联合会 20%～30%、政府 50%～70%。遇有特大灾害，政府承担 80%～100%的保险赔款，这样就保证了农业共济组合的经营稳定性。

（4）实行再保险制度，逐级分散农业风险

日本实行两级农业再保险制度：一是为了维护农业共济组合稳定经营，农业共济组合联合会为农业共济组合提供一定比例再保险，分散超过农业共济组合赔付能力的风险；二是农业共济再保险特别会计处为农业共济组合联合会提供超额再保险，有效地分散了因农业共济组合联合会经营地域范围狭窄形成的集中风险和巨灾风险。

（5）完善农业保险法律体系

1947 年日本《农业损失赔偿法》颁布之后先后进行了 10 多次修改，为日本农业保险的开展提供了完备的法律依据。具有完善的农业保险法律体系是日本农业保险取得成功的原因之一。

3.2.3 法国

1. 法国农业保险发展历程

法国是世界农业大国，这与其较发达的农业保险分不开。法国的农业保险距今已有 160 多年的历史，早在 1840 年，法国就成立第一家地区性相互保险公司，主要承保农作物的冰雹、风灾、火灾保险。1948 年法国农业相互保险集团公司正式成立，农业灾害保险得到了进一步发展。在 1964 年以前，法国的农业保险组织基本上是农民自发组织的农业保险互助协会，农户完全采取自愿的原则，农民既是保险人又是被保险人。但农业保险互助协会的规模较小，只能承担较小的风险。因此，1966 年法国在每个地区都设立农业再保险机构，将业务再分保给中央农业互助基金会（成立于 1964 年），当遇到巨灾时，中央农业互助基金会分别向农业再保险机构与农业保险互助协会拨款，从而增加对农民的损失补偿，避免农业保险互助协会提高保费。法国的农业保险组织呈金字塔式结构。其最基层是农业互助保险协会，共有 9000 多个，中间层是省级保险公司，包括 18 家本国公司和 2 家国外公司，其作用是为农业保险互助协会提供再保险服务；最高层是中央保险公司，为中间层提供再保险服务。但法国农村人口比例逐渐减少，农业互助保险协会成员结构稳定性出现了问题，农业互助保险协会是否继续符合法国实际情况受到了越来越多的关注。

2. 法国农业保险的成功经验

（1）实行农业保险互助模式

农业保险互助协会的会员既是投保人又是保险人，农业保险互助协会的董事会由会员选举产生，董事会推选出主席，主席任命一名秘书和代理人，他们均不拿工资，收入来源于佣金。由于他们来自基层，对农业风险的种类、农业保险的险种需求、受灾状况有很好的了解，便于对投保人及时承保和理赔，并在一定程度上减少了道德风险的发生，有效地降低了承保成本。农业保险这一经营方式值得其他国家，尤其是农业生产还不太发达、农业人口比例较重的发展中国家借鉴。

（2）给予农业保险较高的财政补贴

法国对农业的补贴比例在 50%～80%，也就是说农户只需交 20%～50%的保费。政府的财政支持，提高了农民参加农业保险的积极性，促进了法国农业保险的快速发展。另外，政府部门投资组建中央再保险公司，为农业互助保险公司提供再保险业务，再保险公司的行政费、基金赤字均来自政府补贴，政府成为农业经营风险的最终承担者。

（3）实行再保险制度，分散巨灾风险

法国农业保险体系分为三个层次，基层农业互助协会主要负责直接为农户办理保险业务。中层和高层的保险结构主要办理再保险业务，分散农业保险互助协会所不能承担的风险，形成了多层次的农业保险安全网，保证了农业保险体系的稳定经营。

（4）健全农业保险法律体系

法国政府于 1900 年颁布的《农业互助保险法》，将互助农业保险组织确定为合法形式。1960 年出台的《农业指导法》，规定了农业保险经营的具体原则。1976 年颁布的《保险法典》，细化了农业互助保险规定。1982 年颁布的《农业灾害救助法》，对自然灾害保险实行强制保险。健全的农业保险法律体系为农业互助保险的健康发展奠定了坚实的基础。

3.2.4　印度

1. 印度农业保险发展历程

印度的农业保险可追溯到 20 世纪 40 年代。1947～1948 年，印度对农作物保险试点方案进行了专门研究，支持将大面积的同质地区作为保险的单位采取相同的保费、给予相同的保费补偿，但由于当时政府财力匮乏，方案并没有被采纳。1961 年，印度政府开始在旁遮普邦开展农业保险试点工作，承保小麦、棉花、大豆和甘蔗的一切险，但由于政府并没有提供财政支持，最终停办。1965 年 10 月，中央政府再次决定在全国各邦开展农作物保险试点，但中央财政仍然没有给予资金支持，试点的农业保险工作进行得十分艰难。在 1972 年印度寿险公司一般险部推出了 H-4 棉花保险计划，参与的农民只有 3110 名，保费收入为 0.45 亿卢比，而赔付额为 3.79 亿卢比，赔付率高达 1060%，最终被迫停办。1985 年印度实行综合作物保险计划，要求向金融机构贷款的农民必须参加，政府给予 50%保费的补贴，但最终也是由于赔付率高而停办。为了克服以前的缺点，印度 1999 年出台《国家农业保险计划》，开始执行新的全国农业保险计划，由印度保险总公司执行，从银行获得贷款的农户必须参与该计划，而没有获得贷款的农户可自愿参与，承保面扩大到所有农户，并且政府给予大量的财政支持，但支持年限一般不超过 5 年。

全国农业保险计划的优点包括：覆盖了所有农户；多种作物均可选择投保；排除了投保金额的限制；合理设计了费率级差；以乡村自治委员会为单位投保，提高了参保率；大面积灾害保障与单独灾害分别承保，灵活性较强；不参加信贷计划的农户无须试验，便可直接加入。另外，印度开始开办经济作物保险，该项保险分为两类：一类是一般的经济作物，政府给予其大量的财政补贴；另一类是单独园艺和种植园等经济作物不享受政府支持，由国民保险公司等四家补贴型保险公司承办。这样，不但中央政府补贴开办农作物保险计划，而且各邦也根据实际情况办理没有政府补贴的农作物保险，解决了资金短缺问题。除此之外，各邦还根据本地的不同情况，开展具有本地特色的作物保险。例如，1995 年，克拉拉邦开办了农作物保险计划，主要承保干旱、洪涝、滑坡、海洋侵蚀、龙卷风、暴雨、森林火灾和野象对植物的损害，但不承保植物病虫害。印度执行的新型保险计划取得了很好的效果，极大地促进了印度农业的发展，为发展中国家农业保险的发展提供了很好的经验。

2. 印度农业保险的成功经验

（1）政府财政支持与本国经济实力相适应

印度在 1999 年以前对农业保险的尝试均以失败而告终，早期失败的原因是对农业保险没有给予财政补贴支持，而后来给予的财政补贴过多，使当时的农业保险制度无法持续。1999 年印度出台《国家农业保险计划》，执行新的全国农业保险计划，对不同的农业保险产品，实行不同的财政补贴比例，解决了财政资金短缺的问题。

（2）注重新险种创新，丰富了农业保险市场

印度农业保险在发展过程中，特别注重险种开发创新。险种开发不仅有利于扩

大风险的承保范围，而且有利于降低承保理赔成本，使理赔更加公正合理。印度的险种创新主要有两种：一是农业收入保险，其将价格风险考虑在内，对传统的产量保险进行了升级，将农业收入保险引入农业保险体系；二是天气指数保险，印度天气指数保险的起步早于农业收入保险，它被誉为发展中国家最重要的金融创新。

3.2.5 菲律宾

1. 菲律宾农业保险发展历程

菲律宾农业保险的发展历程有着自身的特点。菲律宾的农业保险起源于 1973 年政府开始实施的名为“马萨加拿-99”的旨在实现大米自给的水稻生产计划。该计划包括一项全国农业保证计划，这个计划是建立一个农业贷款保险基金基础上的，在发生农业风险造成风险损失，贷款人无法归还贷款时，由该基金代其归还 85%的贷款。这实质上类似于中国的信用保证保险，还不能称作真正的农业保险。菲律宾真正的农业保险业务是在 1978 年开展的，1978 年 6 月，菲律宾政府颁布了《农作物保险法》，1980 年 6 月成立农作物保险公司，1981 年开始经营农业保险业务。水稻、玉米的保险费率为 8%，其中，农民只承担 2%，其余 6%的保费由政府或银行承担。1981～1990 年，累计收入保费 59.9 亿比索，90%以上的主要农作物都进行了保险，为农业的发展建立了有效的保障体系。

2. 菲律宾农业保险的成功经验

（1）农业保险法保证了菲律宾农业保险的发展

在农业保险开展之前，于 1978 年 6 月颁布了《农作物保险法》，这为菲律宾农业保险的顺利开展提供了有利条件。以后从农作物保险公司的成立到农业保险的承保、理赔、费率水平以及补贴的方式和力度都是在《农作物保险法》的规定下全面展开的，农作物保险法为菲律宾农业保险的发展提供了法律保障。

（2）政府和银行的费率补贴提高了农民参保的积极性

菲律宾农民参与农业保险不仅可以得到政府的直接补贴，还可以得到银行的支持，这就减轻了农民负担，确保了农民利益。如果农民是银行的贷款者，则银行承担 1.5%的费率，政府承担 4.5%的费率；如果农民是非贷款者，则政府承担 6%的费率。

3.3 结论与启示

通过对农业保险运行较好的国家和地区的分析，得到如下结论与启示，为河北省农业保险的发展升级提供了经验借鉴。

3.3.1　农业保险的发展离不开政府的政策支持

无论是经济发达的，农业产业化、规模化、现代化比较发达的美国、日本、法国，还是经济比较落后的，经营分散化、生产技术落后的印度、菲律宾，其农业保险取得成功的一个共同点是政府都不同程度地对农业保险给予了政策、资金等方面的大力支持。这些国家的农业保险在没有得到政府政策支持之前基本上以失败而告终。从中国的农业保险试点来看，不管是上海的专业保险公司模式、黑龙江的互助模式，还是浙江的共保模式，取得成功的原因之一也是得到了中央政府和地方政府的大力支持。因此，农业保险的发展离不开政府的政策支持，政策支持是农业保险顺利开展的前提条件。

3.3.2　农业保险的发展必须要有相应的法律作为保障

农业保险的运行过程需要保险当事人通过签订保险合同的方式来完成，保险合同的履行要遵循法律程序。另外，农业保险不同于一般的商业保险，农业保险属于政策性保险，对不同险种的政策补贴、对保险机构的税收减免和管理费补贴，以及承保、理赔方式等均应在法律的框架下运行。国外的经验也充分证明，农业保险的健康发展离不开法律的保护。这些关于农业保险的法律法规为农业保险的顺利开展提供了保障。

3.3.3　农业保险的经营模式要与当地农业经济的特点相适应

一个国家和地区要实行什么样的农业保险模式，最应该考虑的就是本地区的农业经济的特点。如果本地区的农业经济产业化、规模化程度较高，投保、理赔成本较低，保险的整个过程便于管理，可以考虑采用美国的政府支持主导的商业化运作模式。如果该地区的农业生产分散、产业化程度不高，可以考虑采用中国黑龙江阳光农业相互保险公司的互助模式。因此，农业保险模式的选择不能硬搬其他国家和地区的现有保险模式，应该结合自身地区特点，权衡利弊，慎重选择。

3.3.4　农业保险的开展要有良好的大灾风险分散机制

保险机构在经营过程中可能会由于大灾风险的集中发生而亏损或倒闭，因此，在承保时尽量要求做到将风险从品种、地域等方面加以分散。但农业风险的特点之一就是巨灾性，每年几乎都会有比较严重的自然灾害，如飓风、干旱、洪水等，这些大灾风险一旦发生，必将对农业保险机构的生存造成威胁，因此，农业保险的开展要有良好的大灾风险分散机制。大灾风险分散机制可以考虑采取美国、日本、法国等国家的分层再保险模式，也可以考虑由国家财政建立独立的巨灾风险基金，采用国家对巨灾兜底的模式。

3.3.5　农业保险的开展要注意产品创新

只有创新，才能跟上农业经济发展的步伐，才能使农业保险永远保持生命力。印度是一个发展中国家，农业保险取得成功的一个原因就是注重保险产品的创新，能满足当地农作物的保险需求，并且能够降低保险成本，使其农业保险保持良好的发展势头。另外，中国四川的安盟保险公司注重产品创新，其开发的新险种受到了农户的欢迎。

第 4 章　农业保险对农民收入影响的实证研究

农业是国民经济的基础产业，是其他产业发展的前提和基础，而农业风险是威胁农业生产的重大隐患，是制约农业发展和农民增收的主要瓶颈。2013 年中国各类自然灾害造成的全国农作物受灾面积为 3136 万公顷，其中，绝收 384 万公顷；直接经济损失 5808.4 亿元。农业保险是有效转移农业风险，实现灾后补偿，保障农业生产，提高农民收入的重要措施。2014 年国家“一号文件”再次强调了“加大农业保险支持力度”，体现了国家对农业保险的高度重视。在此背景下，农业保险的经营成效，以及对农民收入促进力度的定量研究成为社会和学术界关心的热点问题。

4.1　研 究 现 状

关于农业保险促进农民收入方面的研究主要包括：Orden（2001）总结了 1998～2000 年农业保险对全部农作物影响的一些研究，发现农业保险提高农作物产出的幅度在 0.28%～4.1%；Giné 等（2008）对印度购买暴雨保险的农户进行了研究，发现购买保险增加了农户的财富水平。Siamwalla 和 Valdes（1980）、黄如金（1999）、Babcock 和 Hart（2000）、庹国柱等（2001）、冯文丽和林保清（2003）、冯文丽（2004）、费有海（2005）认为农业保险在增加农业产量的同时，会使农作物供给曲线右移，从而削减产量增加给农民带来的好处，所以农业保险不一定会使农民收入提高；而姜万军（1997）提出与之相反的观点，认为在政府对农产品价格进行干预的情况下，农业保险可以提高农民收入水平；张跃华等（2006）认为，理论上农业保险可以提高农业产出，但利用上海市农户的调查数据进行检验，却发现农业保险对当地水稻产量的影响并不显著；O' Donoghue 等（2005）、高杰（2008）通过实证分析得出，农业保险对农民增收的效应并不显著，甚至两者呈反向关系；梁平等（2008）运用协整分析和格兰杰因果检验的方法，基于全国层面实证了农业保险是影响农民收入增长的格兰杰原因，农业保险是增加农民收入的有效途径；孙朋和陈盛伟（2011）运用上述方法，对山东省的情况进行了实证研究，结论与前者极为相似，但农业保险对农民收入的促进作用有限；蔡洪滨（2010）通过关于能繁母猪保险的试验，发现参保率的上升显著地增加了农民饲养母猪的数量，进而认为农业保险可能会促进农民收入的提高；杨春玲和周肖肖（2010）

建立误差修正模型，验证了农业保险对农民收入具有促进作用；袁春旺等（2011）运用多元线性回归的方法，采集吉林省 2008～2010 年的季度数据对农业保险的发展与农民收入的关系进行了实证分析，结果显示农业保险对农村居民收入增长具有正向作用。

以上学者关于农业保险与农民增收的研究成果主要集中在理论与实证两个方面，较早的成果主要侧重于理论研究，而近年来的成果则侧重于实证研究。但无论是从理论方面还是从实证方面，研究结论并不一致，甚至完全相反。此外，现有文献多数局限于利用时间序列数据进行的静态研究，没有考虑到区域特征和个体之间的差异性，并且实证模型中解释变量较少，这可能会因遗漏重要变量而使估计结果发生偏误。鉴于此，本章在如下四个方面进行了改进：其一，利用面板数据进行实证分析，这与时间序列数据相比，不仅扩大了样本信息量，而且降低了变量之间的共线性，提高了估计结果的准确性；其二，构建动态面板系统 GMM 模型，克服了解释变量内生性问题造成的估计偏误；其三，模型中引入了人均资本、人力资本、产业结构、城镇化率等重要变量，避免了因遗漏重要变量所造成的偏差；其四，从农业保险的灾前效应和灾后效应两个方面全面实证分析了农业保险对农民收入的影响程度。

4.2　农业保险对农民收入的影响机制分析

农业保险对农民收入具有正向和负向两个方面的影响，这两个方面的影响主要是通过灾前效应和灾后效应这两条途径来体现的（图 4.1）。灾前效应是指保险公司通过收取保费，和农民签订农业保险合同，在发生风险进行赔付之前对农民收入造成的影响。灾后效应主要是指农业风险发生后，保险公司对受灾农民进行风险赔偿，使其恢复农业生产，进而对农民收入产生的影响。

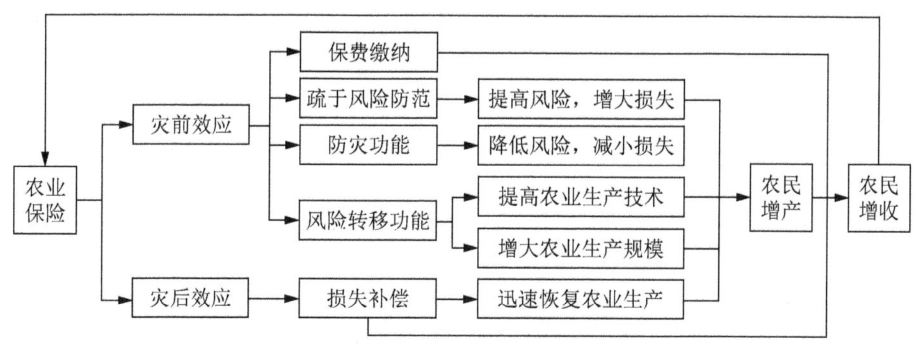

图 4.1　农业保险对农民收入影响的作用机制图

1. 灾前效应对农民收入的影响机制分析

灾前效应对农民收入的影响机制主要体现在两个方面：一方面，农民投保时，向保险公司缴纳保费，可支配收入减少，这一方面对农民收入的影响显然为负向；另一方面，灾前效应对农民收入的影响主要通过对农业产出的影响实现。灾前效应对农业产出的影响又体现在三个方面。

1）灾前效应可以影响风险发生的概率和损失程度。部分农户可能会因为参加农业保险而疏于对农业风险进行防范，造成风险损失的概率提高，从而使这部分农业产出下降。与此同时，农业保险部门经常在开展业务过程中为农户提供防灾建议，宣传和推广农业科学技术，在保险期间还常常采用先进的防灾减损措施，如用高射炮轰击云层来防雹增雨，减少农业风险的发生概率和损失程度，提高农业产出水平。

2）灾前效应可以使投保农户有效实现风险转移，提高农业生产和农业生产技术开发的积极性。Schultz（1964）指出农业保险通过发挥分散风险的职能，能够稳定农业生产者的产出预期，进而促使他们选择更具效率但可能更富有风险性的生产技术和生产对象，并提高其生产积极性。农业属于高风险行业，在没有保险时，农业科研部门担心科研失败而常常放弃农业科研项目，抑制了农业科技的进步，而农业保险可以将风险有效地分散与转移，消除了科研部门的后顾之忧，推动了新技术的产生与普及。陈锡文（2004）的研究表明，20 世纪 90 年代新疆和田地区充分利用了农业保险的手段，顺利地完成了将从东北引进的水稻旱育稀植技术以及优质玉米品种两项农业科技活动在当地的推广的任务，当年就取得了丰收。

3）灾前效应还可以通过风险转移来促进农业生产的规模化和现代化，降低农业生产成本，提高农业产出水平。在没有农业保险保障时，农户由于担心自然灾害可能造成的巨大损失，往往采取种植和养殖品种的多样性来回避风险，导致生产的规模效应难以发挥。农业保险则可以消除农户的心理恐惧，极大地激励农民规模生产的积极性。Cai 等（2009）通过对中国贵州省 480 个村庄随机分成两组，在两组中采取差别激励合约的方式外生地拉开了两组村庄农户购买能繁母猪保险程度的差距，运用倍差法研究发现，农户参加能繁母猪保险有助于其扩大养殖规模。应该注意的是，产量变化对农民收入影响的方向并不明确，因为农民收入的变化除了和产量有关以外，还和农产品价格、国家对农产品的价格调控能力及生产成本的变化有着密切关系。

2. 灾后效应对农民收入的影响机制分析

灾后效应对农民收入的影响机制是当发生农业风险后，保险公司对受灾农民按损失比例进行补偿，农户得到保险补偿金后可以用来购买下一个生产周期的农业生产资料，提高未来农业产量，产量的变化进一步影响农民收入。该效应对农民收入的影响效果和农产品价格、国家对农产品的价格调控能力及生产成本有关。

为了进一步明晰灾前效应和灾后效应对农民收入的作用机制，本书基于经济学原理和我国现实情况作如下假设：

H_1 国家缺乏对农产品价格的调控机制，农产品价格与产量呈反向关系。

H_2 灾前效应对农民收入的影响存在短期和长期效应。保费缴纳、农户投保后对风险的态度、保险公司的防损活动和建议等属于短期效应，影响农民的当期收入；促进农业科技进步和生产规模化属于长期效应，主要在长期影响农业产出和生产成本，进而影响农民收入。

H_3 灾后效应对农民收入的影响也存在短期和长期效应。农民得到赔偿后使当期收入损失减少属于短期效应；将风险补偿金用于恢复下一周期的农业生产而取得收益属于长期效应。

4.3　指标选取与模型构建

4.3.1　指标选取

1. 人均农业收入

人均农业收入（y）在模型中作为被解释变量，用农村人均经营纯收入来表示，该指标等于农村人均纯收入减去工资性收入、财产性收入、转移性支付等非农收入，包括农、林、牧、渔、建筑、工业、交通、批发等的收入，其中农、林、牧、渔等纯农业经营收入占到该指标的 80%以上，是代表农民农业收入的较好指标。数值越大说明农民农业收入水平越高；反之，则说明农民农业收入水平越低。

2. 农业保险发展水平

代表农业保险发展水平（I）的指标主要有农业保险人均保费、人均赔款，其值越大说明农业保险发展水平越高，规模越大。根据 H_3，用人均保费的滞后项（L.Prem）和当期人均保费（Prem）表示灾前效应对农民收入的长期、短期影响，作用方向取决于长期、短期效应作用的合力。根据 H_3，选取人均赔款的滞后项（L.Ex）来表示灾后效应的长期效应，长期效应在灾后利用赔款恢复下一生产周期的农业生产，对农民收入的影响方向为正①。用当期人均赔款（Ex）来表示短期

① 受灾当年农产品供给量小于需求量，前期农产品仓储量将会减小，农户获得赔付后将赔付金用于下一生产周期，下一周期生产的农产品将有一部分用于仓储，农产品价格一般不会低于正常年份；并且化肥、农药等农业生产资料因受灾当年销售量减少，库存增加，下一周期的价格一般不会高于正常年份，因此保险赔付会提高下一期收入水平。

效应，赔款可以使损失得到补偿，对农民收入的影响方向为正。但应该注意的是，人均赔款的当期值（Ex）不仅表示赔付情况，还代表农业风险损失程度，风险损失与农民收入呈负向关系。由于目前农民大多无法得到足额赔付，短期总效应对当期农民收入的作用方向为负。另外，还选取人均保费与人均赔款之和（Sum）及其滞后项（L.Sum）来表示农业保险总效应对农民收入的长短期作用效果，其作用方向取决于灾前与灾后效应的合力。

3. 人均资本

资本投入是农业生产必不可少的要素之一，人均资本（k）是反映资本这一要素投入的重要指标，本章用农村生产性固定资产原值与农村人口之比来表示，理论上该指标与农民人均收入呈正向关系。

4. 人力资本

人力资本（H）是指劳动者受到教育、培训等方面的投资而获得的知识和技能的积累，亦称非物力资本。这种知识和技能可以提高劳动生产效率与产出水平，降低生产成本，与农民收入应该呈正向关系。本章用地区农村劳动力受教育年数的加权和来表示。具体计算过程为，先根据我国现行教育体制将农村劳动力接受教育的时间分为 6 个层次：不识字或识字很少（3 年）、小学程度（6 年）、初中程度（9 年）、高中程度（12 年）、中专程度（12 年）、大专及大专以上（15 年），然后根据各省份农村劳动力文化结构状况，即各层次农村劳动力所占比例，以各层次农村劳动力受教育年数为权重核算出各省份农村劳动力的人力资本。由于知识转化为实际生产力需要一个较长的过程，人力资本主要是对未来收入产生影响，因此，本章用人力资本的滞后项 L.ln$H$ 进行模型估计。

5. 产业结构

产业结构（Stru）是指各产业的构成及各产业之间的联系和比例关系。产业结构的优化升级将会促使农村剩余劳动力从农业向第二、第三产业转移，从而提高城镇和农村收入水平。本章用第一产业生产总值与总产值之比来表示产业结构。

6. 城镇化率

城镇化是指农村人口转化为城镇人口的过程。城镇化率（Urban）用某地区城镇常住人口，即实际经常居住在城镇范围内一定时间（半年以上）的人口与该地区总人口的比值来反映城镇化水平。城镇化可以从两个方面促进农民收入水平：

一方面，城镇化建设将增加交通、通信、商业、化工等部门的建设投入，这些基础设施的增加将降低农业生产和交易成本，提高农业生产利润；另一方面，农业人口向城镇的转移将会使农村居民拥有更多的土地和农业生产资源，并且农村劳动力变得相对稀缺，使劳动报酬增加，从而提高农村居民的收入水平，减小城乡收入差距。

4.3.2 模型构建

本章参照 Clarke 等（2006）、Beck 等（2007）修正的柯布-道格拉斯（Cobb-Douglas，C-D）生产函数形式，将农业保险发展水平（I）、人力资本（H）、产业结构（Stru）、城镇化率（Urban）作为特殊的“要素投入”引入生产过程，建立静态面板计量模型，表达形式为

$$\ln y_{it}=c+\beta_1\ln I_{it}+\beta_2\mathrm{L.}\ln I_{it}+\beta_3\ln k_{it}+\beta_4\mathrm{L.}\ln H_{it}+\beta_5\ln\mathrm{Stru}_{it}+\beta_6\ln\mathrm{Urban}_{it}+\zeta_i+\theta_i+v_{it} \tag{4.1}$$

式中，c 为常数项；y_{it} 表示第 i 个省份第 t 年农民人均农业收入；$\ln I_{it}$、$\mathrm{L.}\ln I_{it}$ 分别代表第 i 个省份第 t 年和 t-1 年的农业保险发展水平，用当期人均保费（$\ln\mathrm{Prem}_{it}$）和人均保费的滞后项（$\mathrm{L.}\ln\mathrm{Prem}_{it}$）或当期人均赔款（$\ln\mathrm{Ex}_{it}$）和人均赔款的滞后项（$\mathrm{L.}\ln\mathrm{Ex}_{it}$）或用当期人均保费与人均赔款之和（$\ln\mathrm{Sum}_{it}$）与人均保费和人均赔款之和的滞后项（$\mathrm{L.}\ln\mathrm{Sum}_{it}$）来表示；$\ln k_{it}$、$\ln\mathrm{Stru}_{it}$、$\ln\mathrm{Urban}_{it}$ 分别表示第 i 个省份第 t 年的人均资本、产业结构、城镇化率；$\mathrm{L.}\ln H_{it}$ 代表第 i 个省份第 t-1 年的人力资本；ζ_i 和 θ_t 分别为反映个体效应和时间效应的虚拟变量；v_{it} 为干扰项。本章将采用混合普通最小二乘法（pooled ordinary least square，Pooed OLS）和固定效应（fixed effects，FE）模型两种方法对静态模型进行估计。但静态模型忽略了被解释变量滞后项对其本身的动态影响，估计结果相对动态模型将会产生较大偏误，建立静态模型的目的是和后续建立的动态模型进行比较。

在此基础上，建立动态模型，表达形式为

$$\ln y_{it}=c+\alpha\mathrm{L.}\ln y_{it}+\beta_1\ln I_{it}+\beta_2\mathrm{L.}\ln I_{it}+\beta_3\ln k_{it}+\beta_4\mathrm{L.}\ln H_{it}+\beta_5\ln\mathrm{Stru}_{it}+\beta_6\ln\mathrm{Urban}_{it}+\zeta_i+\theta_i+v_{it} \tag{4.2}$$

式中，$\mathrm{L.}\ln y_{it}$ 表示第 i 个省份第 t-1 年农民人均农业收入，即被解释变量滞后项。动态模型采用差分 GMM（Difference GMM）和系统 GMM（System GMM）方法进行估计。差分 GMM 方法虽然考虑了滞后项 $\mathrm{L.}\ln y_{it}$ 的内生性问题，在一定程度上克服了静态方法因忽略内生性问题而产生的较大偏差，但该方法经常会存在弱工具变量问题，使估计结果产生偏误，而系统 GMM 方法同时克服了内生性和弱工具变量的问题，为一种较好的估计方法。

4.4 数据采集与处理

4.4.1 数据采集

我国自 2007 年起在各个省份陆续推行政策性农业保险，但考虑到其实施有一个较长的准备和宣传过程，2007 年农业保险保费收入和赔付支出均不稳定，因此，我们选取 2008～2012 年的样本数据。农业保险保费收入和赔付支出数据来源于《中国保险年鉴》，其他相关原始数据来源于国泰安数据库、中经网统计数据库、《中国农村统计年鉴》及《中国统计年鉴》，相关数据参见附录 1 的附表 1.1～附表 1.18。

4.4.2 数据处理

由于西藏和贵州农业保险发展水平极为落后并且存在多年数据残缺问题，另外，北京、天津、上海三个直辖市由于农业相关政策、农业收入在农村总收入中所占比重、农业自然资源、城镇化率等和其他省份存在较大差别，样本数据经检验属于异常值，因此将以上几个地区的样本数据剔除。为了平滑数据，消除经济时间序列数据异方差的影响，对相关数据取自然对数，变量的数据特征如表 4.1 所示。本章使用的计量软件为 STATA 12.0。

表 4.1 各变量的基本统计量和计算方法（*N*=25，2008～2012 年）

变量	含义	样本数	均值	标准差	最小值	最大值	计算方法
ln*y*	人均农业收入	125	7.982	0.290	7.296	8.634	农村人均经营纯收入
lnPrem	人均保费	125	2.786	1.116	0.705	5.207	农业保险保费/农村人口
lnEx	人均赔款	125	2.228	1.066	0.127	4.653	农业保险赔款/农村人口
lnSum	农保发展	125	6.320	1.107	3.300	8.116	人均保费与人均赔款和/农村人口
ln*k*	人均资本	125	1.693	0.967	0.128	4.331	农村生产性固定资产原值/农村人口
ln*H*	人力资本	125	2.141	0.054	1.987	2.215	农村劳动力受教育年数的加权和
lnStru	产业结构	125	−2.186	0.415	−3.186	−1.234	第一产业生产总值/总产值
lnUrban	城镇化率	125	−0.730	0.172	−1.109	−0.395	城镇常住人口/总人口

注：“计算方法”一列中各指标均用各省相应数据计算，并将各变量结果取对数处理。

4.5 实证检验结果

4.5.1 农业保险灾前效应对农民收入影响的检验结果

为检验灾前长短期效应对农民收入的作用方向和作用强度，以人均农业收入(ln*y*)作为被解释变量，以当期人均保费(lnPrem)和人均保费的滞后项(L.lnPrem)、人均资本(ln$k$)、人力资本的滞后项(L.ln$H$)、产业结构(lnStru)、城镇化率(lnUrban)作为解释变量，进行静态和动态实证分析。实证结果如表 4.2 所示。

表 4.2　灾前效应静态模型与动态模型对比结果

变量	A 静态模型		B 动态模型	
	（1）Pooled OLS	（2）FE	（3）差分 GMM	（4）系统 GMM
L.ln$y$	—	—	0.871***	0.978***
			（11.35）	（15.31）
lnPrem	0.040	−0.047**	−0.042***	−0.039***
	（1.01）	（−2.33）	（−6.65）	（−5.49）
L.lnPrem	0.050	0.028***	0.015*	0.022***
	（1.33）	（1.56）	（1.93）	（3.04）
ln$k$	0.056*	0.162***	0.069***	0.080***
	（−1.91）	（4.58）	（5.11）	（7.30）
L.ln$H$	1.024**	−1.156**	1.508***	2.006***
	（2.09）	（−2.08）	（4.14）	（6.45）
lnStru	0.229***	−0.275	0.025	0.315***
	（2.99）	（−1.38）	（0.17）	（4.34）
lnUrban	0.884***	2.221***	0.776***	0.523***
	（4.03）	（7.09）	（3.57）	（2.91）
c	6.623***	11.259***	−1.574	-3.036***
	（5.23）	（8.98）	（−1.13）	（-2.69）
N	100	100	75	100
Adj-R^2	0.522	0.773	—	—
Sargan χ^2（d）	—	—	12.41（5）	15.15（8）
Sargan P 值	—	—	0.030	0.060
AR（2）P 值	—	—	0.992	0.379
Hausman χ^2（P）	—	139.2（0.00）	—	—
省份数	25	25	25	25

注：①解释变量对应的括号中的数据为 t 值；②Sargan χ^2（d）表示对工具变量的合理性进行过度识别检验得到的 Sargan 统计量，渐进服从卡方分布，括号中为自由度，Sargan P 值为对应的 P 值；③AR（2）P 值为对一阶差分后的残差进行二阶序列相关检验得到的 P 值，原统计量渐进服从 N（0,1）分布，原假设为模型不存在二阶自相关性；④Hausman χ^2（P）表示对静态模型采用随机效应（random effects，RE）还是 FE 检验的χ^2值，括号里为对应的 P 值，检验结果表明模型 2 应采用 FE 模型；⑤L.ln$y$、L.lnPrem、L.ln$H$ 表示 ln$y$、lnPrem、ln$H$ 的一阶滞后项；⑥“—”表示该值不存在。

***、**和*分别表示在 1%、5%和 10%水平上显著。

表 4.2 中 A 栏和 B 栏分别列出了静态模型和动态模型的估计结果。表 4.2 第（1）列为对静态模型执行 Pooled OLS 的估计结果，该模型没有考虑个体异质

性；第（2）列中为考虑个体异质性时得到的 FE 模型的估计结果。但静态模型没有考虑被解释变量农业收入的滞后项（L.ln$y$）对其本身的动态影响，因此，静态模型的估计结果将与真实值存在较大的偏误。第（3）列、第（4）列为动态模型，分别运用差分 GMM、系统 GMM 方法进行估计，这两种方法均避免了被解释变量滞后项（L.ln$y$）的内生性问题引起的偏误，但差分 GMM 常常会存在弱工具变量问题使估计结果产生偏差。从 AR（2）的 P 值可知，利用差分 GMM 和系统 GMM 方法所得干扰项均不存在二级序列相关。从 Sargan χ^2（d）和 Sargan P 值来看，差分 GMM 方法存在过度识别问题，即存在弱工具变量问题，估计结果也会产生偏误，而系统 GMM 不存在过度识别问题，选择的工具变量是合理的，其估计结果较为准确。

根据以上分析，系统 GMM 的估计结果优于其他 3 种估计结果，对各个变量系数及显著性的分析将按系统 GMM 的估计结果进行评价。从表 4.2 第（4）列的回归结果可知各个变量回归系数均显著，当期人均保费（lnPrem）和人均保费的滞后项（L.lnPrem）、人均资本（ln$k$）、人力资本的滞后项（L.ln$H$）、产业结构（lnStru）、城镇化率（lnUrban）的估计系数分别为-0.039、0.022、0.080、2.006、0.315、0.523。实证结果表明，农业保险灾前短期效应显著为负，这是由于在当期缴纳保费、投保后疏于风险防范的负向作用超过了保险公司的防损活动和建议带来的正向作用。农业保险灾前长期效应显著为正，这是由于在长期农业保险促进科技进步和生产规模化的作用逐步显现，提高了农产品产量，降低了生产成本。但还应注意到长期效应的系数并不是很大，这是由于增产之后，价格通常会下降，减弱了由增产给农民收入带来的正向作用。这一结果验证了 H_1 和 H_2。灾前长短期效应之和为-0.017，表明农业保险灾前效应对农民收入有负向作用。另外，从实证结果可以看出，人均资本、人力资本、产业结构、城镇化率的回归系数均为正，说明它们均对农民收入具有正向作用。这是因为人均资本是农业生产的物质基础，农业收入会随物质资本的增加而增加；人力资本可以提高生产效率，降低生产成本，农业收入也会随人力资本的提高而增加；合理的产业结构会提高人力资本和物质资本的利用效率，减少资源闲置和浪费，有利于提高农民收入水平；城镇化率的提高表明大量农村人口向城镇转移，使农村人口人均农业生产资源增加，进而提高农业收入水平。

4.5.2　农业保险灾后效应对农民收入影响的检验结果

为验证农业保险灾后效应对农民收入的影响，本章仍将人均农业收入（ln$y$）作为被解释变量，以当期人均赔款（lnEx）和人均赔款的滞后项（L.lnEx），人均资本（ln$k$）、人力资本的滞后项（L.ln$H$）、产业结构（lnStru）、城镇化率（lnUrban）

作为解释变量。实证结果如表 4.3 所示。

表 4.3　灾后效应静态模型与动态模型对比结果

变量	A 静态模型		B 动态模型	
	（1）Pooled OLS	（2）FE	（3）差分 GMM	（4）系统 GMM
L.ln*y*	—	—	0.884***	0.904***
			（13.48）	（14.50）
lnEx	0.017	-0.025	-0.013	-0.017***
	（0.53）	（-1.37）	（-1.21）	（-2.59）
L.lnEx	0.074**	0.031***	0.035***	0.032***
	（2.57）	（2.58）	（5.39）	（7.11）
ln*k*	0.058**	0.121***	0.027*	0.041***
	（2.04）	（4.09）	（1.66）	（5.23）
L.ln*H*	0.899*	-1.317**	1.277***	1.450***
	（1.84）	（-2.44）	（3.55）	（4.60）
lnStru	0.250***	-0.206	0.273*	0.267***
	（3.32）	（-1.05）	（1.88）	（4.26）
lnUrban	0.966***	2.223***	0.735***	0.584***
	（4.50）	（7.78）	（3.81）	（3.66）
c	7.044***	11.760***	-0.687	-1.329
	（5.63）	（9.72）	（-0.54）	（-1.16）
N	100	100	75	100
Adj-R^2	0.524	0.782	—	—
Sarganχ^2（*d*）	—	—	14.03（5）	15.06（8）
Sargan *P* 值	—	—	0.02	0.06
AR（2）*P* 值	—	—	0.174	0.457
Hausman χ^2（*P*）	—	163.1（0.00）	—	—
省份数	25	25	25	25

注：①解释变量对应的括号中的数据为 *t* 值；②Sargan χ^2（*d*）表示对工具变量的合理性进行过度识别检验得到的 Sargan 统计量，渐进服从卡方分布，括号中为自由度，Sargan *P* 值为对应的 *P* 值；③AR（2）*P* 值为对一阶差分后的残差进行二阶序列相关检验得到的 *P* 值，原统计量渐进服从 *N*（0,1）分布，原假设为模型不存在二阶自相关性；④Hausman χ^2（*P*）表示对静态模型采用 RE 还是 FE 检验的χ^2值，括号里为对应的 *P* 值，检验结果表明模型 2 应采用 FE 模型；⑤L.ln*y*、L.lnEx、L.ln*H* 表示 ln*y*、lnEx、ln*H* 的一阶滞后项；⑥“—”该值不存在。

***、**和*分别表示在 1%、5%和 10%水平上显著。

表 4.3 的表格结构与表 4.2 完全一致，通过类似于上文的分析，第（4）列仍是最准确的估计结果，由该列的 AR（2）的 *P* 值可知，系统 GMM 方法所得干扰项不存在二级序列相关。从 Sargan χ^2（*d*）和 Sargan *P* 值来看，该方法不存在过度识别问题，选择的工具变量是合理的。

从表 4.3 第（4）列的回归结果可知各个变量回归系数均显著，当期人均赔款

（lnEx）和人均赔款的滞后项（L.lnEx）、人均资本（ln*k*）、人力资本的滞后项（L.ln*H*）、产业结构（lnStru）、城镇化率（lnUrban）的估计系数分别为-0.017、0.032、0.041、1.450、0.267、0.584。实证结果表明：农业保险灾后效应的短期效应显著为负，这表明农业保险实际赔付较少，不足以弥补灾害给农户带来的损失。灾后效应的长期效应显著为正，这表明农户得到赔偿后，可以迅速恢复农业生产，改善下一生产周期的农业产出，提高农民收入，实证结论和前文中的 H_3 是一致的。灾后效应的长期、短期效应之和为 0.015，表明灾后总效应对农民收入具有正向作用。

4.5.3 农业保险总效应对农民收入影响的检验结果

虽然已经得到了灾前效应和灾后效应对农民收入的作用方向和作用力度。但人均保费和人均赔款的同期变化率不一定相等，所以根据以上结果很难判断农业保险的总效应对农民收入的影响。鉴于此，将农业保险总效应的长短期效应分别用人均保费与人均赔款之和的滞后项（L.lnSum）及其当期值（lnSum）来表示，被解释变量和其他解释变量不变。实证结果如表 4.4 所示。

表 4.4 总效应静态模型与动态模型对比结果

变量	A 静态模型		B 动态模型	
	（1）Pooled OLS	（2）FE	（3）差分 GMM	（4）系统 GMM
L.ln*y*	—	—	1.024***	1.004***
			（10.05）	（9.52）
LnSum	0.021	-0.025	-0.070***	-0.081***
	（0.41）	（-1.00）	（-2.63）	（-3.02）
L.lnSum	0.082*	0.039*	0.105***	0.108***
	（1.69）	（1.71）	（2.73）	（5.17）
ln*k*	0.106***	0.113***	0.017	0.033***
	（4.04）	（3.81）	（1.55）	（4.11）
L.ln*H*	0.784*	-1.259**	1.262***	1.267***
	（1.74）	（-2.23）	（3.91）	（6.62）
lnStru	0.237***	-0.226	0.164	0.145**
	（3.47）	（-1.09）	（1.07）	（2.14）
lnUrban	0.948***	2.273***	0.359	0.279
	（4.83）	（7.09）	（1.17）	（1.15）
c	6.726***	11.568***	-2.403*	-2.332*
	（5.81）	（8.94）	（-1.69）	（-1.76）
N	100	100	75	100
Adj-R^2	0.586	0.762	—	—
Sargan χ^2（*d*）	—	—	10.83（6）	10.68（11）
Sargan *P* 值	—	—	0.093	0.197

续表

变量	A 静态模型		B 动态模型	
	（1）Pooled OLS	（2）FE	（3）差分 GMM	（4）系统 GMM
AR（2）P 值	—	—	0.087	0.263
Hausman χ^2（P）	—	52.86（0.00）	—	—
省份数	25	25	25	25

注：①解释变量对应的括号中的数据为 t 值；②Sargan χ^2（d）表示对工具变量的合理性进行过度识别检验得到的 Sargan 统计量，渐进服从卡方分布，括号中为自由度，Sargan P 值为对应的 P 值；③AR（2）P 值为对一阶差分后的残差进行二阶序列相关检验得到的 P 值，原统计量渐进服从 N（0,1）分布，原假设为模型不存在二阶自相关性；④Hausman χ^2（P）表示对静态模型采用 RE 还是 FE 检验的 χ^2 值，括号里为对应的 P 值，检验结果表明模型 2 应采用 FE 模型；⑤L.ln*y*、L.lnSum、L.ln*H* 表示 ln*y*、lnSum、ln*H* 的一阶滞后项；⑥“—”表示该值不存在。

***、**和*分别表示在 1%、5%和 10%水平上显著。

表 4.4 的表格结构与表 4.2 完全一致，通过前面的分析可知，第（4）列是最准确的估计结果，并且从 AR（2）的 P 值、Sargan χ^2（d）和 Sargan P 值可知，系统 GMM 方法所得的干扰项不存在二级序列相关，也不存在过度识别问题，选择的工具变量是合理的。

从表 4.4 第（4）列的回归结果可知，除城镇化率（lnUrban）与人均农业收入呈弱相关关系外，其他变量均与人均农业收入呈现显著正相关关系，当期人均保费与人均赔款之和（lnSum）及其滞后项（L.lnSum）、人均资本（ln*k*）、人力资本的滞后项（L.ln*H*）、产业结构（lnStru）的估计系数分别为-0.081、0.108、0.033、1.267、0.145、0.279。实证结果表明：农业保险总效应的短期效应显著为负向，长期效应为正向，长短期总效应之和为 0.027，方向为正向。这说明农业保险总体上对农民收入具有一定的促进作用，但促进力度较小，农业保险人均保费与人均赔款之和每增长 1%，农民收入仅会增长 0.027%。

4.6　结论与启示

4.6.1　结论

基于以上理论与实证分析结果，我们不难得出如下结论。

1）农业保险对农民收入的影响是从灾前效应和灾后效应两个方面发挥作用的，并且这两个效应有长期和短期之分。实证结果进一步表明灾前长短期效应之和为负值，灾后长短期效应之和为正值，总长短期效用之和为正值，这说明灾前效应减少了农民收入，灾后效用增加了农民收入，二者对农民收入作用的合力表现为增加了农民收入，但作用力度较小。

2）目前农业保险虽然对农民收入的促进作用较小，但农业保险提高了农业产出，引起农产品价格下降，使社会福利得到改善，减小了全体居民的生活成本，提高了生活水平，充分体现了农业保险对社会的巨大贡献。

3）灾后补偿可以使农户恢复生产，增加收入，但目前农业保险补偿比例较低，农民损失得不到充分补偿。

4）人均资本、人力资本、产业结构、城镇化率均与农民人均农业收入呈现显著的正相关关系，对农民人均农业收入的促进力度依次为人力资本、城镇化率、产业结构、人均资本。

4.6.2 启示

根据以上结论可得到如下启示。

1）应继续加大对农业保险的支持力度，尤其是扩大补贴范围，减轻农民的保费负担。与此同时，还应增加对农业保险的教育与宣传，提高农民的保险和防灾意识。

2）应注重产品与制度创新，合理控制道德风险，提高赔付比例，改善补偿效果，充分发挥农业保险通过灾后补偿来促进农民收入的作用。

3）应建立农产品价格调控机制，防止农产品价格出现较大波动，防止产量增加导致“谷贱伤农”，使农民切实在增产中得到好处，提高农民从事农业生产和投保的积极性。

4）应加快城镇化进程，进一步优化产业结构，增加农村固定资产与教育的资金投入，才能真正增加农民收入，减小城乡差距，达到共同富裕。

第 5 章　河北省农业保险发展现状与问题分析

河北省粮食作物主要有小麦、玉米、谷子、水稻、高粱、豆类等，其中以小麦、玉米为主，河北省是全国三大小麦集中产区之一，大部分地区适宜小麦生长。同时，河北省是全国粮油集中产区和全国主要产棉区之一。近年来，河北省农业正由传统农业向现代农业迅速迈进，绿色经济和区域特色的农业经济蓬勃发展，农业在全省经济中发挥着越来越重要的作用。但是河北省一直是自然灾害比较严重的省份之一，自然灾害给河北省农业生产、农民生活、农村经济造成了巨大的损失。研究河北省农业保险，对探索发展适合河北省具体省情的农业保险方式，改善河北省农业保险的服务质量，保证河北省农业快速、健康、可持续的发展，全面建设和谐社会具有重要的现实和深远的历史意义。

5.1　河北省农业保险的发展历程

河北省农业保险最早产生于 20 世纪 50 年代初期，当时先后开办牲畜、农作物、养猪、家禽、养羊及家兔 6 个种类业务，保费收入为 1743 万余元，支付赔款为 839 万元，赔付率为 48%。但到 1959 年全国停办了所有的农业保险业务。1982 年国内保险业务得以恢复，河北省重新试办农业保险。河北省人民保险公司从 1983 年开始正式经营农业保险。最初承保麦场火灾保险，后来逐步承保养殖业和种植业保险。1987 年河北省人民保险公司为适应核算体制改革的需要，确定以棉田雹灾保险、对虾保险、水果保险和规模经营商品生产性的养猪保险、养鸡保险等险种作为试办的重点，其他农业险种限于重点县试办，对农户分散饲养的猪、鸡不予承保。到 1988 年年底河北省试办 31 个农业险种，其中，种植业 17 个、养殖业 11 个、农产品 3 个，累计承保额为 92.2 亿元，保险费收入为 2615 万元，已付赔款 2478 万元，赔付率为 94.76%。20 世纪 90 年代初期，河北省人民保险公司分设中国人保财产保险有限公司河北省分公司和中国人保人寿保险有限公司河北省分公司，农业保险由中国人保财产保险有限公司河北省分公司经营。改革后的中国人保财产保险有限公司河北省分公司完全按商业保险公司运作以利润最大化为经营目标，面对日趋激烈的市场竞争，不得不裁减亏损险种的业务，导致农业保险逐年萎缩。2001～2003 年，中国人保财产保险有限公司河北省分公司的农业保险保费分别为 989.7 万元、812.8 万元和 603.6 万元，平均下降幅度为 21.9%；

三年的赔付率分别为43.69%、118.45%和75.45%，其中养殖业三年的保险赔付率高达80.61%、92.58%和191.49%。到2006年农业保险的保费收入萎缩到409万元。2007年8月河北省开办政策性农业保险试点业务，推出小麦、玉米、棉花、能繁母猪、奶牛5个保险品种的政策性农业保险业务，当年农业保险保费收入达到10 350万元，较2006年增长25倍。2008年河北省出台《河北省种植业保险保费财贴管理办法》和《河北省养殖业保险保费补贴管理办法》，在全省范围内开展农业保险保费财政补贴试点。保费在参保农户承担20%的基础上，各级财政承担80%。对保险金额和费率的规定为种植业保险，小麦按每亩保险金额300元、保险费率5%；玉米按每亩保险金额260元、保险费率7%；棉花按每亩保险金额400元、保险费率6.5%。养殖业保险，奶牛按每头保险金额5000元、保险费率7%；能繁母猪按每头保险金额1000元、保险费率6%。2011年10月，河北省政府下发《河北省政策性农业保险试点工作实施方案》，将24个蔬菜示范县（市）列入政策性农业保险试点范围，推出温室、大棚、中棚设施保险，保险费率为5%。农户或农业龙头企业、农民专业合作社等经济组织承担50%的保费，其余50%的保费由各级政府部门补贴。在政策的大力支持下，河北省农业保险保费收入呈现逐年增加的良好势头，2013年农业保费收入已达16.8亿元，赔付额为7.03亿元，赔付率为51.4%，在财产保险中农业保险保费收入占5.3%，已成为仅次于车险的第二大险种。2015年河北省农业保险保费收入为22亿元，居全国第6位，同比增长23%，参保农户为1304.5万户，承保玉米、小麦、蔬菜等11 121.1万亩，猪、牛等1281.4万头，小麦、玉米的承保覆盖率分别为98%和99%，全省风险保障金额为639.6亿元，支付赔款17.2亿元，受益农户达239.5万户。

5.2 河北省农业保险的发展状况

5.2.1 河北省农业保险保费收入状况

1. 河北省农业保险总保费收入状况

如图5.1所示，在实行政策性农业保险以前，2001～2006年，河北省农业保险保费收入基本是呈现逐年减少的趋势，这是由于当时中国人保、中华联合向市场化转型，追求利润最大化的，逐渐收缩农业保险这种微利或亏损险种的原因。2007年河北省实行政策性农业保险试点，在政策的大力支持下，保费收入不断增加。2007～2015年，河北省农业保险保费收入呈现逐年增加的良好势头。2015年河北省农业保险保费收入220 196万元。

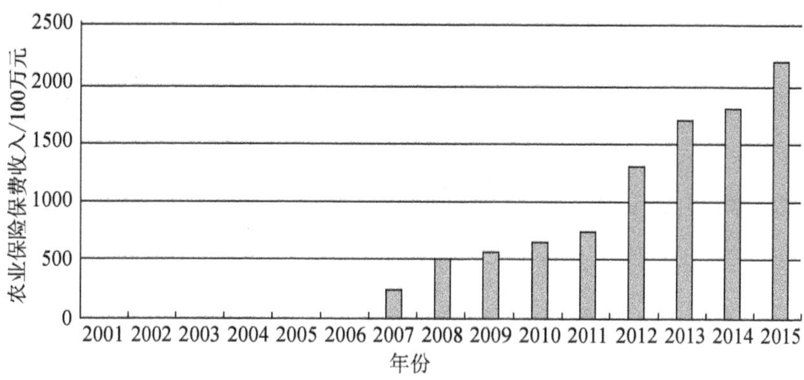

图 5.1　2001～2015 年河北省农业保险保费收入

资料来源：http://cyfd.cnki.com.cn/N2017030254.htm.

2. 河北省各地级市农业保险保费收入状况

如表 5.1 所示，河北省各地级市农业保险保费收入居前的有石家庄、唐山、邢台，2015 年其保费收入分别为 27 489 万元、24 938 万元、26 096 万元，这和这几个城市农业生产规模较大、经济发展水平较高、对农业保险的需求较大有关。农业保险保费收入最低的城市是秦皇岛，2015 年其保费收入为 7391 万元，这是由于秦皇岛是旅游城市，耕地面积小，农业产量低，农业保险需求最少；廊坊市农业保险保费收入也相对较低，2015 年其保费收入分别为 12 501 万元，这和当地农业发展状况、经济发展水平及投保观念有关。

表 5.1　2007~2015 年河北省各地级市农业保险保费收入　单位：100 万元

地级市	2007 年	2008 年	2009 年	2010 年	2011 年	2012 年	2013 年	2014 年	2015 年
石家庄	18.11	78.00	32.30	29.14	88.74	154.45	242.07	237.19	274.89
唐山	19.03	65.39	76.44	97.34	127.14	195.23	233.26	230.05	249.38
秦皇岛	4.22	21.68	24.32	28.61	34.84	55.32	61.56	53.03	73.91
邯郸	8.16	45.13	79.48	89.75	82.14	118.98	133.08	140.00	181.94
邢台	7.33	60.99	69.97	86.50	85.98	163.71	193.76	202.95	260.96
保定	15.86	69.04	78.83	90.99	80.41	167.51	208.84	234.99	244.57
张家口	5.07	17.56	19.20	26.45	17.16	69.84	122.18	143.07	166.96
承德	3.97	17.33	33.74	6.43	26.22	57.38	94.57	136.03	182.63
沧州	8.07	72.07	62.12	96.82	107.67	137.70	172.73	184.49	262.37
廊坊	1.95	35.10	48.73	54.21	58.40	87.55	114.00	104.70	125.01
衡水	11.76	33.31	30.39	46.76	51.77	78.34	106.09	123.76	179.37

资料来源：http://cyfd.cnki.com.cn/N2017030254.htm.

5.2.2　河北省农业保险赔付状况

1. 河北省农业保险总体赔付状况

如图 5.2 所示，河北省总农业保险赔付额逐年递增，但波动较大，这是由于赔付额不仅受总保险规模的影响，而且更重要的是受农业风险状况的影响。2014 年、2015 年的额度分别为 86 888 万元、172 476 万元。

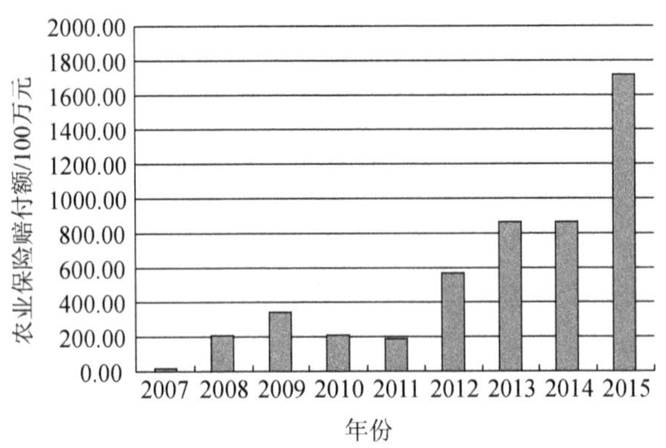

图 5.2　2007～2015 年河北省农业保险赔付额

资料来源：http://cyfd.cnki.com.cn/N2017030254.htm.

如图 5.3 所示，在实行政策性农业保险以前，即 2007 年以前，赔付率比实行政策性农业保险以后，即 2007 年以后要高。这是因为在 2007 年以前，政府对农业保险不进行政策补贴，投保农户自己支付保费，出于节约保费的考虑，投保农户只投保发生风险概率较高的保险标的，而农业风险较低的基本上进行风险自留，因此投保的农户整体风险水平较高。2007 年以后，政府对投保农户给予保费补贴，农户将低风险的保险标的也进行投保，因此 2007 年以后农业保险赔付率总体上低于 2007 以前。另外，农业保险赔付率波动较大，2006 年、2009 年、2015 年农业保险赔付率分别高达 84.11%、61.26%、78.33%，而 2007 年、2011 年、2010 年农业保险赔付率分别为 8.27%、24.56%、31.92%。

2. 河北省各地级市农业保险赔付状况

如表 5.2 所示，河北省各地级市农业保险赔付额排名居前的是廊坊、石家庄和保定，2015 年其赔付额分别是 30 699 万元、23 676 万元、18 980 万元；赔付额最小的是秦皇岛和承德，2015 年分别是 5900 万元、8939 万元。

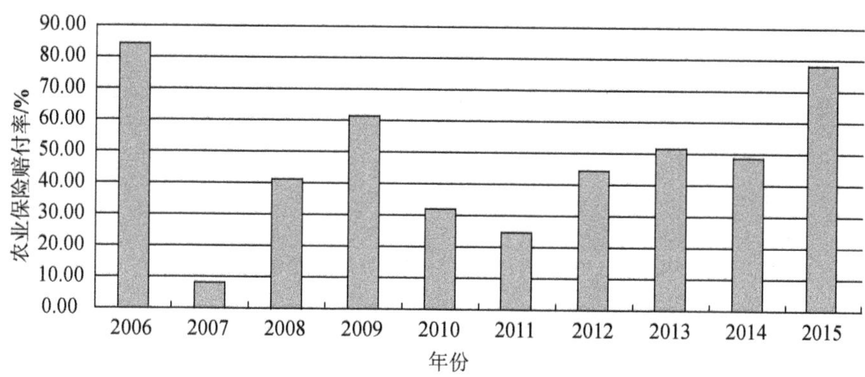

图 5.3　2006～2015 年河北省农业保险赔付率

资料来源：http://cyfd.cnki.com.cn/N2017030254.htm.

表 5.2　2007～2015 年河北省各地级市农业保险赔付额　单位：100 万元

地级市	2007 年	2008 年	2009 年	2010 年	2011 年	2012 年	2013 年	2014 年	2015 年
石家庄	0.74	42.45	19.11	3.25	10.95	40.07	112.36	108.53	236.76
唐山	1.16	24.97	53.31	47.70	47.61	122.41	121.94	119.03	162.80
秦皇岛	0.60	8.00	21.01	10.00	6.56	43.21	15.86	52.65	59.00
邯郸	2.16	13.33	47.47	22.89	23.64	24.90	67.43	43.75	94.16
邢台	0.87	16.31	42.77	17.75	19.78	49.42	91.08	96.51	161.96
保定	1.15	57.29	54.08	25.12	24.60	60.93	107.93	102.53	189.80
张家口	0.41	4.18	11.46	8.92	4.68	36.87	84.61	79.04	167.07
承德	0.55	7.19	21.26	10.96	4.63	26.54	46.61	66.54	89.39
沧州	0.13	18.34	21.45	25.16	20.35	88.23	87.26	65.24	181.41
廊坊	0.15	11.46	17.26	20.03	7.81	43.64	49.69	91.34	306.99
衡水	0.64	8.39	31.13	16.68	16.14	33.61	80.81	38.21	75.41

资料来源：http://cyfd.cnki.com.cn/N2017030254.htm.

如表 5.3 所示，从各地级市农业保险赔付率来看，秦皇岛、张家口、承德较高，并且波动较大，如廊坊 2015 年赔付率高达 245.57%，2011 年只有 13.37%；赔付率较小的地区有邯郸、邢台，并且这几个城市赔付率波动较小，大多数年份赔付率基本稳定。

表 5.3　2007～2015 年河北省各市农业保险赔付率（%）

地级市	2007 年	2008 年	2009 年	2010 年	2011 年	2012 年	2013 年	2014 年	2015 年
石家庄	4.09	54.42	59.16	11.15	12.34	25.94	46.42	45.76	86.13
唐山	6.10	38.19	69.74	49.00	37.45	62.70	52.28	51.74	65.28
秦皇岛	14.22	36.90	86.39	34.95	18.83	78.11	25.76	99.28	79.83
邯郸	26.47	29.54	59.73	25.50	28.78	20.93	50.67	31.25	51.75

续表

地级市	2007年	2008年	2009年	2010年	2011年	2012年	2013年	2014年	2015年
邢台	11.87	26.74	61.13	20.52	23.01	30.19	47.01	47.55	62.06
保定	7.25	82.98	68.60	27.61	30.59	36.37	51.68	43.63	77.61
张家口	8.09	23.80	59.69	33.72	27.27	52.79	69.25	55.25	100.07
承德	13.85	41.49	63.01	170.45	17.66	46.25	49.29	48.92	48.95
沧州	1.61	25.45	34.53	25.99	18.90	64.07	50.52	35.36	69.14
廊坊	7.69	32.65	35.42	36.95	13.37	49.85	43.59	87.24	245.57
衡水	5.44	25.19	102.44	35.67	31.18	42.90	76.17	30.87	42.04

资料来源：http://cyfd.cnki.com.cn/N2017030254.htm.

5.2.3 河北省农业保险供给状况

河北省实行政策性农业保险以来，农业保险供给主体有中国人保、中华联合、大地财险三家保险公司，其中大地财险在2010年承保河北省农业保险，之后年份由中国人保、中华联合两家公司来承保农业保险，到2015年供给主体进一步扩大，由中国人保、中华联合、太保集团、阳光保险集团股份有限公司财产保险公司（以下简称阳光产险）、中国人寿财产保险股份有限公司（以下简称国寿财险）等保险公司经营农业保险，但中国人保一直是经营河北省农业保险的主力军，2014年、2015年其保费收入分别为131 982万元、158 294万元，分别占河北省农业保险市场份额的78.4%、71.9%。从供给品种来看，农业保险险种也逐渐增加，2007年只有能繁母猪和玉米这两个险种，2008年增加了小麦、棉花、花生、奶牛等新险种。2010年又增加了水稻保险、大豆保险、油菜保险等新险种，截至2014年，河北省经营的政策性农业保险有14种，分别涉及玉米、小麦、棉花、花生、马铃薯、大豆、水稻、油菜、糖料作物、森林保险、设施农业、能繁母猪、奶牛和育肥猪。2015年河北省进一步进行农业保险产品创新，中国人保开办农业价格指数类产值保险6个；中华联合报备皮毛兽、肉羊、肉牛、黑驴、种羊、生猪价格指数和林木保险等9个特色农业保险条款。

5.2.4 河北省农业保险的保险密度和保险深度

保险密度是指某地区按人口计算的平均每人交纳的保费，即农业保险收入与农村人口的比值。这些年河北省一直都很重视农业保险的发展，实施各种政策和措施，使农业保险的总收入不断扩大，与此同时，经济发展水平不断提高，城镇化进程不断加快，农村人口越来越少，这就使农业保险的密度不断增大。如表5.4所示，2007～2015年9年的时间保险密度从2.5元/人增加到60.93元/人，增加了20多倍，表明河北省农业保险越来越得到农户的认可，投保规模越来越大。

保险深度是指保费收入与当年国内生产总值GDP的比值，它表示农业保险在国民经济中的地位。虽然农业生产总值每年都快速增长，但是农业保险收入增长的速度更快，所以两者的比值还是不断增长的，即农业保险深度不断加深。如表 5.4 所示，自河北省实行政策性农业保险以来，农业保险深度逐渐上升，从 2007 年的 0.06%增长到 2015 年的 0.64%，9 年期间增长了近 10 倍。这说明了河北省农业保险在国民经济中的地位得到了迅速提高。

表 5.4 河北省农业保险深度和保险密度

年度	保费收入/万元	农业人口/万人	农业保险密度/（元/人）	农业生产总值/万元	农业保险深度/%
2007	10 351	4 148	2.50	18 047 200	0.06
2008	47 046	4 061	11.58	20 345 900	0.23
2009	55 700	3 957	14.08	22 073 400	0.25
2010	65 327	3 939	16.88	25 628 000	0.25
2011	76 045	3 879	19.60	28 710 410	0.26
2012	128 600	3 840	33.48	31 890 230	0.40
2013	168 300	3 804	44.24	32 234 000	0.52
2014	179 000	3 741	47.85	34 475 000	0.52
2015	220 196	3 614	60.93	34 413 700	0.64

资料来源：http://www.hetj.gov.cn/hetj/tjsj/jjnj/；http://cyfd.cnki.com.cn/N2017030254.htm.

5.3 河北省农业保险存在的问题分析

5.3.1 保险公司方面存在的问题

保险公司是农业保险的供给者，保险公司决定着农业保险的市场供给品种和供给总量，决定着农业保险整体的服务水平，目前保险公司在经营农业保险方面还存在很多问题。

1. 险种相对较少，创新不足

目前，政策性保险险种主要有小麦、玉米、棉花、能繁母猪、奶牛、大棚、林木保险等，商业保险有辣椒险、冬枣雹灾险、养鸡保险、塑料大棚蔬菜种植保险等。虽然河北省实行政策性农业保险以来，农业保险品种逐渐增多，但相对于河北省品种繁多的农产品来讲还相对较少，以上险种还不能满足河北农业生产的要求。另外，一些新型农业保险险种，如收入保险、价格保险、指数保险等还比较缺乏。

2. 经营农业保险的保险机构缺乏

截至2015年年底，河北省的保险公司有61家省级分公司和1家总公司，但经营农业保险的公司只有中国人保、中华联合、阳光产险、国寿财险等几家公司。这几家保险公司以中国人保为主导，各保险公司所占市场份额并不均衡，市场缺乏有效的竞争。致使经营农业保险的保险公司缺乏的因素主要有农业风险大、赔付率高、技术水平要求高。农业生产的高风险决定了风险事故的高发性，风险事故高发导致赔付率居高不下，高赔付率导致保险公司经营农业保险的风险增大，大多数保险公司对农业保险望而却步。另外，农业保险在费率厘定、查勘、定损、赔付等方面要求的技术水平和人员素质都较高，这也是导致经营农业保险的保险机构缺乏的重要原因之一。

3. 存在技术障碍，人员相对缺乏

农业保险的开展需要以较高的业务技能为后盾，目前保险公司经营农业保险在技术方面还存在诸多障碍。

1）费率厘定较难。任何险种对于保险的购买方和提供方都应该公平合理。公平的前提是要有一个合理的价格，即合理的费率。费率的计算是以农业风险发生的概率及其所造成的损失程度为基础，利用精算的手段厘定出来的，但目前大多数农业生产的损失数据还不完整，这给准确厘定农业保险费率造成了很大的困难。

2）定损难。农业保险的保险标的不同于普通的财产保险的保险标的，农业保险的保险标的基本上都是有生命的，保险标的价值变化很大，损失程度很难确定。

3）理赔较难。农业保险分散性较大，保险对象差别很大，造成减产或禽畜死亡的原因又非常多，保险合同双方经常就是否赔付和赔偿多少的问题产生纠纷，每一起理赔案件都要让保险公司花费很大的精力，如果赶上受灾或疫情较大的情况，保险公司现有的工作人员将很难应对。

4. 存在道德风险

政策性农业保险实施之后，政府对农业保险给予了大量的保费补贴，部分公司为了套取政策补贴资金，在承保及理赔过程中时常发生违规行为，主要表现在如下方面。

1）选择承保、隐性拒保。为了追求更多的利润回报，有些保险公司在承保农业保险时，对保险标的进行人为选择，只对风险较低的承保，对风险较高的保险标的则要求比较苛刻，往往是隐性拒保。

2）制造假保险单，骗取保费补贴。在承保过程中有些保险公司制造假保险单，骗取政府的补贴资金。

3）制造保险赔案，骗取保费。有些保险代理人员串通被保险人，以小损报大损、无损报小损的方式骗取保险赔偿。

5.3.2 农户方面存在的问题

近年来，虽然河北省农业保险在政策的推动下保费逐年增长，取得了显著成效，但在农户方面依然存在以下问题，制约着农业保险的进一步发展。

1. 农户投保意识淡薄

农户的投保意识淡薄有以下几个方面原因。

1）文化水平低。农户的文化基础薄弱，很多农户认识不到农业保险对农业生产的作用，常常认为农业保险是国家对农民的变相征税，从心理上抵制农业保险。

2）封建迷信思想的影响。有的农户认为保险是不祥之兆，投保很可能就会招来灾难，所以投保险意识淡薄。

3）存在侥幸心理。有的农户认为交了保险费，如果将来没有发生风险损失，得不到保险公司的赔付，有的农户认为入保险不划算。同时有的农户心存侥幸，这种农业风险不会发生上在自己身上。

所有这些都会导致农户参保的意识淡薄，不主动投保农业保险。

2. 现行保险赔付不足，投保积极性不高

河北省农业保险主要品种的保险金额：小麦每亩保险金额为 300 元，玉米每亩保险金额为 260 元，棉花每亩保险金额为 400 元，奶牛每头保险金额为 5000 元，能繁母猪按每头保险金额为 1000 元。以 2009 年的产值来计算小麦、玉米、棉花的平均亩产量分别为 342 千克、331 千克、65 千克，其市场价格分别为 342×2.1=718.2（元）、331×1.7=562.7（元）、65×15=975（元）。可见保险金额还不到每亩收入的 50%。保险赔付额非常低，农户得不到足够的补偿，造成农户认为农业保险可有可无、投保意义并不是很大，投保积极性不高。

3. 农业保险知识贫乏

通过调研发现，很多农户根本不了解农业保险的相关知识，不知道如何投保，不知道去哪家保险公司投保，发生风险后也不知道如何理赔。另外，对于国家对农业保险的支持政策、农业保险的险种也不太了解。农户对农业保险相关知识的缺乏制约着农业保险的进一步发展。

4. 骗保行为时有发生

道德风险来源于信息的不对称性，农户在农业生产过程中所面临的风险农户

最清楚，而保险公司对有的风险一无所知。在这种情况下，就会很容易出现道德风险。例如，有的农户认为自己参加了农业保险，如果农作物歉收，最终有保险公司来赔偿，导致农户降低了对农作物精心经营的积极性，这就大大增加了保险标的风险概率，甚至有些农民骗保的现象也时有发生。农作物保险赔付中道德风险所占的比例就高达 20%，在牲畜赔付中骗保现象更为严重。

5.3.3 环境方面存在的问题

1. 财政支持力度不足

农业保险是准公共产品，具有正外部性，这决定了农业保险的运作必须在财政支持的条件下。虽然对小麦、玉米、棉花、奶牛、能繁母猪等进行了大量的政策支持，但对政策性农业保险以外的农业保险品种还未进行补贴，绝大多数农业生产品种还游离于农业保险保障范围之外。另外，对农业风险防范和险种开发也缺乏相应的政策支持，导致河北省农业保险只侧重灾后补偿，往往忽略了灾前防范，产品和模式创新也相对不足。

2. 专业定损机构缺乏，赔付有失公平

发生农业风险后，对风险损失进行公正合理的评估是公平理赔的前提。但农业保险的风险定损较为复杂，既涉及专业技术知识又涉及道德因素。因此，要想对农业风险损失进行公平公正的定损，设立独立于保险合同双方的专门定损机构是非常有必要的，目前河北省该类专业定损机构几乎处于空白。

3. 相关法律缺失，赔付缺乏保障

任何保险产品的运作，都离不开法律的保护，而目前我国尚无一套完整的农业保险法，一些关于农业保险的文件只有国务院及财政部、中国保监会、农业部等部门印发，而且这些文件多是关于农业保险起步时简单的原则性规定，已经不能为农业保险长期发展起保障作用。河北省虽然于 2008 年出台了《河北省种植业保险保费补贴管理办法》和《河北省养殖业保险保费补贴管理办法》，2011 年下发《河北省政策性农业保险试点工作实施方案》，但也只是对国家相关文件的传达，只规定了政策性农业保险的补贴品种和补贴标准，对于农业保险如何承保、理赔等细节并未做出详细规定，对于农业保险纠纷如何处理没有提及。农业保险在具体操作过程中存在很大的随意性，制约着农业保险的健康发展。因此，农业保险急需建立健全的法律体系，利用法律手段监督约束各级政府、农险经营主体、农业生产者在农险市场中的行为，保证农险市场的有序运行。

4. 农业分散经营，承保、理赔成本较高

目前河北省农业生产主要以家庭生产为主，产业化、规模化生产的程度还不是很高。保险公司在开展业务、勘灾、定损、赔付等环节都需要投入较大的人力、物力和财力，导致保险公司经营农业保险的成本居高不下，使保险公司的经营利润大幅减少，挫伤了保险公司经营农业保险的积极性。另外，农业生产分散经营，也会增加农户的道德风险和逆向选择，骗保行为时有发生，如无灾报有灾、小灾报大灾等，增加了保险公司的经营、承保、理赔成本。

5. 农业巨灾风险分散机制缺失

农业保险具有风险大，经营成本高，赔付率不稳定的特点，这给保险公司稳定经营带了极大的挑战。河北省只是通过再保险机制来分散部分农业风险，但当巨灾农业风险发生时，这种机制并不能完全满足保险公司的赔付需求。目前河北省还未建立农业巨灾基金，风险分散机制和手段还不健全，这不仅威胁着农业保险市场的稳定，还不利于河北省农业生产的健康发展。

6. 农业保险政策单一

河北省 11 个地级市的农业发展状况，种植业和养殖业种类、气候条件、农业风险水平，以及经济发展状况存在着很大差别。但河北省农业保险在各市执行单一的保费补贴政策，这不仅导致了逆向选择问题，而且违反了公平原则，还不利于地方特色农业的发展。因此单一保费补贴政策会导致在农业风险较小的地区，农户不愿意参加农业保险，造成农业保险市场的萎缩，不利于农业市场的发展。

5.4 研究结论

河北省自 2007 年 8 月开办政策性农业保险试点以来，在政府的大力支持下，目前农业保险保费收入呈现逐年增加的良好势头，农业保险已成为仅次于车险的第二大险种。2015 年河北省农业保险保费收入为 22 亿元，居全国第 6 位，同比增长 23%，参保农户 1304.5 万户，承保玉米、小麦、蔬菜等 11 121.1 万亩，牛、猪等 1281.4 万头，小麦、玉米的承保覆盖率分别为 98%和 99%，全省风险保障金额为 639.6 亿元，支付赔款 17.2 亿元，受益农户 239.5 万户。目前虽然河北省农业保险已经取得可喜成果，但是仍存在诸多不足支持，如险种相对较少，创新不足；经营农业保险的保险机构缺乏；存在技术障碍，人员相对缺乏；存在道德风险；农户投保意识淡薄；现行保险赔付不足，投保积极性不高；农业保险知识贫乏；骗保行为时有发生；财政支持力度不足；缺乏专业定损机构，赔付有失公平；相关法律缺失，赔付缺乏保障；农业分散经营，承保、理赔成本较高；农业巨灾风险分散机制缺失；农业保险政策单一。以上问题需要尽快完善，以促进河北省农业保险的健康发展。

第 6 章 河北省农业保险对农业生产影响效应的实证研究

随着河北省农业现代化、规模化、产业化进程的不断加速和新型绿色农业的逐渐推进，农业保险在农业风险转移、经济补偿、资金融通等方面发挥着越来越重要的作用。河北省农业保险对农业生产的作用方式及其具体效应已成为河北省政府、保险公司及农户关心的重点问题，也成为学术界研究的热点问题之一。

6.1 研究现状

关于农业保险与农业生产之间的关系，国内外学者所做的研究主要集中在以下三个方面。

1. 关于农业保险促进农业产出的研究

绝大多数学者均表示农业保险促进了农业产出水平，如 Orden（2001）研究发现农业保险对农作物产出的提高幅度在 0.28%～4.1%; Babcock 和 Hart（2000）、庹国柱等（2001）、冯文丽（2004）、费友海（2005）、聂荣等（2013）、吴雪平和梁芷铭（2014）、Xu 和 Liao（2014）、Dai 等（2015）一致认为农业保险的发展有利于提高农业产出水平；但有的学者对上述观点并不太赞同，如张跃华等（2006）认为理论上农业保险可以提高农业产出，但通过对上海调查数据的实证检验，却发现农业保险对当地水稻产量的影响并不显著。

2. 关于农业保险促进农业技术推广和扩大农业生产规模的研究

目前，对于该观点的研究文献还不是很多，但观点较为一致。Schultz（1964）指出农业保险具有分散农业风险的职能，能够稳定农业生产者的产出预期，促使他们选择风险性较大，但更具效率的生产技术和生产对象，有利于农业生产技术推广。陈锡文（2004）的研究表明，20 世纪 90 年代新疆和田地区利用农业保险在当地顺利推广了从东北引进的水稻旱育稀植技术和优质玉米品种两项科技成果。Cai 等（2009）通过对中国贵州 480 个村随机分组的方法，研究发现农户参加能繁母猪保险有助于其扩大养殖规模。蔡洪滨（2010）通过关于能繁殖母猪保险的试验，发现参保率的上升显著地增加了农民饲养母猪的规模数量。

3. 关于农业保险与农业现代化关系的研究

随着我国农业现代化的推进，有学者对该问题进行了尝试性研究，但研究视角和结论尚存一定差异。有些学者认为农业保险对农业现代化具有促进作用，如吴钰和蒋新慧（2013）、谢瑞武（2014）指出农业保险从风险保障、改善民生、吸收农村剩余人口、稳定农民收入等方面促进了农业现代化的发展。唐瑾（2013）认为农业保险为农业产业化的发展提供了必要条件。还有一些学者认为农业现代化拉动了农业保险的发展，如石晓军和郭金龙（2013）指出农业现代化为农业保险的发展提供了机遇。另外，曹卫芳（2013）指出农业现代化是改善农业保险发展的基础，农业保险是农业现代化的客观要求和必要保障，二者之间存在着必然的互动机制。

综上所述，关于农业保险与农业生产之间的关系国内外学者已经取得了一定的研究成果，为本章的研究提供了借鉴和启示。但以上成果大多是采用时间序列数据进行的研究，时间序列数据通常利用的样本点较少，同时往往由于存在自相关问题而使估计结果产生偏误。并且以前的研究成果均采用静态模型分析二者的关系，忽略了前期农业产出的多寡对其当期的惯性影响，而降低估计结果的精度。另外，以上研究视角多为全国或地区层面，针对河北省的研究还不多见。鉴于此，本章从以下几个方面对现有文献进行扩展：首先，就研究视角而言，基于河北省层面考察农业保险对农业生产的影响效应。其次，就研究方法而言，本章选取河北省 11 个地级市 2007～2013 年面板数据，构建差分 GMM 动态面板模型进行实证分析，这与采用时间序列的静态模型相比，不仅扩大了样本信息量，降低了变量之间的共线性，规避了自相关问题，而且考虑了被解释变量的滞后项对其当期值的影响，纠正了被解释变量滞后项的内生性问题所造成的估计偏误，提高了估计结果的准确性。最后，就研究结论而言，农业保险对农业生产具有显著的促进作用，并且其对农业生产的促进作用依赖于各地区的农业风险水平，其影响力度会随着农业风险水平的增加而增大。另外，人均农作物播种面积、农业保险赔付率、人力资本对农业生产也具有正向影响，而农业风险对农业生产具有负向影响。因此本章支持了既有文献对于农业保险促进农业生产的研究，研究结论对于制定与完善农业保险支农政策，具有重要的启示意义。

6.2　指标选取与模型构建

6.2.1　指标选取

1. 农业生产水平

农业生产水平（Y）代表农业生产的发展水平，在模型中作为被解释变量。模型中用人均农林牧渔业增加值来表示，其值等于农林牧渔业总产值减去中间投入再除以农林牧渔业从业人数（农林牧渔业增加值/农林牧渔业从业人数）。该指标不仅能反映农业对全社会所做的贡献，而且能反映农业的投入、产出和经济效益，可为改善农业生产提供依据。该指标是衡量农业生产水平的较好指标，其值越大说明农业生产的发展水平越高，反之则农业生产的发展水平越低。

2. 农业保险发展水平

农业保险发展水平（Prem）用农业保险密度，即人均农业保险保费收入来表示，它是反映农业保险发展水平的指标，其值越大说明农业发展水平越高，在农业生产过程中发挥的作用越大。它与农业生产应该呈正相关关系，其值等于各市农业保险保费收入除以农林牧渔业从业人数。由于农业保险对农业生产的保障功能发生在投保之后，保费收取和保险功能的发挥具有一定时间差，因此，用保费收入的滞后 1 期来进行模型的参数估计。

3. 农业风险水平

农业风险是指人们在从事农业生产和经营过程中因各种自然灾害和人为风险，如旱灾、水灾、冰雹灾、病虫灾、偷盗、投毒等给农业生产带来损失的风险。农业风险水平（Risk）越高，农业生产损失越大，它与农业生产水平应该呈负向关系。代表农业风险的指标主要有受灾面积和农业保险赔付率，鉴于受灾面积仅能反映种植业面临的自然风险，而农业保险赔付率既能反映种植业风险又能反映养殖业风险，而且数据相对受灾面积更为准确。因此，本章采用农业保险赔付率来代表农业风险水平，其值等于农业保险赔付额与其保费收入之比。

4. 农业保险赔付水平

农业保险赔付水平（Rate）常常用农业保险赔率来表示，赔付率越高，说明农业保险对农业生产的风险损失的补偿越大，越有利于受灾农户恢复农业生产，该指标与农业生产应该呈正向关系。但应该注意的是农户得到赔付之后，从恢复农业生产到有所收成，必然有一定的时间间隔，因此在模型估计时用赔付率的滞后 1 期来表示农业保险赔付水平。

5. 人均农作物播种面积

人均农作物播种面积（Area）是影响人均农业产出的重要因素，在生产条件和生产技术不变的情况下，人均农作物播种面积越大，农业产值越大，增加值也越高，其值等于农作物播种总面积除以农林牧渔业从业人数。

6. 人力资本

人力资本（H）是指劳动者受到教育、培训等方面的投资而获得的知识和技能的积累，亦称非物力资本。人力资本可以提高劳动生产效率，降低生产成本，与农业生产水平应该呈正向关系。模型中用人均受教育年数作为人力资本指标，根据河北省教育制度和乡村从业人员文化程度统计口径，文盲和半文盲、小学、初中、高中、中专、大专及以上文化程度，将受教育年限分别定义为 2 年、6 年、9 年、12 年、12 年、16 年。以教育年限为权重乘以抽查样本中各类文化水平的人数，得到受教育年限的加权和，再除以抽样总人数，即可得到人力资本指标值。因为人力资本转化成实际生产力需要一定的时间，对农业产出的影响具有一定的时滞，因此用人力资本的滞后 1 期进行模型估计。

7. 农业保险和农业风险交乘项

为了考察农业保险对农业生产的影响是否依赖于农业风险水平，特构建农业保险和农业风险交乘项（Prem×Rate）指标。农业保险对农业生产的促进作用是建立在农业风险存在的基础上，农业风险越大的地区，农业保险的风险分散、转移、补偿的功能发挥空间就越大，该指标应该和农业生产水平呈正相关关系。考虑保费收入对农业生产影响的时滞性，也用交乘项的滞后 1 期进行模型估计。

6.2.2 模型构建

本章参照 Clarke 等（2006）、Beck 等（2007）的做法，建立静态面板计量模型，表达形式为

$$\ln Y_{it} = c + \beta_1 \text{L.lnPrem}_{it} + \beta_2 \text{lnRisk}_{it} + \beta_3 \text{L.lnRate}_{it} + \beta_4 \text{L.lnArea}_{it} + \beta_5 \text{L.ln}H_{it} + \beta_6 \text{L.lnPrem}_{it} \times \text{lnRisk}_{it} + \zeta_i + \theta_i + v_{it} \quad (6.1)$$ [①]

式中，i 表示省份，取值为 1～11 的整数；t 表示年份，取值为 2007～2013；Y_{it}、L.lnPrem_{it}、lnRisk_{it}、L.lnRate_{it}、lnArea_{it}、$\text{L.ln}H_{it}$、$\text{L.lnPrem}_{it}\times\text{lnRisk}_{it}$ 分别代表第 i 市第 t 年人均农业增加值、人均农业保险保费收入对数的滞后 1 期、农业风险水平、农业保险赔付率对数的滞后 1 期、人均农作物播种面积、人力资本对数的滞后 1 期、农业保险对数和农业风险对数交乘项的滞后 1 期；c 为常数项；ζ_i 和 θ_t 分别为反映个体效应和时间效应的虚拟变量；v_{it} 为干扰项。本章将采用 Pooed OLS、FE 和 RE 三种方法对静态模型进行估计。但静态模型忽略了被解释变量前期多寡对其当期的动态影响，估计结果相对动态模型将会产生较大偏误，为了克服静态模型存在的缺陷，特建立动态模型，其表达形式为

$$\ln Y_{it} = c + \beta_0 \text{L.ln}Y_{it} + \beta_1 \text{L.lnPrem}_{it} + \beta_2 \text{lnRisk}_{it} + \beta_3 \text{L.lnRate}_{it} + \beta_4 \text{L.lnArea}_{it} + \beta_5 \text{L.ln}H_{it} + \beta_6 \text{L.lnPrem}_{it} \times \text{lnRisk}_{it} + \zeta_i + \theta_i + v_{it} \quad (6.2)$$

$\text{L.ln}Y_{it}$ 表示人均农业增加值的滞后 1 期；动态模型采用差分 GMM 进行估计。

---

① 模型中 lnRisk 和 L.lnRate 两个指标实际上是农业保险赔付率的当期值和滞后 1 期，其值的大小取决于各期农业风险发生的状况，而各期农业风险发生的状况是相互独立的，因此这两个指标不会存在多重共线性问题。

差分 GMM 方法考虑了滞后项 L.lnY_{it}所产生的内生性问题，在一定程度上克服了静态模型因忽略内生性问题而产生的较大偏误，为一种较好的估计方法。估计时按照 Arellano 和 Bond（1991）提出的方法，首先通过一阶差分变换去除个体效应得到差分方程 $D.\ln Y_{it-1} = \ln Y_{it-1} - \ln Y_{it-2}$，然后用水平变量的滞后项 $L.^{P}\ln Y_{it}$（$p \geqslant 2$）作为差分方程中内生变量的工具变量对模型系数进行估计。但应该注意的是，动态面板差分 GMM 结果要满足两个条件：一是随机误差项 v_{it} 不存在序列相关；二是不存在弱工具变量问题，即工具变量必须和内生变量相关。因此模型估计之后还必须对二者进行检验，检验时如差分后的随机误差项只存在一阶自相关而不存在二阶自相关，也就是一阶自相关检验的概率值<5%而二阶自相关检验的概率值>5%时，就可以认为接受随机误差项不存在序列相关原假设，即满足第一个条件；当检验弱工具变量的 Hansen 统计量的概率>5%时，表明接受不存在弱工具变量的原假设，即满足第二个检验条件。

6.3 数据采集与处理

自从 2007 年河北省实行政策性农业保险试点以来，河北省对农业保险给予了大量的保费补贴和政策支持，农业保险取得了重大的发展。因此，本章选取各市 2007～2013 年的面板样本数据，其中农业保险保费收入与赔付数据来自《中国保险年鉴》，农林牧副渔业从业人数、农林牧渔业增加值、农作物播种面积、农村从业人员文化程度等均来自《河北农村统计年鉴》，相关数据参见附录 2 的附表 2.1～附表 2.17。将原始数据按前文所述方法计算，获得各指标数据。另外，为了平滑数据，减少变量的波动性和可能出现的异方差，对各变量取自然对数。各变量的基本统计量和计算方法如表 6.1 所示，各变量的均值与中位数基本一致，基本呈现正态分布，此外，各变量的取值都在合理区间范围内，不存在严重的异常值。本章使用的计量软件为 STATA 13.0。

表 6.1 各变量的基本统计量和计算方法

变量	含义	计算方法	样本数	均值	中位数	标准差	最小值	最大值
LnY	人均农林牧渔业增加值/万元	农林牧渔业增加值/农林牧渔业从业人数	77	0.552	0.555	0.418	−0.366	1.534
lnPrem	人均农业保险保费/百万元	农业保险保费/农林牧渔业从业人数	77	−10.136	−9.869	1.019	−12.927	−8.558
lnRisk	赔付率/%	农业保险赔付额/农业保险保费	77	−1.178	−1.051	0.789	−4.128	0.533
lnArea	人均农作物播种面积/公顷	农作物总播种面积/农林牧渔业从业人数	77	−0.526	−0.482	0.365	−1.242	0.119

续表

变量	含义	计算方法	样本数	均值	中位数	标准差	最小值	最大值
ln$H$	人力资本/年	农村从业人员受教育年数加权和/从业人员数	77	2.173	2.172	0.027	2.110	2.227
lnPrem×lnRisk	人均农业保险保费×赔付率	人均农业保险保费×赔付率	77	12.338	10.416	9.442	−6.347	49.347

注："计算方法"一列中各指标均用河北省各地级市相应数据计算，并将各变量结果取自然对数处理。

6.4 实 证 分 析

6.4.1 面板数据单位根检验

对于含有时间序列过程的面板数据，可能会因为变量不平稳而产生虚假回归，为了避免该问题，在回归之前，首先对数据进行单位根检验以验证其平稳性。用Eviews 8.0 对 ln$Y$、lnPrem、lnRisk、lnArea、ln$H$、lnPrem×lnRisk 进行 LLC（Levin-Lin-Chu）检验和 PP-Fisher 检验，LLC 检验的原假设为存在共同的单位根过程，PP（Phillips & Perron）-Fisher 检验的原假设为存在独立的单位根过程。单位根检验结果如表 6.2 所示，结果表明所有变量都不含有单位根，即为平稳变量。平稳的变量数据可以进一步进行静态和动态模型回归分析。

表 6.2 单位根检验结果

变量	检验形式	LLC 检验		PP-Fisher 检验	
	（C, T, L）	t 值	P 值	t 值	P 值
LnY	（C, T, 0）	−7.673	0.000***	43.802	0.004**
lnPrem	（0, 0, 0）	−6.426	0.000***	70.577	0.000***
lnRisk	（0, 0, 0）	−7.999	0.000*	76.712	0.000*
lnArea	（0, 0, 0）	−4.299	0.000***	82.281	0.000***
ln$H$	（C, 0 0）	−8.812	0.000***	58.690	0.000***
lnPrem×lnRisk	（0, 0, 0）	−9.913	0.000***	92.159	0.000***

注：①以上检验原假设均为存在单位根，即变量不平稳；②（C, T, L）中的 C、T、L 分别表示检验模型中截距项、趋势项和最大滞后阶数，0 表示不包含该项，最优滞后阶数的选择是在最大滞后阶数的范围内，根据施瓦茨准则确定。***、**和*分别表示在 1%、5%和 10%显著性水平上拒绝原假设。

6.4.2 实证结果

为了检验河北省农业保险对农业生产作用的方向和力度，以农业生产水平 LnY 为被解释变量，以农业生产水平滞后 1 期 L.LnY、农业保险发展水平滞后 1 期 L.lnPrem、农业风险水平 lnRisk、农业保险赔付率滞后 1 期 L.lnRate、人均农作物播种面积 lnArea、人力资本滞后 1 期 L.ln$H$、农业保险和农业风险交乘项滞后 1 期 L.lnPrem×lnRate 等作为解释变量，农业保险对农业生产效应的静态与动态模型实证结果如表 6.3 所示。

表 6.3 农业保险对农业生产效应的静态与动态模型实证结果

变量	A 静态模型			B 动态模型差分 GMM				
	（1）Pooled OLS	（2）FE	（3）RE	（4）全样本	（5）剔除秦皇岛	（6）剔除邢台	（7）剔除沧州	（8）剔除衡水
L.LnY	—	—		0.468***	0.476***	0.516***	0.487***	0.459***
				（4.869）	（5.116）	（5.964）	（5.386）	（3.876）
L.lnPrem	0.263***	0.053**	0.039*	0.042**	0.043*	0.031*	0.040*	0.041*
	（3.242）	（2.325）	（1.622）	（2.300）	（1.953）	（1.618）	（1.799）	（1.651）
lnRisk	-0.071	-0.055***	-0.055***	-0.050***	-0.060***	-0.045***	-0.046***	-0.051***
	（-1.090）	（-3.772）	（-3.465）	（-3.531）	（-3.844）	（-2.984）	（-3.021）	（-3.493）
L.lnRate	0.709	0.109	0.028	0.230**	0.224**	0.237**	0.297***	0.229*
	（1.477）	（0.981）	（0.237）	（2.498）	（2.230）	（2.562）	（2.737）	（1.738）
lnArea	-0.012	1.346***	0.708***	1.505***	1.609**	1.529***	1.211***	1.514**
	（-0.117）	（5.062）	（3.400）	（2.584）	（2.339）	（2.688）	（4.696）	（2.182）
L.ln$H$	7.180***	9.617***	10.676***	3.529*	3.303*	3.211*	4.658**	4.273*
	（4.232）	（12.130）	（13.757）	（1.810）	（1.847）	（1.740）	（2.434）	（1.768）
L. lnPrem×lnRisk	0.068	0.011	0.003	0.021**	0.020**	0.021**	0.027***	0.021*
	（1.571）	（1.082）	（0.287）	（2.438）	（2.163）	（2.443）	（2.649）	（1.642）
C	-12.329***	-19.058***	-21.826***					
	（-3.073）	（-9.788）	（-11.579）					
N	66	66	66	55	50	50	50	50
Adj-R^2	0.576	0.948	—	—	—	—	—	—
Hansen χ^2（d）	—	—	—	7.360（7）	5.771（7）	6.848（7）	6.715（7）	6.418（13）
Hansen P 值	—	—	—	0.392	0.567	0.445	0.459	0.930
AR（2）P 值	—	—	—	0.110	-0.161	0.134	-0.491	0.129
Hausman χ^2（P）	—	35.60（0.000）	—	—	—	—	—	—
个体数	11	11	11	11	10	10	10	10

注：①解释变量对应的括号中的数据为 t 值；②Hansen χ^2（d）表示对工具变量的合理性进行过度识别检验得到的 Hansen 统计量，渐进服从卡方分布，括号中为自由度，Hansen P 值为对应的 P 值，原假设为模型不存在弱工具变量；③AR（2）P 值为对一阶差分后的残差进行二阶序列相关检验得到的 P 值，原统计量渐进服从 N（0,1）分布，原假设为模型不存在二阶自相关性；④Hausman χ^2（P）表示对静态模型采用 RE 模型还是 FE 模型检验的χ^2值，括号里为对应的 P 值；⑤“—”表示该值不存在。

***、**和*分别表示在 1%、5%和 10%水平上显著。

表 6.3 中 A 栏和 B 栏分别为静态模型和动态模型的实证结果，表 6.3 中第（1）列使用的实证方法为 Pooled OLS，该方法没有考虑个体异质性，估计结果偏误较大。表 6.3 中第（2）列为使用面板 FE 模型所得到的估计结果，该方法考虑了河北省 11 个地级市之间的个体差异，估计结果优于 Pooled OLS 的。表 6.3 中第（3）列为使用面板 RE 模型的估计结果，该方法适用的条件是反映个体效应的误差项为随机分布，RE 的优点是比 FE 节省了较多的自由度。根据 Hausman 检验结果 $\chi^2(P)$=0.000，拒绝了两种方法的估计结果无显著差异的原假设，RE 的条件未得到满足，因此 FE 的估计结果优于 RE 的。表 6.3 中第（4）列为采用差分 GMM 模型得到的估计结果，该方法不仅考虑各市样本之间的个体差异，而且考虑了被解释变量滞后项 L.ln$Y$ 对其当期的惯性影响，同时避免了 L.ln$Y$ 的内生性所产生的偏误。AR（2）检验和 Hansen 检验结果在第（4）列的底部，AR（2）P 值为 0.110，表明模型不存在二阶自相关性，Hansen P 值为 0.392，表明不存在过度识别问题，模型所选工具变量合理。检验结果表明差分 GMM 方法的两个适用条件得以满足，估计结果为无偏一致估计。

根据以上分析，表 6.3 第（4）列的估计结果优于其他 3 列的估计结果，对各个变量系数及显著性的分析将按第（4）列的估计结果进行评价。L.LnY 的估计系数显著为正，其值为 0.468，表明农业产出对自身具有一定的惯性影响。农业保险发展水平 L.lnPrem 的估计系数为 0.042，并在 5%的水平上显著，说明农业保险对农业生产具有显著的正向影响，人均农业保险保费收入每提高 1 个百分点，农业产出就会增加 0.042 个百分点。这是由于随着河北省农业保险政策的逐渐推进，农业保险有效地减少了农业风险给农业生产者带来的不确定性，极大地促进了农户的生产积极性，推动了农业生产的规模化、产业化以及新品种、新技术的推广，降低生产成本，实现规模收益。农业保险赔付水平 L.lnRate 的估计系数显著为正，其值分别为 0.230，表明农业保险赔付水平对农业生产具有正向影响，这是因为保险公司对受灾农户赔偿的比例越高，越有利于受灾农户恢复农业生产，从而减少农业风险对农业生产的冲击。农业保险和农业风险交乘项 L.lnPrem×lnRisk 的系数显著为正，其值是 0.021，这表明农业保险对农业生产的促进作用依赖于各地区的农业风险水平，农业风险水平越高的地区，农业保险对农业生产的促进作用越大。另外，农业风险水平 lnRisk、人均农作物播种面积 lnArea、人力资本 L.ln$H$ 等解释变量的系数均显著，其值分别为-0.050、1.505、3.529。这说明人均农作物播种面积和人力资本对农业生产具有正向影响，其中人力资本对农业生产的影响力度较大；而农业风险水平对农业生产具有负向的影响。各变量对农业生产的作用方向均与前文指标选取部分的解释相一致，这进一步说明了实证结果的合理性。

6.4.3　稳健性检验

为了进一步检验计量模型的稳健性，将某市样本剔除后再进行实证分析，如果子样本的实证结果与全样本实证结果相近，则说明模型具有稳健性，研究结论可靠；反之，模型则不具有稳健性。

在检验中分别将秦皇岛、邢台、沧州、衡水四个具有代表性的样本剔除，对剔除后的子样本进行回归①。实证结果如表 6.3 中第（5）～（8）列所示。根据 AR（2）检验和 Hansen 检验，表明模型第（5）～（8）列既不存在二阶自相关性，又不存在过度识别问题，即满足差分 GMM 方法的两个适用条件，估计结果为无偏一致估计。第（5）～（8）列与总样本第（4）列的结果相比较，农业保险发展水平 L.lnPrem 系数的方向均为正向，大小也较为接近。另外，其他 5 个解释变量 lnRisk、L.lnRate、lnArea、L.ln$H$、L.lnPrem×Rate 系数的方向和大小也大体相近。因此，计量模型的估计结果并没有因研究样本选择的改变而发生明显变化，这表明实证结果具有稳健性，本章所得核心结论较为可靠。

6.5　结论与启示

基于以上分析结果，结合河北省农业保险发展的现实情况，可以得出如下结论与启示。

1）无论是静态模型还是动态模型，实证结果一致表明，河北农业保险对农业生产具有显著的促进效应，并且其对农业生产的促进效应依赖于农业风险的大小，其影响力度会随着农业风险水平的增加而增大。因此今后农业保险的工作重点应该是千方百计扩大补偿与承保范围，逐渐推出农业保险新产品，提高保障与赔付水平，进行技术与制度创新，科学厘定费率，建立投保农民诚信档案，降低承保与理赔成本，建立农业保险专业定损机构，公平理赔，注重农业保险人才培养和农业保险理念的宣传，提高投保积极性，更重要的是应根据农业风险大小和分布特征，分区域实行具有差异的农业保险政策，以满足不同地区的农业保险需求，更好地促进农业产出水平。

2）人均农作物播种面积、人力资本对农业生产均有正向影响。因此河北省应

① 选取剔除样本的依据：根据最近 3 年统计数据，计算出河北省 11 个市人均农林牧渔业增加值、人均农作物种植面积、人力资本水平、人均农业保险保费收入、农业保险赔付率等指标的平均值。由计算结果可知，秦皇岛的人均农作物种植面积最小，并且农业生产多为水产品为主；沧州的人均农作物种植面积最大，并且人均农业保险保费收入最高；邢台的赔付率最低，农业灾害最轻；衡水的人力资本水平最低，农业科技最为落后。考虑这 4 个地区既有代表性又有特殊性，因此在检验时，剔除以上 4 市。

该在继续坚守不少于 19 亿亩耕地红线不被突破的同时，有效利用与改造闲置和荒废土地资源，增加农业耕种面积。与此同时，还应提高教育和培训的资金投入，提高农民和技术的文化水平，改善农业生产的效率。

3）农业风险对农业生产具有负向影响。因此河北省应充分利用保险、气象和农业风险管理部门的资源，开展部门之间的合作，从而有效地预测、管理农业风险，减小农业风险对农业生产的负面影响。

第7章　河北省农业保险投保意愿的实证分析

农业保险的投保意愿是决定农户是否投保农业保险的重要原因之一。本章利用农户调查数据，选取年收入水平、年龄、耕地面积、农户对农业保险的了解程度、农业生产每年平均损失等指标，建立二元选择模型对农业保险投保意愿的影响因素进行了实证分析，探索了影响农业保险投保意愿的主要因素，旨在在农业保险展业和宣传普及农业保险相关知识时，抓住重点，有的放矢，提高农业保险的经营效率。

7.1　影响农业保险投保意愿的因素分析

1. 年收入水平

农业保险产品作为一种奢侈品，在农户满足基本的生活需要之后，如果收入还有剩余，才有可能会购买农业保险。年收入水平的高低影响着农户对农业保险的投保意愿，年收入水平越高，农户对保费的支付能力越强，投保意愿越高；反之，年收入水平越低，农户对保费的支付能力越弱，投保意愿越低。因此，农户年收入水平是影响农业保险购买意愿的重要因素之一，并且年收入水平与农业保险投保意愿呈正相关关系。陈妍等（2007）选取湖北省相关数据，运用 logistic 模型对农业保险购买意愿影响因素进行实证研究；另外，李杰（2013）通过问卷调查方式对山西省运城市 323 户农户的农业保险需求意愿进行调研，研究结果均表明年收入水平是影响农业保险投保意愿的原因。

2. 年龄

年龄对农业保险投保意愿的影响有正反两个方面。年龄对农业保险投保意愿的正面影响主要体现在农户年龄越大，对风险的认识越全面，对风险的后果越重视，通过投保农业保险转移风险的意愿越强。再者，年龄大的人资金积累一般也较多，更有能力购买农业保险。年龄对农业保险投保意愿的负面影响主要体现在年龄较小的人，在思想上更加开放，接受新生事物的能力比较强；年龄较大的人，在思想上比较保守，对于新生的事物有抵触，不容易接受。再者，年龄大的人社会关系一般较多，风险处理的方法一般也较多，如求助于亲戚、朋友等。所以年龄对于农业保险投保意愿影响的作用方向取决于两者的合力。

3. 耕地面积

一般来讲，耕地面积越大，农户依靠农业取得收入的依赖性越大。一旦农作物遭受自然灾害的侵袭，农户将会遭受严重损失，甚至颗粒无收，直接威胁其基本生活保障。耕地面积越大，农作物遭受自然灾害损失的可能性和损失程度越大，农户越惧怕风险发生，转移风险的愿望也就越强，农业保险这种转移风险的工具以其独特的优势将会被这些农户所青睐。因此，农户耕地面积也是影响农业保险投保意愿的因素之一，并与农业保险投保意愿呈正相关关系。Enjolras 和 Sentis（2008）利用哥斯达黎加的 2002～2005 年的实地调查数据验证了这一关系。

4. 农户对农业保险的了解程度

如果农户对农业保险的了解程度不够，不了解农业保险的作用或者通过道听途说片面、被动地接受农业保险的负面作用，而不是积极科学地了解其正面作用，这将可能会减少农户对农业保险的需求；相反，如果农户对农业保险的了解程度较深，了解农业保险的保障作用，知道当农业受到自然灾害或者意外事故的危害时，保险能够在一定程度上补偿农民的损失，将会更容易接受农业保险。因此农户对农业保险的了解程度与农业保险投保意愿呈正相关关系。孙香玉（2008），蒋国民（2008）运用二元选择模型，收集淮安市的相关数据，实证分析了影响农业保险需求的因素；彭可茂等（2012）通过对广东省 34 个地区农户水稻保险购买行为的调研，运用 Tobit 模型对农户水稻保险支付意愿影响因素进行研究，验证结果一致认为农户对农业保险的了解程度是影响农业保险投保意愿的因素。

5. 农业生产每年平均损失

农业保险的基本功能是分散农业生产风险、补偿农业生产损失。农业生产的主要风险是自然灾害。自然灾害的突发性、多发性常常造成农民损失惨重，甚至颗粒无收。如果农户农业生产每年平均损失较大，他们会更加关注风险、注重风险管理，保险这一转移风险的工具将会较快得到认可，从而投保意愿得到加强。相反，如果农业生产每年平均损失较小，农户可能对风险疏于管理或者存在侥幸心理，保险投保意愿将会减弱。因此，农业生产每年平均损失与农业保险的投保意愿呈正相关关系。

7.2 模型建立及数据收集与整理

7.2.1 模型建立

以是否愿意购买农业保险（Y）为模型的被解释变量，表示农民对农业保险的购买意愿。以年收入水平（X_1）、年龄（X_2）、耕地面积（X_3）、农户对农业保险的了解程度（X_4）、农业生产每年平均损失（X_5）5 个变量为解释变量。c 为随机误差项。建立经济计量模型如下：

$$Y=\alpha_1X_1+\alpha_2X_2+\alpha_3X_3+\alpha_4X_4+\alpha_5X_5+c \qquad (7.1)$$

7.2.2　数据收集与整理

2013 年通过选取河北省 5 个城市，即石家庄、保定、沧州、邢台、邯郸进行调研，主要是采取上门询问、问卷调查 2 种方式，分别对 5 个城市中的几个村庄进行调研，每个城市发放 200 份问卷，共 1000 份，收回 990 份。河北省农业保险需求调查问卷参见附录 3。对 990 份问卷进行统计，发现能按要求填写的有效试卷为 988 份，将 988 份有效调查问卷中相对应的被解释变量和 5 个解释变量分别进行赋值，如对被解释变量“是否愿意购买农业保险（Y）”进行赋值，如果农户回答“愿意购买”，赋值为“1”，如果农户回答“不愿意购买”，赋值为“0”；对解释变量“年收入水平（X_1）”进行赋值，如果农户回答“2000 元以下”，赋值为“1”，如果农户回答“2000～5000 元”，赋值为“2”，依次类推，如果农户回答“15 000 元以上”，赋值为“6”。对于其他变量的赋值与以上变量类似，各变量的设定如表 7.1 所示。然后，对每份问卷进行统计整理，获得模型分析的原始数据。

表 7.1　农业保险需求问题的 logistic 分析变量表

变量	名称	定义	预期作用方向
被解释变量	是否愿意购买农业保险（Y）	愿意购买，赋值 1 不愿意购买，赋值 0	
解释变量	年收入水平（X_1）	2 000 元以下，赋值 1 2 000～5 000 元，赋值 2 5 001～8 000 元，赋值 3 8 001～12 000 元，赋值 4 12 001～15 000 元，赋值 5 15 000 元以上，赋值 6	+
	年龄（X_2）	18 岁以下，赋值 1 18～30 岁，赋值 2 31～40 岁，赋值 3 41～50 岁，赋值 4 51～60 岁，赋值 5 60 岁以上，赋值 6	待定
	耕地面积（X_3）	S<2 亩，赋值 1 $2\leqslant S<5$ 亩，赋值 2 $5\leqslant S<10$ 亩，赋值 3 $10\leqslant S<20$ 亩，赋值 4 $20\leqslant S<30$ 亩，赋值 5 $S\geqslant 30$ 亩，赋值 6	+

续表

变量	名称	定义	预期作用方向
解释变量	农户对农业保险的了解程度（X_4）	不了解，赋值 1 了解一点，赋值 2 比较了解，赋值 3 非常了解，赋值 4	+
	农业生产每年平均损失（X_5）	1 000 元以下，赋值 1 1 000～3 000 元，赋值 2 3 001～5 000 元，赋值 3 5 001～7 000 元，赋值 4 7 001～9 000 元，赋值 5 9 000 元以上，赋值 6	+

7.3　实证结果及结果分析

7.3.1　实证结果

根据以上各变量的数据，运用 Eviews 统计软件对模型一进行 logistic 回归分析，模型一回归结果如表 7.2 所示。

表 7.2　模型一回归结果

变量	系数	标准误差	z-统计量	概率
c	−1.133 1	0.574 7	−1.971 5	0.048 7
X_1	0.047 45	0.063 8	0.744 2	0.456 8
X_2	−0.744 1	0.077 0	−9.661 5	0.000 0
X_3	0.406 5	0.108 3	3.751 9	0.000 2
X_4	0.798 3	0.085 0	9.389 0	0.000 0
X_5	0.522 4	0.125 9	4.150 3	0.000 0
麦克法登 R^2	0.258 9		因变量均值	0.541 8
因变量的标准差	0.498 59		回归的标准误	0.409 7
赤池信息准则	1.035 29		残差平方和	153.572 5
施瓦茨准则	1.066 7		对数似然函数值	−470.730 0
汉南奎因标准	1.047 2		对数似然函数约束	−635.166 0
LR 统计量	328.872 1		对数似然函数平均值	−0.511 1
概率（LR 统计量）	0.000 0			

剔除不显著变量年收入水平（X_1），建立模型二：

$$Y = \alpha_2 X_2 + \alpha_3 X_3 + \alpha_4 X_4 + \alpha_5 X_5 + c \tag{7.2}$$

运用 Eviews 统计软件对模型二进行 logistic 回归分析，结果如表 7.3 所示。

表 7.3　模型二回归结果

变量	系数	标准误差	z-统计量	概率
c	−0.804 4	0.366 3	−2.196 3	0.028 1
X_2	−0.768 0	0.070 2	−10.937 9	0.000 0
X_3	0.401 40	0.107 6	3.731 1	0.000 2
X_4	0.802 60	0.084 9	9.451 8	0.000 0
X_5	0.511 6	0.124 8	4.099 5	0.000 0
麦克法登 R^2	0.258 5	因变量均值		0.541 8
因变量的标准差	0.498 5	回归的标准误		0.410 2
赤池信息准则	1.033 7	残差平方和		154.112 6
施瓦茨准则	1.059 9	对数似然函数值		−471.006 5
汉南奎因标准	1.043 7	对数似然函数约束		−635.166 0
LR 统计量	328.319 0	对数似然函数平均值		−0.511 4
概率（LR 统计量）	0.000 0			

由表 7.3 可以看出，变量 X_2、X_3、X_4、X_5 在 1%水平上显著；对数似然比检验 LR 统计量为 328.3190，其对应的概率值是 0，说明模型可以接受。

7.3.2　实证结果分析

1）年收入水平（X_1）的系数为正，但是没通过检验，说明农户的收入水平和投保意愿的关系不大，与理论分析不符。这是因为人们不愿意买保险不是由于买不起农业保险，而是由于人们的保险意识不强，或者认为保额较低起不到保障作用。

2）年龄（X_2）在 1%水平上显著，其系数为负值，年龄与农业保险的投保意愿呈负相关关系。这是因为年龄对于农业保险的负面影响，如年龄较小的人接受新生事物的能力较强，年龄较大的人对新生事物的抵触超过了年龄大的农民资金积累一般较多、风险认识深刻等因素所起的正面影响，所以表现出了负相关关系。

3）耕地面积（X_3）、农户对农业保险的了解程度（X_4）、农业生产每年平均损失（X_5）的系数为全部正，并且全部在 1%水平上显著，说明以上 3 个因素和农业保险的投保意愿呈正相关关系。以上 3 个因素的作用方向和理论假设相一致，说明这 3 个因素是影响农户农业保险投保意愿的重要因素。

7.4　研究结论

根据以上实证结果可以得到如下结论。

1）年龄（X_2）与农业保险投保意愿呈负相关关系，农户参加农业保险的概率随年龄的增加呈逐步减小的态势。因此保险公司在农户进行保险营销时，可以根据年龄对保险市场进行细分，将年轻农户作为重点营销对象，并且积极争取老年农户。

2）年收入水平（X_1）、耕地面积（X_3）、农户对农业保险的了解程度（X_4）、农业生产每年平均损失（X_5）4 个变量均与农业保险投保意愿呈正相关关系，对农业保险投保意愿的作用方向与假设一致。其中，年收入水平（X_1）没有通过检验，说明人们的年收入水平对农业保险投保意愿影响不大。农户对农业保险的了解程度（X_4）的系数最大，说明农户的参保意愿主要取决于农户对农业保险的了解程度。因此保险公司和相关部门应重点加大农业保险的宣传力度，在农户中普及农业保险相关知识，让农户认识到农业保险的重要性，从而增强农户的投保意识。

第 8 章　河北省农业保险需求影响因素的实证分析

2008 年 1 月，我国南方发生了 50 年来最严重的暴雪冻雨灾害，损失 1000 多亿元，截至 2008 年 2 月 8 日，各保险公司预估赔款达 85.62 亿元。在这次灾难中，保险业为南方各省迅速恢复生产、生活做出重大的贡献。这次罕见的暴雪冻雨灾害给我国的南方人民带来了重大损失，但正因如此人民的保险意识普遍增强，这将迅速增加农户对保险，尤其是对农业保险的需求。鉴于此，本章通过调查问卷的方式对河北省农业保险需求现状进行调查分析，全面了解河北省农业保险的总体需求情况，并利用 logistic 模型实证研究了河北省农业保险需求的影响因素，并利用面板协整模型、面板误差修正模型等方法对变量间关系进行短期波动和长期均衡分析，进一步分析了农业保险需求的影响因素。

8.1　基于调研数据的实证研究

8.1.1　研究现状

1. 国外研究现状

国外对农业保险的研究始于 19 世纪，Wright 和 Hewitt（1994）发现历史上由私人承担农业保险多重险和一切险的尝试无一成功，对于农业多重险和一切险的保险基本上都由政府来直接或间接经营。在 1970 年以后，农业保险的研究主要集中于运用经济理论解释了为什么会出现私人多重险和一切险保险市场的失灵问题。Knight 和 Coble（1997）就道德风险和逆向选择问题运用实证和计量经济学的方法，解释逆向选择和道德风险表现在农业保险参与率上的变化。Just 等（1999）发现在农户参与联邦农业保险项目的原因中，风险规避仅是一个很小的因素，而主要原因是得到政府的补贴。1989 年美国农业部对全国没有参加联邦农作物保险的农户进行了全国调查，分析了他们不参加保险的原因，并进行排序。Serra 和 Goodwin（2003）在对农业保险需求的实证研究中发现，对于美国农户来说，当其初始财富到达一定程度以后，随着财富的增加其风险规避减弱，因而购买农业保险的动机降低。

2. 国内研究现状

中国农业保险的理论研究始于 1935 年，王世颖（1935）、黄公安（1937）在对当时国外农业保险的运作制度进行研究的基础上，结合中国的具体情况，对中国农业保险的实施意义及模式等方面进行了较为深入的研究，开创了中国农业保险研究的先河。皮立波和李军（2003）认为改革与开放以来，中国农村正在由传统农业逐步向现代农业转变，阻碍农村经济和农业发展的风险因素及其频数发生了变化，迫切需要完善风险保障制度。但目前，在体制转轨的过程中，政府在保险供给方面的作用已被大大削弱，保险公司甚至还大幅度收缩在农村的机构、业务，合作保险也已消亡，计划经济时期本来就很脆弱的农村保障链条在新阶段面临着断裂的危险，因此，急需建立适应农村发展新阶段要求的保险保障制度。冯文丽（2004）基于农业保险需求的角度认为中国农业保险处于供需双冷状态。庹国柱（2002）分析了农户其他传统风险分散途径。例如，中国农民土地规模的分散化及种植的多样化等因素，客观上产生了一种内在风险调节和分担机制，同时，农民还可以采取多样化种植、间作套种及民间借贷等方式分散风险，因而其对农业保险的需求将会降低。王红（2004）根据两个村庄的数据，对样本的农业保险需求问题进行了分析，认为农业保险需求较为低下。宁满秀等（2005；2006）基于农业保险需求的角度进行了影响农户购买农业保险决策因素以及支付能力的实证研究。然而，从实证分析角度对于中国农业保险供求问题进行的研究目前还较少。本章将在历史文献分析的基础上，通过问卷调查的方式了解河北省农业保险需求现状，并利用 logistic 模型分析农业保险发展问题，探索适合河北省农业保险发展的经营模式。

8.1.2 问卷分析

1. 农户的基本情况

（1）样本农户分布情况

本章专门设计了调查问卷，包括五个部分：第一部分为农户的基本情况，即农户家庭户主年龄、受教育程度、耕地面积、收入状况等；第二部分为农户面临的风险情况，即农户面临的风险种类、农户的风险损失程度、农户预防风险的方法、农户弥补风险损失方法等；第三部分为农户对农业保险的认识情况，即农户对农业保险的了解程度、购买农业保险的必要性、费率水平、购买途径等；第四部分为农业保险消费情况，即是否购买了农业保险、是否愿意购买农业保险、购买了何种农业保险；第五部分为农业保险服务情况，即对保险公司提供的服务是否满意、期望购买的险种等。

2007 年 8 月，对河北省 11 个地级市进行了问卷调查，共发放 500 份问卷，收回 355 份，但能按要求填写的有效问卷只有 251 份，占总问卷的 50.5%。有效问卷的被调查农户地域分布情况如表 8.1 所示。

表 8.1　有效问卷的被调查农户地域分布情况

地级市	调查户数/户	所占比例/%
石家庄	38	15.1
保定	66	26.3
邯郸	18	7.2
邢台	27	10.8
承德	8	3.2
衡水	18	7.2
秦皇岛	7	2.8
沧州	22	8.8
唐山	17	6.8
张家口	12	4.8
廊坊	18	7.2
合计	251	100

被调查农户分布于河北省 11 个地级市，其中最多的是保定市，共有 66 个农户，占总样本的 26.3%，最少的是秦皇岛市，共有 7 个农户，占总样本的 2.8%。从总体上来看，所调查的样本能反映河北省农业保险参保与需求情况，观察样本的分散性和全面性为问题的研究提供了相对可靠的依据。

（2）农户参保及年收入水平分析

如表 8.2 所示，年收入水平为 5001～8000 元的农户所占比例最大，占总样本的 27.9%；年收入水平在 2000～5000 元和 8001～12 000 元的农户占总样本比例均为 18.3%；年收入水平在 12 001～15 000 元的农户占总样本的比例最小，为 9.2%。

表 8.2　农户参保与年收入水平情况分布表

年收入水平	<2000 元	2000～5000 元	5001～8000 元	8001～12 000 元	12 001～15 000 元	>15 000 元
农户数/户	27	46	70	46	23	39
比例/%	10.8	18.3	27.9	18.3	9.2	15.5
参保农户数/户	0	2	6	7	4	8
参保比例/%	0	7.4	22.2	25.9	14.8	29.7

由表 8.2 和图 8.1 可知，农户参保的总数为 27 个，占总样本的 10.8%，说明河北省农业保险的发展尚处在较低的水平，农业保险市场具有相当大的发展潜力。在 27 个参保的农户中有 8 个收入水平在 15 000 元以上，4 个收入水平在 12 001～

15 000 元，7 个收入水平在 8001～12 000 元，6 个收入水平在 5001～8000 元，2 个收入水平在 2000～5000 元，而收入在 2000 元以下的农户没有参保。表明农户的参保率基本上随年收入水平的增加而增加，即年收入水平是影响农业保险需求的重要因素之一。

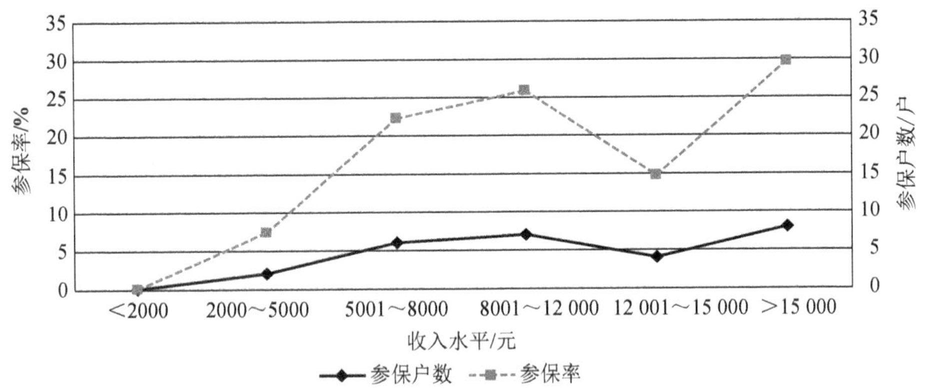

图 8.1 农户参保与年收入水平的关系

（3）年龄与文化水平分析

如表 8.3 所示，被调查的农户中年龄不大于 18 岁的只有 1 个，占总样本的 0.4%，大于 60 岁的农户有 7 个，占总样本的 2.8%，绝大多数的农户年龄在 41～60 岁，占总样本的 86.1%。

表 8.3 农户年龄分布情况表

年龄	≤18	18～30	31～40	41～50	51～60	＞60
农户数/户	1	8	19	143	73	7
分布比例/%	0.4	3.2	7.5	57.0	29.1	2.8

如表 8.4 所示，被调查的农户中有 2 人没有上过学，占总样本的 0.8%，32 户具有大学本科以上文化水平，占总样本的 12.7%，绝大多数的农户文化水平为初中或高中，分别占总样本的 31.1%和 29.5%。

表 8.4 农户文化水平分布情况表

文化水平	没有上过学	小学	初中	高中	中专	大专	大学本科以上
农户数/户	2	29	78	74	13	23	32
分布比例/%	0.8	11.6	31.1	29.5	5.2	9.2	12.7

从年龄与文化水平上来看，此次调查的农户基本上都具有表达自己思想及行为的能力，为实证分析提供了可靠的依据。

2. 农户面临风险情况

如表 8.5 所示，被调查的农户中有 15 个家庭耕地面积小于 2 亩，占总样本的 6.0%；有 15 个家庭耕地面积大于 30 亩，占总样本的 6.0%；家庭拥有 5~10 亩耕地的家庭最多为 76 个，占总样本的 30.3%。

表 8.5　农户家庭耕地面积情况表

耕地面积/亩	[0，2）	[2，5）	[5，10）	[10，20）	[20，30）	（30，+∞）
农户数/户	15	50	76	50	45	15
分布比例/%	6.0	19.9	30.3	19.9	17.9	6.0

如表 8.6 所示，从农户对从事生产的认可度来看，有 180 户认为从事农业生产划算，占总数的 71.7%；有 71 户认为不划算，占总数的 28.3%。

表 8.6　农户对从事生产的认可度情况表

文化水平	划算	不划算
农户数/户	180	71
分布比例/%	71.7	28.3

（1）农户面临的一种植业风险的种类分析

被调查的农户中面临 0 种种植业风险的有 1 户，占总样本的 0.4%；面临 7 种种植业风险的有 1 个，占总样本的 0.4%；绝大多数的农户年面临 1 种、2 种、3 种种植业风险，分别占总样本的 26.3%、34.7%、21.9%。农户面临的种植业风险分布表如表 8.7 所示。

表 8.7　农户面临的种植业风险的种类分布表

风险数量	0 种	1 种	2 种	3 种	4 种	5 种	6 种	7 种
农户数/户	1	66	87	55	28	4	9	1
分布比例/%	0.4	26.3	34.7	21.9	11.2	1.6	3.6	0.4

（2）农户面临的养殖业风险的种类分析

总样本中不存在养殖业风险的有 27 户，占总样本的 10.8%；面临 5 种养殖业风险的有 5 户，占总样本的 2.0%；绝大多数的农户面临 1 种、2 种养殖业风险，分别占总样本的 40.6%、37.4%。农户面临的养殖业风险分布表如表 8.8 所示。

表 8.8　农户面临的养殖业风险的种类分布表

风险数量	0 种	1 种	2 种	3 种	4 种	5 种
农户数/户	27	102	94	21	2	5
分布比例/%	10.8	40.6	37.4	8.4	0.8	2.0

（3）农户预防风险措施的种类分析

关于农户预防风险措施的调查中，没有任何预防风险措施的农户有 12 户，占总样本的 4.8%；有 4 种预防风险措施的农户仅有 3 户，占总样本的 1.2%；有 1 种防范风险措施的农户占大多数，占总样本的 51.8%，如表 8.9 所示。

表 8.9 农户预防风险措施分布表

风险数量	0 种	1 种	2 种	3 种	4 种
农户数/户	12	130	82	24	3
分布比例/%	4.8	51.8	32.7	9.5	1.2

3. 农户对农业保险的认识情况

（1）农户对保险的了解程度分析

农户对“您是否了解农业保险”的回答中，有 134 户回答“不了解”，占总样本的 53.4%，超过了样本的一半以上；而回答“非常了解”的农户仅有 1 个，占总样本的 0.4%。如表 8.10 所示，农业保险对河北省绝大多数农户来说还是一个陌生的领域，这将制约河北省农业保险需求的进一步增长。

表 8.10 农户对农业保险了解情况分析表

了解情况	非常了解	比较了解	了解一点	不了解
农户数/户	1	20	96	134
比率/%	0.4	8.0	38.2	53.4

（2）农户投保观念分析

农户对“您认为购买农业保险是否有必要”的回答中，有 149 户回答“无所谓”，占总样本的 59.4%，而认为“有必要”的农户仅有 31 户，占总样本的 12.4%。如表 8.11 所示，河北省农户投保观念还相对缺乏，这也是造成农业保险需求不足的一个重要原因。

表 8.11 农户投保观念情况分析表

投保观念	有必要	没必要	无所谓
农户数/户	31	71	149
比率/%	12.4	28.3	59.4

（3）参保观念与参保之间的关系分析

由表 8.12 和图 8.2 可以看出，年龄在 18～30 岁的农户认为参保有必要的分布比例最高，即参保观念最强，比率为 75.0%，然后随年龄的增长参保观念基本呈下降趋势。而农户在 40 岁之前，参保比例呈逐渐上升的趋势，在 40 岁之后，参保比例呈逐渐下降的趋势，这说明农户的参保比例除了与参保观念有关之外，还与收入水平、保险费率、保险服务等多方面的因素有关。

表 8.12　农户参保观念与参保情况分析表

年龄区间	≤18 岁	18～30 岁	31～40 岁	41～50 岁	51～60 岁	>60 岁
各年龄区间农户数/户	1	8	19	143	73	7
认为参保有必要的农户数/户	0	6	12	88	39	4
认为参保有必要的农户数的分布比例/%	0	75.0	63.2	61.5	53.4	57.1
参保的农户数/户	0	1	5	18	3	0
参保比例%	0	12.5	26.3	12.6	4.1	0.0

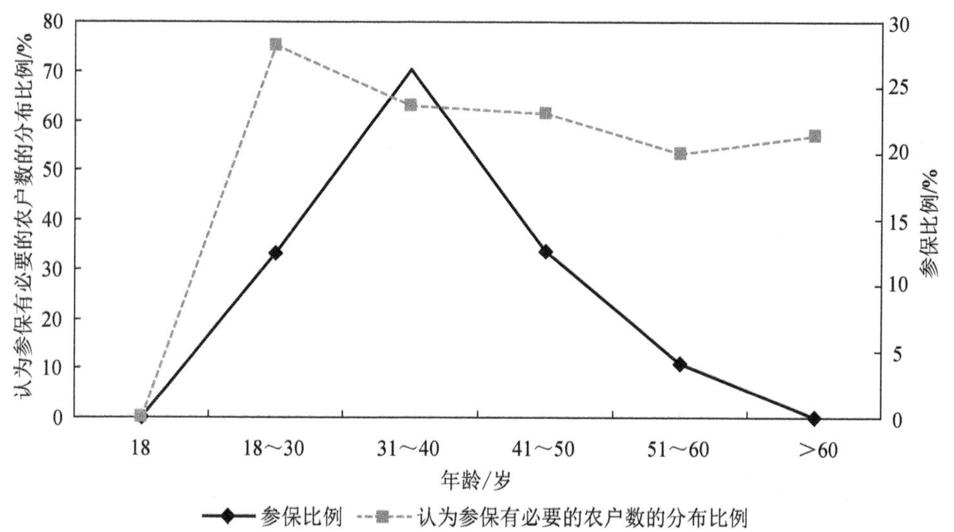

图 8.2　农户各年龄区间参保观念和参保比例关系图

（4）农业保险保费农户接受能力分析

农户对“您认为现在的农业保险保费是否较高”的回答中，有 65.7%的农户回答“说不清”，表明大多数农户对农业保险费率的厘定缺乏了解，对保费高低的问题缺乏正确认识；有 26.3%的农户认为保费高，这也可能是农户参保率低的原因之一；另外，还仅有 8.0%的农户认为农业保险的费率不高，可以接受，但比率较小，对提高农户参加农业保险的作用很小（表 8.13）。

表 8.13　农户保费接受能力分析分析表

接受能力	高	说不清	不高
农户数/户	66	165	20
比率/%	26.3	65.7	8.0

（5）农业保险服务情况

农户对“您对保险公司提供的农业保险服务是否满意？”的回答中，有 161 户回答“基本满意”，占总样本的 64.1%，认为“不满意”的农户有 84 户，占总样本的 33.5%，而回答“非常满意”的农户仅有 6 户，占 2.4%（表 8.14）。河北省农业保险服务，包括保险公司提供的保险产品、承保与理赔服务等方面还有待提高。

表 8.14　农户对农业保险服务满意程度分析表

满意程度	非常满意	基本满意	不满意
农户数/户	6	161	84
比率/%	2.4	64.1	33.5

8.1.3　因素假设与模型建立

1. 影响农业保险需求的因素假设

对于影响农业保险需求的微观因素，在本次调查中选取了 12 个，其假设如下。

（1）年龄

年龄对农业保险需求来说是一个双向因素，其方向取决于以上正向和负向两个因素作用力的大小。

（2）文化水平

文化水平的提高不仅可以使农户增强风险意识，而且有利于农户更深入地了解农业保险的作用及特点，从而增加购买保险的愿望。因此，在其他条件不变的情况下，文化水平的提高可以促进农户购买农业保险产品。

（3）年收入水平

农业保险产品不同于生活中的必需品，相对来说它是一种奢侈品，在农户满足基本的生活需要之后，如果收入还有剩余，将会增强购买农业保险的能力和愿望。因此，农户收入水平是影响农业保险需求的重要因素之一，随着收入水平不断增加，农户对农业保险的需求将不断增强。

（4）耕地面积

一般来讲，耕地面积越大，农户对种植业取得收入的依赖性越大。随着农户耕地面积的增大，农作物遭受自然灾害损失的可能性和损失程度将增大，农户借助农业保险规避风险的积极性将增强。因此，农户耕地面积也是影响农业保险需求的因素之一，并与农业保险的需求量呈正相关关系。

（5）农户对从事生产的认可度

农户如果认为从事农业生产不能获得收益，将会放弃农业生产，而去从事其他的行业，从而对农业保险的需求减少；相反，农户如果认为从事农业生产可以获得收益，将会有更多的人从事农业生产，对农业保险的需求也会随之增加。因此，农户对从事农业生产的认可程度与农业保险的需求呈正相关关系。

（6）种植业面临的风险种类

种植业经常会受到自然灾害的影响，并且自然灾害往往是不易被人类控制的，种植业所面临的风险越多，发生损失的可能性越大，种植业农户对农业保险的需求越大；反之，种植业农户对农业保险的需求就越小。因此种植业所面临风险种类与农业保险的需求呈正相关关系。

（7）养殖业面临的风险种类

从事养殖业的农户所饲养的家禽、家畜可能会遇到疾病、中毒、难产、强制屠宰、意外事故等风险，一旦遇到风险，将给养殖业农户造成严重的损失。养殖业发生损失的可能性随着所面临风险的增多而增大，养殖业面临的风险种类的增多将引起农户对农业保险需求的增加。所以养殖业所面临风险种类与农业保险的需求呈正相关关系。

（8）预防农业风险措施

农户从事农业生产时，经常会遇到各种各样的风险，其中大多数风险来源于人类难以驾驭的大自然，如旱灾、洪灾、雹灾、虫灾等，而且农业灾害的影响面往往较大，严重地影响人们的收入水平，因此人们需要采取各种有效措施加以防范。如果农户其他的风险防范措施较多，那么他们对农业保险的需求必定减少；反之，如果农户其他的风险防范措施较少，那么他们对农业保险的需求可能增加，农业保险和其他的风险防范措施是一种此消彼长的替代关系。

（9）农户对农业保险的了解程度

如果农户对农业保险的了解程度不够，不知道农业保险的作用，必然会减少对农业保险的需求；相反，随着农户对农业保险了解程度的加深，了解农业保险的保障作用，将会增加对农业保险的需求。因此农户对农业保险的了解程度与农业保险的需求呈正相关关系。

（10）购买的必要性

购买的必要性反映农户对风险的了解程度和参保意识。如果人们缺乏风险意识，没有考虑转移风险，当然不会购买保险。即使人们有防险意识，如果对保险不认可，也不会购买保险，从而对保险的需求减少。因此，保险需求随农户对参保农业保险意识的增强而提高。

（11）费率是否高

在西方经济学理论中，商品的需求量与其价格呈负相关关系。费率作为保险产品的价格，其高低直接影响着保险的需求。费率越高，对农业保险的需求量越小；反之，对保险的需求量越大。因此农户对农业保险的需求量与费率呈负相关关系。

（12）对农业保险服务的满意程度

消费者对一种商品所提供服务的满意程度严重影响着其购买动机和购买行

为，农业保险作为一种商品也不例外。如果农户对农业保险所提供的服务非常满意，就很有可能购买农业保险；反之，如果农户对农业保险所提供的服务不满意，就不可能购买农业保险。因此农户对农业保险服务的满意程度是影响农业保险需求的一个重要因素，并且两者呈正相关关系。

2. 模型建立

模型建立采用 logistic 回归模型，以是否购买保险（Y）为模型的被解释变量，以年龄（X_1）、文化水平（X_2）、年收入水平（X_3）、耕地面积（X_4）、农户对从事生产的认可度（X_5）、种植业面临的风险种类（X_6）、养殖业面临的风险种类（X_7）、预防农业风险措施（X_8）、农户对农业保险的了解程度（X_9）、购买的必要性（X_{10}）、费率是否高（X_{11}）、对农业保险服务的满意程度（X_{12}）12 个变量为解释变量。C 为常数项，μ为随机误差项。建立的经济计量模型如下：

$$Y=\alpha_1X_1+\alpha_2X_2+\alpha_3X_3+\alpha_4X_4+\alpha_5X_5+\alpha_6X_6+\alpha_7X_7+\alpha_8X_8 \\ +\alpha_9X_9+\alpha_{10}X_{10}+\alpha_{11}X_{11}+\alpha_{12}X_{12}+C+\mu \qquad (8.1)$$

模型（8.1）中各变量的设定如表 8.15 所示。

表 8.15 农业保险需求问题的 logistic 分析变量表

变量	名称	定义	预期作用方向
被解释变量	是否购买保险（Y）	购买=1 没有购买=0	
解释变量	年龄（X_1）	18 岁以下，赋值 1 18～30 岁，赋值 2 31～40 岁，赋值 3 41～50 岁，赋值 4 51～60 岁，赋值 5 60 岁以上，赋值 6	待定
	文化水平（X_2）	没上过学，赋值 1 小学，赋值 2 初中，赋值 3 高中，赋值 4 中专，赋值 5 大专，赋值 6 大学本科以上，赋值 7	+
	年收入水平（X_3）	2 000 元以下，赋值 1 2 000～5 000 元，赋值 2 5 001～8 000 元，赋值 3 8 001～12 000 元，赋值 4 12 001～15 000 元，赋值 5 15 000 元以上，赋值 6	+

续表

变量	名称	定义	预期作用方向
解释变量	耕地面积（X_4）	S<2 亩，赋值 1 2≤S<5 亩，赋值 2 5≤S<10 亩，赋值 3 10≤S<20 亩，赋值 4 20≤S<30 亩，赋值 5 S≥30 亩，赋值 6	+
	农户对从事生产的认可度（X_5）	合算，赋值 1 不合算，赋值 0	+
	种植业面临的风险种类（X_6）	0，赋值 1 1 种，赋值 2 2 种，赋值 3 3 种，赋值 4 4 种，赋值 5 5 种，赋值 6 6 种，赋值 7 7 种，赋值 8	+
	养殖业面临的风险种类（X_7）	0，赋值 1 1 种，赋值 2 2 种，赋值 3 3 种，赋值 4 4 种，赋值 5 5 种，赋值 6 6 种，赋值 7	+
	预防农业风险措施（X_8）	0，赋值 1 1 种，赋值 2 2 种，赋值 3 3 种，赋值 4 4 种，赋值 5 5 种，赋值 6	–
	农户对农业保险的了解程度（X_9）	不了解，赋值 1 了解一点，赋值 2 比较了解，赋值 3 非常了解，赋值 4	+
	购买的必要性（X_{10}）	没必要，赋值 1 无所谓，赋值 2 有必要，赋值 3	+
	费率是否高（X_{11}）	不高，赋值 1 说不清，赋值 2 高，赋值 3	–
	对农业保险服务的满意程度	不满意，赋值 1 基本满意，赋值 2 非常满意，赋值 3	+

3. 数据收集与整理

发放的 500 份调查问卷中只收回 355 份，对 355 份问卷进行统计，发现有效试卷仅有 251 份，将 251 份有效调查问卷中相对应的被解释变量和 12 个解释变量分别进行赋值，如对被解释变量“是否购买保险（Y）”进行赋值，如果农户回答“购买”，赋值为“1”，如果农户回答“没有购买”，赋值为“0”；对解释变量“年龄（X_1）”进行赋值，如果农户回答“18 岁以下”，赋值 1，如果农户回答“18～30 岁”，赋值 2，如果农户回答“31～40 岁”，赋值 3，如果农户回答“41～50 岁”，赋值 4，如果农户回答“51～60 岁”，赋值 5，如果农户回答“60 岁以上”，赋值 6。对于其他变量的赋值与以上变量类似。然后，对每份问卷进行统计整理，获得模型分析的原始数据。

8.1.4 实证结果与分析

1. 实证结果及显著性检验

根据以上获得的各变量的数据，运用 Eviews 统计软件对模型进行 logistic 回归分析，其结果如表 8.16 所示。

表 8.16 模型回归结果

变量	系数	标准误差	z-统计量	概率
C	−8.471 860	2.949 964	−2.871 852	0.0041
X_1	−0.723 323	0.340 197	−2.126 193	0.0335
X_2	−0.032 655	0.179 054	−0.182 374	0.8553
X_3	0.583 847	0.182 839	3.193 230	0.0014
X_4	−0.156 700	0.264 218	−0.593 071	0.5531
X_5	0.938 228	0.480 000	1.954 640	0.0506
X_6	0.101 871	0.230 300	0.442 340	0.6582
X_7	0.074 101	0.331 121	0.223 787	0.8229
X_8	−0.503 964	0.370 228	−1.361 226	0.1734
X_9	1.175 955	0.386 261	3.044 454	0.0023
X_{10}	2.115 202	0.739 154	2.861 654	0.0042
X_{11}	−0.457 440	0.406 473	−1.125 389	0.2604
X_{12}	0.489 389	0.663 822	0.737 229	0.4610
被解释变量的均值	0.107 570	被解释变量标准差		0.310 455
回归系数的标准误差	0.267 923	赤池信息准则		0.548 538
残差平方和	17.084 33	施瓦茨准则		0.731 131
对数似然值	−55.841 53	汉南奎因标准		0.622 018
约束的对数似然值	−85.692 38	对数似然值的均值		−0.222 476

续表

变量	系数	标准误差	z-统计量	概率
最大似然值	59.701 69	麦克法登可决系数		0.348 349
最大似然概率	2.56×10^{-8}			
因变量等于 0 的样本数	224	总样本		251
因变量等于 1 的样本数	27			

$$
\begin{aligned}
Y = &-0.72X_1 - 0.03X_2 + 0.58X_3 - 0.16X_4 + 0.94X_5 + 0.10X_6 + 0.07X_7 - 0.50X_8 \\
&(-2.13)\quad(-0.18)\quad(3.19)\quad(-0.59)\quad(1.95)\quad(0.44)\quad(0.22)\quad(-1.36) \\
&+1.18X_9 + 2.21X_{10} - 0.46X_{11} + 0.49X_{12} - 8.47 \\
&(3.04)\quad(2.86)\quad(-1.13)\quad(0.74)\quad(-2.87) \\
&R^2_{\mathrm{MCF}} = 0.3483 \qquad \mathrm{LR}(12) = 59.70
\end{aligned} \tag{8.2}
$$

变量 X_3、X_9、X_{10} 的 z-统计量分别为 3.193 230、3.044 454、2.861 654，其绝对值大于临界值 2.58，以上变量在 1%水平上显著；X_5 的 z-统计量为 1.954 640，其绝对值略小于临界值 1.96，在 10%水平上显著；X_1 的 z-统计量为-2.126 193，其绝对值大于临界值 1.96，在 5%水平上显著；X_2、X_4、X_6、X_7、X_8、X_{11}、X_{12} 的 z-统计量分别为-0.182 374、-0.593 071、0.442 340、0.223 787、-1.361 226、-1.125 389、0.737 229，其绝对值远小于临界值 1.96，故这几个变量在模型中不显著。因此将不显著的变量剔除，保留其余变量，重新进行 logistic 回归分析，其结果如表 8.17 所示。

表 8.17　模型回归结果

变量	系数	标准误差	z-统计量	概率
C	-9.761 331	2.505 567	-3.895 857	0.0001
X_1	-0.593 305	0.315 102	-1.882 900	0.0597
X_3	0.544 361	0.174 684	3.116 257	0.0018
X_5	1.028 332	0.418 464	2.457 395	0.0140
X_9	1.104 500	0.359 939	3.068 572	0.0022
X_{10}	2.018 735	0.696 941	2.896 565	0.0038
被解释变量的均值	0.107 570	被解释变量标准差		0.310 455
回归系数的标准误差	0.269 947	赤池信息准则		0.512 270
残差平方和	17.853 51	施瓦茨准则		0.596 544
对数似然值	-58.289 93	汉南奎因标准		0.546 184
约束的对数似然值	-85.692 38	对数似然值的均值		-0.232 231
最大似然值	54.804 89	麦克法登可决系数		0.319 777
最大似然概率	1.43×10^{-10}			
因变量等于 0 的样本数	224	总样本		251
因变量等于 1 的样本数	27			

$$Y = -0.59X_1 + 0.54X_3 + 1.03X_5 + 1.10X_9 + 2.02X_{10} - 9.76$$
$$(-1.88) \quad (3.12) \quad (2.46) \quad (3.07) \quad (2.90) \quad (-3.90)$$
$$R^2_{\text{MCF}} = 0.320 \qquad \text{LR}(5) = 54.80 \tag{8.3}$$

变量 X_3、X_9、X_{10} 与常数项 C 的 z-统计量分别为 3.116 257、3.068 572、2.896 565 与-3.895 857，其绝对值大于临界值 2.58，以上变量在 1%水平上显著；X_5 的 z-统计量为 2.457 395，其绝对值大于临界值 1.96，在 5%水平上显著；X_1 的 z-统计量为-1.882 900，其绝对值略小于临界值 1.96，在 10%水平上显著，模型通过检验。

2. 实证结果分析

1）年龄（X_1）、年收入水平（X_3）、农户对从事生产的认可度（X_5）、农户对农业保险的了解程度（X_9）、购买的必要性（X_{10}）5 个变量在回归中较为显著。

其中年龄（X_1）的系数为负值，是由于两个负向原因（年龄较小的农户，接受新鲜事物的能力强，年龄较大的农户，思想比较保守，不容易接受新鲜事物；年龄大的农户有比较多的社会关系，弥补风险损失的渠道较多）对保险需求的影响超过了年龄对农业保险需求的两个正向原因（一是农户年龄越大，对风险种类认识越全面，对风险的后果认识越深刻，通过投保农业保险规避风险的积极性越高；二是年龄大的农户一般有较多的货币积累，具有较强的投保能力）。

年收入水平（X_3）、农户对从事生产的认可度（X_5）、农户对农业保险的理解程度（X_9）、购买的必要性（X_{10}）4 个变量的系数均为正值，对保险需求的作用方向与假设一致。其中变量“购买的必要性（X_{10}）”的系数最大为 2.02，说明参保观念对农户决定是否参保起着较为重要的作用。

2）文化水平（X_2）、耕地面积（X_4）、种植业面临的风险种类（X_6）、养殖业面临的风险种类（X_7）、预防农业风险措施（X_8）、费率是否高（X_{11}）、对农业保险服务的满意程度（X_{12}）7 个变量均没有通过检验，在回归结果中不显著。

文化水平（X_2）不显著的原因是在对该变量的假设时把农业保险产品等同于一般事物处理，而农业保险产品是一种特殊事物，对其特点、种类及投保和理赔程序即使是文化水平较高的农户若不特意进行研究也可能知之甚少。因此，农业保险需求与文化水平并无因果关系。

耕地面积（X_4）、种植业面临的风险种类（X_6）、养殖业面临的风险种类（X_7）、预防农业风险措施（X_8）4 个变量没有通过检验，不显著的原因是农户现在对农业风险识别、风险衡量的水平还较低，风险规避意识较差，农户对问卷的回答结果可能与农户真正面临的风险种类和真正可以利用防范风险的措施有较大差距。统计数据与实际情况的偏差是导致以上 4 个变量回归不显著的原因。

费率是否高（X_{11}）、对农业保险服务的满意程度（X_{12}）两个变量在回归中不显著。这是由于农业保险是一个专业性很强的领域，保险费率的厘定、保险服务水平对广大农户来讲是一个陌生的领域，对于陌生事物农户难以给出确切回答，即使勉强回答，其结果的可信度也令人质疑。因此，这两个变量在回归中也未通过检验。

8.1.5　保费预测

选取 A、B、C 三类农户，分别代表参保农业保险条件较好、条件较差和条件适中的农户，对他们参保农业保险的概率进行预测，进而检验模型的有效性。具体预测农户各变量如表 8.18 所示。

表 8.18　预测农户各变量一览表

变量	年龄（X_1）	年收入水平（X_3）	农户对从事生产的认可度（X_5）	农户对农业保险的了解程度（X_9）	购买的必要性（X_{10}）
A 类农户	≤18 岁	15 000 元以上	合算	非常了解	有必要
A 类农户赋值	1	6	1	4	3
B 类农户	60 岁以上	2 000 元以下	不合算	不了解	没必要
B 类农户赋值	6	1	0	1	1
C 类农户	18～30 岁	8 001～12 000 元	合算	了解一点	无所谓
C 类农户赋值	2	4	1	2	2

根据预测公式：

$$\text{YF} = 1 - @\text{CNORM}[-(-0.59X_1 + 0.54X_3 + 1.03X_5 + 1.10X_9 + 2.02X_{10} - 9.76)] \tag{8.4}$$

将农户 A 各变量的赋值代入预测公式，括号内的数值为−4.38，查阅标准正态分布表，对应−4.38 的累计正态分布为 0，预测值 YF=1−0=1，即农户 A 投保农业保险的概率为 1。

将农户 B 各变量的赋值代入预测公式，括号内的数值为 9.64，查阅标准正态分布表，对应 9.64 的累计正态分布为 1，预测值 YF=1−1=0，即农户 B 投保农业保险的概率为 0。

将农户 C 各变量的赋值代入预测公式，括号内的数值为 1.51，查阅标准正态分布表，对应 1.51 的累计正态分布为 0.9394，预测值 YF=1−0.9394=0.0606，即农户 B 投保农业保险的概率为 0.0606。

以上预测结果与河北省农户参与农业保险的实际情况基本吻合，表明该模型具有很高的科学性与有效性。

8.2　基于面板数据的实证研究

农业是国民经济中基本的物质生产部门，是人类的衣食之源、生存之本，是工业等其他物质生产部门与一切非物质生产部门存在与发展的必要条件，是支撑整个国民经济不断发展与进步的保障。然而农业在生产经营过程中，往往受到许多不确定因素的影响，农业风险时有发生。农业保险正是处理农业风险的重要财务安排。关于农业保险问题国内外学者已经有很多的研究，Sherrick 等（2003）研究发现，年纪较大、土地使用年限较短的农户对农业保险的支付意愿较高。Sommarat 等（2009）通过二分式问卷调查方式，获得肯尼亚马萨比特地区 210 户农户的支付意愿，实证得出风险偏好、风险总体影响及损失担忧程度与支付意愿存在显著的相关性。侯玲玲等（2010）研究发现农户对农业保险的预期越高则支付意愿越低，风险总体影响越大则支付意愿越高。李杰（2013）通过问卷调查方式对山西省运城市 323 户农户的农业保险需求意愿进行调研，结果显示纯农业收入和家庭贷款情况对因变量有显著的影响等。这些学者的研究方法大体相似，主要基于二元选择模型，国内外现有研究成果对进一步的研究具有十分重要的借鉴意义，尤其是已涉及的影响因素，为本章选取研究变量奠定了基础。但仍存在一定的局限性与相对不足，如利用二元选择模型所得结果只能粗略地反映变量之间的长期关系，不能反映变量间短期变动的影响。本节将在现有研究成果的基础上，运用 2006～2011 年河北省 11 个地级市的面板数据，使用面板单位根、面板协整检验等计量方法以及通过建立面板误差修正模型，对变量间关系进行短期波动和长期均衡分析，从而更加全面地研究影响农业保险需求的主要因素。面板模型相关数据表参见附录 4 的附表 4.1～附表 4.5。

8.2.1　指标选取及数据来源

1．指标选取

1）将河北省各地级市农业保险保费收入作为因变量，代表河北省农业保险需求状况。农业保险保费收入越多，表明农业保险需求越大；反之，说明农业保险需求越小，该指标用 P 来表示。

2）人均地区生产总值能够基本反映农村居民的收入水平，农村居民的收入水平越高，支付能力越强，越愿意购买保险，农村居民的收入水平和农业保险需求理论上呈正相关关系。陈妍等（2007）以湖北省农户为例，基于 logistic 模型也验证了这一观点，因此将其作为购买力指标引入模型观察农村居民的收入水平对农业保险需求的实际影响，该指标用 Y 来表示。

3）耕地面积直接影响着农业保险的保险需求，一般情况下，耕地面积越大，保险需求越多；耕地面积越小，保险需求越少。理论上耕地面积和农业保险需求呈正相关关系。Enjolras 和 Sentis（2008）利用哥斯达黎加的 2002～2005 年的实地调查数据，验证了这一结论。所以将农村居民的耕地面积作为影响农业保险需求的重要因素引入模型，用 A 来表示。

4）当期赔付率代表了当期农村居民农业生产的风险程度。农业保险的当期赔付率越高，说明农业风险的受灾程度越大，高额的损失使农民很快认识到购买保险的好处，纷纷购买保险，而保险公司对于承保决策的变更有一个滞后性，于是当期的高赔付率常常伴随着一个保费收入的增长。相反，农业保险的赔付率越低，说明农业风险的受灾程度越小，农民的购买意愿将会减弱，从而使保险需求减少。因此理论上农业保险的当期赔付率和农业保险需求呈正相关关系。把农业保险的当期赔付率作为风险指标引入模型，用 CR 表示。

5）前期赔付率反映上一期的风险程度对当期农业保险需求的影响。上一期的赔付率越高，说明上一期的保险标的风险较大。当期承保时，保险公司会谨慎选择，或者不再承保，或者提高保费承保，或者限制承保条件，而投保人对前期风险造成的“伤痛”，随着时间的推移慢慢淡化，投保积极性也随之降低，所以农业保险的前期赔付率和当期保险需求理论上呈负相关关系。把前期赔付率引入模型中，用 PR 表示①。

2. 数据来源与处理

本章的研究样本为 2006～2011 年河北省 11 个地级市的面板数据。人均地区生产总值、耕地面积等数据来自于 2007～2012 年《河北经济年鉴》，农业保险保费收入和赔付额数据来自于 2007～2012 年《中国保险年鉴》，本章所用赔付率指标等于赔付额与保费收入的比值，即

$$\text{赔付率}=(\text{赔付额}/\text{保费收入})\times 100\% \tag{8.5}$$

为了减少变量的波动性和可能存在的异方差，对各变量取自然对数。

8.2.2 实证分析

1. 面板数据单位根检验

对于含有时间序列过程的数据，为了避免出现伪回归，需要对数据进行单位根检验以验证其平稳性。用 Eviews 6.0 对 $\ln P$、$\ln Y$、$\ln A$、lnCR、lnPR 进行 LLC 检验、IPS（im-pesaran-shin）检验、ADF（augmented Dickey Fuller）-Fisher 检验

① 农业保险当期赔付率反映当期的农业遭受风险的程度，而农业保险的前期赔付率反映上一期的农业风险状况，农业风险主要来自于自然灾害、意外事故，而自然灾害、意外事故的发生当期与前期没有必然的联系，因此当期赔付率和前期赔付率不存在自相关，可以同时引入模型。

和 PP-Fisher 检验。表 8.19 各变量的面板单位根检验结果显示，原变量 ln*Y* 和 ln*A* 含有单位根。对所有变量进行一阶差分处理后，再进行单位根检验，所有变量都不含有单位根，即为平稳变量，表明 5 个变量均为一阶单整序列。

表 8.19　各变量的面板单位根检验结果

变量	LLC	IPS	ADF-Fisher	PP-Fisher
Ln*P*	-46.4890***	-20.0270***	153.6740***	195.5170***
	(0.0000)	(0.0000)	(0.0000)	(0.0000)
Δln*P*	-27.4392***		131.7270***	153.1180***
	(0.0000)		(0.0000)	(0.0000)
ln*Y*	-1.8644**	1.7244	6.9535	9.7258
	(0.0311)	(0.9577)	(0.9990)	(0.9886)
Δln*Y*	-2.8782***		33.6599*	32.7744*
	(0.0020)		(0.0532)	(0.0651)
ln*A*	-3.3178***	-0.7020	30.0255	32.1253*
	(0.0005)	(0.2413)	(0.1178)	(0.0753)
Δln*A*	-9.1255***		76.0297***	77.5487***
	(0.0000)		(0.0000)	(0.0000)
lnCR	-10.8508***	-2.7716***	46.8030***	62.2402***
	(0.0000)	(0.0028)	(0.0016)	(0.0000)
ΔlnCR	-14.0906***		103.1210***	108.3240***
	(0.0000)		(0.0000)	(0.0000)
lnPR	-8.8860***	-2.3472***	34.3091**	41.2048***
	(0.0000)	(0.0095)	(0.0457)	(0.0078)
ΔlnPR	-12.5729***		81.6059***	86.1270***
	(0.0000)		(0.0000)	(0.0000)

注：①Δ表示一阶差分，各变量依据其图形确定是否有常数项和时间趋势；②根据赤池信息准则确定滞后期数；③括号内为 *P* 值。

***、**和* 分别表示在 1%、5%和 10%的显著性水平上拒绝存在面板单位根的原假设。

2. 面板数据的协整检验

为了验证对数化的河北省各地级市农业保险需求量与人均地区生产总值、农村居民的耕地面积、农业保险当期赔付率及前期赔付率是否存在长期的均衡关系，需要对这两组关系进行协整检验。各变量的面板协整检验结果如表 8.20 所示。

表 8.20　各变量的面板协整检验结果

检验方法		统计值	概率
佩德罗里	Panel *v*	-5.8916***	0.0000
(Pedroni，1999)	Panel rho	1.6069	0.1097

续表

检验方法		统计值	概率
佩德罗里（Pedroni，1999）	Panel PP	-10.5844^{***}	0.0000
	Panel ADF	3.3606^{***}	0.0014
	Group rho	3.4054^{***}	0.0012
	Group PP	-13.9580^{***}	0.0000
	Group ADF	7.4364^{***}	0.0000
卡奥（Kao et al. 1999）	ADF	-2.3449^{***}	0.0095

*** 表示在 1%的显著性水平上拒绝不存在面板协整关系的原假设。

表 8.20 检验结果显示，绝大部分的检验在 1%的显著性下拒绝了原假设，只有在 Panel rho 检验中统计量表明接受原假设，考虑到本章实证研究的样本期间只有 6 年（属于小样本），我们以 Panel ADF 和 Group ADF 检验为准，据此可判断变量之间存在协整关系。此外，表 8.20 报告了 Kao 面板协整检验结果。ADF 统计量的概率值为 0.0095，在 1%的显著性水平上拒绝原假设，所以 Kao 检验进一步支持了变量之间存在协整关系的结论。

3. 长期均衡分析

以上检验表明变量之间存在协整关系，我们采用 Engle 和 Granger 两步法估计长期均衡方程。

（1）模型形式设定检验

Panel Date 模型有三种类型，分别为联合回归模型、变截距模型、变系数模型。下面利用 F 检验来判断所选的模型类型。F 检验：原假设 H_2 不同个体的模型截距项和系数向量均相同（建立联合回归模型），备择假设 H_1 不同个体的模型截距项不同（建立变截距模型）。本章全部用 Eviews 6.0 软件进行检验。

如果采用联合回归模型残差的平方和 S_1=2.57，采用变截距模型残差的平方和 S_2=14.11，采用变系数模型残差的平方和 S_3=18.21，则有

$$F_2=\frac{(S_3-S_1)/[(N-1)(K+1)]}{S_1/[NT-N(K+1)]}=0<F(50,11)=1.98$$

所以接受原假设 H_2，样本数据符合不变系数模型，也称作联合回归模型。其中，N 表示截面成员的个数；T 表示每个截面成员的观测时期总数；K 表示解释变量的个数。

各变量对农业保险保费收入长期变化的影响所选模型的形式为

$$\ln P_{it}=\beta_0+\beta_1\ln Y_{it}+\beta_2\ln A_{it}+\beta_3\ln \mathrm{CR}_{it}+\beta_4\ln \mathrm{PR}_{it}+u_{it} \qquad (8.6)$$

式中，β_0 为常数项；β_i（$i=1\sim4$）为有待估计的参数；u_{it} 为随机误差项。

（2）回归结果

采用联合回归模型对各个变量进行面板回归，估计结果如表 8.21 所示。从调

整的 R^2 和 F 统计量来判断，模型整体拟合得比较好，D.W.值也表明模型的残差项不存在自相关。

表 8.21　模型（8.1）中各变量对农业保险保费收入长期变化的影响效应

指标	回归系数	t 检验	置信概率
ln$Y$	1.0809	5.8333***	0.0000
ln$A$	0.8469	5.4141***	0.0000
lnCR	0.2616	2.4231**	0.0191
LnPR	−0.1978	−2.2066**	0.0321
C	−19.0047	−6.5468***	0.0000
调整的 R^2		0.5968	
D.W.值		1.7988	
F 统计量		20.6101	

***、**分别表示在 1%、5%的显著性水平上拒绝原假设。

为了验证模型残差项的平稳性，进一步对其进行单位根检验，检验结果如表 8.22 所示。PP-Fisher 检验在 1%显著性水平上拒绝原假设，ADF-Fisher 检验在 5%显著性水平上拒绝原假设，因此，两步检验法也表明变量之间存在协整关系。

表 8.22　残差序列的单位根检验结果

检验方法	统计量	置信概率
ADF-Fisher 检验	37.3128**	0.0107
PP-Fisher 检验	62.5823***	0.0000

***、**分别表示在 1%、5%的显著性水平上拒绝原假设。

估计结果显示，人均地区生产总值对农业保险需求影响的长期趋势存在显著的正效应，人均地区生产总值每增加约 1%，农业保险的需求将增加约 1.08%。因为人均地区生产总值增加，人们的收入水平将相应提高，购买力将会随之增强，农业保险需求增大，和前面的理论分析相符合。耕地面积对农业保险需求的长期影响效应是正向的，具体而言，耕地面积每提高 1%，农业保险的需求将增加约 0.85%。因为耕地面积增加，农业风险的总量将会增大，更多的农业风险需要管理，农业保险这一转移农业风险的手段将会被更广泛地采用，保险需求增加，和前面的理论分析结论相吻合。农业保险当期赔付率和农业保险需求呈正相关关系，而前期赔付率和农业保险需求呈负相关关系。因为当期赔付率高说明当期的风险较大，人们暂时体会到投保农业保险好处，投保积极性将会大大增强，保险需求将会大大提高；前期赔付率代表了上一期的风险状况，前期的赔付率高说明上一期遇到的风险大，但是过一段时间，人们对当初风险的刺激慢慢淡化，投保热情降低，而保险公司正处于当初的风险造成的“疼痛”之中，以至于承保时更加谨慎，所以前期赔付率和农业保险需求呈现出负相关关系，实证结果验证了前面的理论分析。

4. 面板误差修正模型与短期波动分析

通过面板协整分析发现，人均地区生产总值、农村居民的耕地面积、农业保险当期赔付率以及前期赔付率等变量与农业保险需求之间存在长期均衡关系。为了弥补长期静态模型的不足，我们进一步通过构建短期动态模型反映短期偏离长期均衡的修正机制。根据式（8.6）可以得到残差序列，将其作为误差修正项：

$$\mathrm{ecm}_{it} = \ln P_{it} - \beta_0 - \beta_1 \ln Y_{it} - \beta_2 \ln A_{it} - \beta_3 \ln \mathrm{CR}_{it} - \beta_4 \ln \mathrm{PR}_{it}$$

因此，可以建立如下面板误差修正模型：

$$\Delta \ln P_{it} = \beta_0 + \beta_1 \Delta \ln Y_{it} + \beta_2 \Delta \ln A_{it} + \beta_3 \Delta \ln \mathrm{CR}_{it} + \beta_4 \Delta \ln \mathrm{PR}_{it} + \alpha \mathrm{ecm}_{it-1} + \varepsilon_{it} \quad (8.7)$$

式中，ε_{it} 为随机误差。式（8.7）表明农业保险需求的短期波动不仅取决于各因素的短期变化，还受前期农业保险需求偏离均衡趋势程度（ecm_{it-1}）的影响。此外，差分序列反映了各变量的波动。

运用河北省 11 个地级市 2006～2011 年的面板数据，对误差修正模型（8.7）进行估计，得到的回归结果如表 8.23 所示。

表 8.23　各变量对农业保险保费收入短期波动的影响（被解释变量为$\Delta\ln P$）

解释变量	模型（8.7）			模型（8.8）		
	系数	t 值	置信概率	系数	t 值	置信概率
$\Delta\ln Y$	0.8621	1.9921*	0.0538	1.1901	3.3571***	0.0018
$\Delta\ln A$	−0.4802	−0.3311	0.7424	—	—	—
ΔlnCR	0.1422	1.3407	0.1882	—	—	—
ΔlnPR	−0.2895	−3.4753**	0.0013	−0.3688	−6.3455***	0.0000
ECM（-1）	−0.9237	−6.6975**	0.0000	−0.9135	−6.7598***	0.0000
C	0.1718	1.3541	0.1839	0.1251	1.0473	0.3014
调整的 R^2		0.6486			0.6504	
D.W.值		1.5821			1.4083	
F 统计量		16.5024			27.0413	

注：“—”表示该值不存在。

***、**和*表示在 1%、5%和 10%水平上显著。

对模型（8.7）进行估计得到的回归结果，反映耕地面积变化的系数 β_2 和反映当期赔付率变化的系数 β_3 不显著，表明农业保险需求的短期变化受耕地面积短期变化和当期赔付率短期变化的影响甚微。耕地面积和当期赔付率对农业保险需求的影响主要体现在长期。

剔除不显著的变量 $\Delta\ln A$、ΔlnCR，重新建立误差修正模型：

$$\Delta \ln P_{it} = \beta_0 + \beta_1 \Delta \ln Y_{it} + \beta_2 \Delta \ln \mathrm{PR}_{it} + \alpha \mathrm{ecm}_{it-1} + \varepsilon_{it} \quad (8.8)$$

模型（8.8）回归结果显示，人均地区生产总值的变化量和前期赔付率的变化量全部在 1%显著性水平下通过检验。

人均地区生产总值变量 $\Delta\ln Y$ 的系数为 1.1901，且在 1%水平上显著，说明短期内人均地区生产总值的提高对农业保险需求有较大的影响。因为短期内人均地区生产总值的提高，农民收入水平将随之增加，会促使农业保险需求大大增大。

前期赔付率的变化量 $\Delta\ln PR$ 的系数为-0.3688，且在 1%水平上显著。说明短期内前期赔付率的增加，对当期农业保险需求产生了较大的影响。因为前期赔付率的提高，说明前期农业风险增大，保险公司在当期承保时会更加谨慎，将会减少农业保险的供给或者提高保费，高保费往往使农户望而却步，保险需求减少。

最后，面板误差修正项系数为-0.9135，且在 1%水平上显著，符合反向修正机制。具体地说，误差修正项反映了人均生产总值、耕地面积、当期赔付率、前期赔付率等因素与农业保险需求在短期波动中偏离它们长期均衡的程度，其系数大小反映了对偏离长期均衡的调整力度。

8.3 研究结论

本章采用河北省 2006～2011 年 11 个地级市的面板数据，使用面板单位根、面板协整检验等计量方法以及通过建立面板误差修正模型就人均地区生产总值、耕地面积、当期赔付率、前期赔付率对河北省农业保险需求的影响效应进行了实证研究，并得到以下主要结论。

1）人均地区生产总值无论是在短期还是在长期，都对农业保险需求产生了显著的促进作用，因为人均地区生产总值的增加提高了人们的收入水平，人们的购买力相应增加，保险需求随之增大。

2）耕地面积对农业保险需求影响的长期效应显著。在长期内，对农业保险需求产生了显著的促进作用。因为随着耕地面积的增多，增大了农业风险总量，农业风险总量的增加将会提高农民的农业保险需求。但是就短期而言，耕地面积的增量对农业保险需求的变动影响很小。

3）当期赔付率和农业保险需求在长期呈正相关关系。赔付率代表农业风险水平的高低，赔付率越高说明农业生产面临的风险越大，农民投保农业保险用以规避农业损失的必要性越大。短期内，农业保险需求的变化受当期赔付率的变化影响很小。

4）前期赔付率无论是在长期还是在短期，都对农业保险需求产生了显著的抑制作用。这是因为保险公司以利润最大化为经营目标，高赔付率与公司的经营目标相矛盾，并且会使保险公司偿付能力下降，直接威胁保险公司的稳定经营。因此，前期的高赔付率使保险公司在当期承保时更加谨慎，或者提高保费，或者不再承保。高保费往往使人们购买力下降，保险需求将会大大降低。

第 9 章　河北省农业保险分区的实证研究

河北省是一个农业大省，高原、山地、丘陵、盆地、平原等类型齐全。由于地形的复杂多变，各县面临的农业风险存在很大的差异。旱灾在平原地区较为常见，水灾在沿海地区较为常见，霜灾在张家口和承德等地较为常见。加上河北省农作物种类繁多、生命规律各异、抵御灾害和意外事故的能力各不相同，因此实行差异化的农业保险制度是河北省农业生产现状的客观要求。然而，河北省在农业保险费率水平、农业保险补贴政策及理赔金额等方面采取单一的政策，并没有根据当地农业风险的状况、农业生产的水平、经济承受能力等的差异性进行区别对待，这样的经营模式会挫伤风险水平较小的农户的投保积极性，严重影响农业保险的进一步发展。因此，对农业保险进行合理的区域划分是农业保险发展的必然趋势。

9.1　研 究 现 状

9.1.1　基于理论层面对农业保险区划的研究现状

农业生产、农业风险及农业经营在不同的地区有着明显的区域性。因此，为了兼顾地方特色，农业保险在其发展过程中要对农业保险进行区域划分。张友祥和金兆怀（2008）指出农村经济发展、农业生产及其面对的风险、农业保险发展的基础和财政支持的差异性是区域间农业生产的自然条件、资源禀赋、社会发展程度、文化习俗的差异性造成的，这种区域间的差异性决定了农业保险发展必须因地制宜、差别对待。农业风险是农业保险存在的基础，因此农业风险的区域划分在农业保险区划中占有很重要的位置。陈丽（2010）认为，我国大规模展开农业保险的基础工作之一是农业保险风险的区划。在 2005 年，庹国柱和李军在《农业保险》一书中，就从理论方面分析了农业保险的风险区域，进而阐述了农业保险区域划分的重要性，这给我国农业保险的区划提供了理论基础。

我国政策性农业保险自开办起就受到各方的重视。尤其是近几年，政策性农业保险的发展尤为迅速。但是，在政策性农业保险发展过程中，一些阻碍其发展的因素也渐渐展露出来。王婧扬（2015）表示我国农业保险发展过程中存在赔付率过高、有效需求不足、各区域农业保险发展基础与前景有很大差异性等问题，因此必须以分散决策和差异化设计为基础，解决农业保险发展过程中存在的问题。笔者认为农业保险区域间的差异化设计主要包括农业保险费率、农业保险发展模式和农业保险产品的差异化设计。在农业保险费率方面，庹国柱（1994）认为由于农业风险水平和抵御风险的能力在不同的地区差别很大，导致各地农业保险的需求差别也很大，因此在对农业风险进行合理评估的条件下，实现费率区域化是有必要的。在农业保险经营模式方面，国外学者 Glauber（2004）提出单一费率可能产生的较大的逆选择，进而影响农业保险的供求关系，为了避免这一问题应该实行差异化农业保险制度模式。张燕和潘胜莲（2010）通过一系列的研究发现，在不同的区域间，农业经济状况、农业生产布局和农业风险存在具有很强的特殊性，如果在全国施行统一的保险模式，很难适应并兼顾各地特色。为了解决这一问题，他们提出了以区域间差异化为依据，因地制宜开展地方特色的农业保险发展模式。在农业保险产品方面，张伟等（2013）表示，农业保险和农民收入在不同的地理区域间有显著的差异，政府应该根据地域特征实施不同的补贴政策，与此同时保险公司也应该根据区域差异推出不同的农业保险产品，以满足农民的风险保障需求。

经过多年的实践和众多学者的研究，由于区域间农业保险发展环境的差异性，单一的费率和模式很难适应各地特色农业保险的发展。因此，政府的补贴政策与保险公司推出的农业保险产品应该根据地域特征和差异性分别开展。为了适应各地农业的发展，满足农户的不同需求，农业保险的区划经营已经成为一种趋势。

9.1.2　基于实证角度对农业保险区划的研究现状

农业保险区划的研究不仅仅局限于理论，还有部分学者基于实证的角度对农业保险的区域划分和在分区基础上农业保险费率的厘定进行了研究。

1. 基于地区层面的研究现状

基于地区层面的实证研究主要以分区为前提，然后根据每一区的风险特点和损失发生概率等因素，进行保费厘定。Diao 和 Zhang（2015）利用因子分析和聚类分析的方法对河南省的小麦进行了风险区域划分，并提出了发展区域小麦保险的对策建议。李文芳和方伶俐（2013）用同样的方法，选取气候、灾害、地形、水利、产量等 6 类 12 个指标，对湖北种稻县域产量保险风险进行区域划分，然后根据每一区域稻子生产风险和产量特点，厘定了各县稻子区域产量保险的费率。通过以上的研究发现，聚类分析法可以将指标相似的样本进行分类，这是风险区域划分时常用的实证方法。

在进行区域产量保险产品设计过程中，单产模型是比较受国内外学者欢迎的实证模型。张彤和陈秀凤（2014）以吉林的玉米为例，选取产量指标，对吉林各地进行风险分区，并在此基础上厘定了每个区域产量保险的费率，为吉林玉米区域产量保险的发展提出具有针对性的建议。凤涛（2014）利用单产数据进行统计分析，选取黄山市和安庆市的 14 个县 16 年的茶叶产量数据作为样本，以计算的各县历史数据的偏度、峰度为依据做出假设，再用拟合优度和直观的图表来检验每个县的单产分布模型，最后在 100%的赔偿比例和保障水平下厘定的每个区的纯费率，并用加拿大的费率方法对各区的费率进行了调整，然后以每个县域费率与传统茶叶种植保险的附加险 30%的费率相比，体现出茶叶区域产量保险的优势。

经过地区层面的实证研究可以发现，众多学者的研究方向是探索并设计具有地方特色的农业保险产品。主要思路是以当地农业生产条件和农业风险的差异性为依据，通过聚类分析法对保险风险进行区域划分，然后根据不同地方的不同风险水平进行保费的厘定。不同的费率更能突出地方特色，进一步促进了保险分区经营的发展。

2. 基于全国层面的研究现状

基于全国层面的研究更多体现在农业风险的区域划分上，梁来存（2010）认为，农作物的产量变化可以反映自然风险对农业生产安全的影响，基于这个理论，他选取我国粮食生产的省级数据，利用聚类分析法对我国粮食生产风险进行了区域划分，并进行了实证验证。叶明华和胡庆康（2012）认为旱灾和水灾的存在不仅影响农业生产的安全，还影响农业保险的运作，因此他们收集了我国粮食主产区 1978～2009 年水旱灾害的成灾数据，利用其 Pearson 相关系数矩阵，以农业风险为依据，将我国粮食主产区分为了四个区，风险区域内水旱灾害中高度相关，风险区域间无相关或弱相关。张欣和于洋（2012）根据农村土地租值消散状况对农业保险的影响，运用聚类分析的方法将全国分为三类，并对各地区农业保险的发展提出了相关建议。郑苏晋和姚丹（2014）以生猪主产区为例，运用聚类分析法，将我国生猪产区分为四个区域：在一区和二区应该在鼓励养殖企业建立产业联盟；在三区农业保险公司可以探索合适的保险经营模式；在四区政府应该加大扶持力度。

综上所述，许多学者在进行农业保险区域划分研究时，基于地区层面的研究主要侧重农业保险产品的设计和保费厘定，而基于全国层面的研究更多的是对农业风险进行区划划分。但不论是产品设计还是风险的区域划分，聚类方法都是众学者最常用的方法。

9.2　河北省农业保险区域发展环境差异及问题分析

河北省是一个农业大省，地形复杂多变，农业风险的发生在时间与空间存在一定的差异性，并且与农业生产环境、农村经济发展水平、农户的保险意识等有关。综合这些差异性，再加上农业保险发展过程中自身存在的问题，农业保险的区域划分是河北省农业保险发展的必然趋势。

9.2.1　河北省各县（市）农业保险发展环境的差异分析

1. 农业风险的差异分析

根据自然地理条件的差异，不同区域间农业风险类型以及发生风险后的损失程度也存在一定的差异，尤其是自然风险及其造成的损失具有明显的区域性。河北省气象局 1984～2014 年统计的数据显示，暴雨主要集中在河北西北部，包括山区高海拔的承德北部和张家口北部；冰雹灾害则主要集中在保定西部各县（市）、承德北部各县（市）及张家口等地区；邯郸及沧州南部各县（市）是旱灾比较集中的地区；风灾在河北中部县（市）发生较为频繁，另外东北部的唐山部分县（市）最为严重。由于灾害类型不同，发生的时间也不同。旱灾主要发生在春季和秋季，水灾主要发生在夏季和秋季。这些灾害发生的时间与空间的差异性决定了农业保险的费率和赔偿标准必须根据地方差异，因地制宜。

2. 农业生产水平的差异分析

农村的农业生产水平是制约农业保险发展的一个重要因素，农林牧渔总产值是衡量农业生产水平的重要指标。由于各方面的原因，农业生产水平在河北省呈现出巨大的差异性。2014 年农林牧渔总产值最高的县是永年，产值为 133.52 亿元；最低的是涞源，产值为 8.00 亿元，永年的产值是涞源的 16 倍。可见由于地形地势、资源禀赋等的限制，农业生产水平在县域之间的差距很大。通过 2010～2014 年人均农林牧渔总产值的发展情况（附表 5.1）可以知道，在 2010～2014 年，乐亭、滦南、昌黎一直处于河北省前列。如表 9.1 所示，乐亭这 5 年内人均总产值是 22 508.87 元，是最后一名涞源县的 10 倍左右，差距很大。即使是同一个市的各县农业生产水平也存在一定的差异，如衡水的饶阳和冀州，饶阳人均农林牧渔总产值是 12 059.6 元，冀州的是 7143.7 元，人均相差 4915.9 元，可见即使隶属于一个市，各县域之间农业生产水平也存在很大的差异性。从农业保险的性质上看，农业保险具有一定的普遍性，但是由于农业发展水平的差异性，主要的风险发生类型以及损失程度的评估、对农业保险创新产品的需求程度也就不相同。由于县（市）之间存在这样巨大的差异，河北省农业保险以县（市）为单位进行区域划分是非常有必要的。

表 9.1　2010～2014 年各县（市）人均农林牧渔总产值发展状况　　单位：元

隶属不同的市			隶属同一个市		
县（市）	平均值	排名	县（市）	平均值	排名
乐亭	22 508.87	1	饶阳	12 059.61	22
涞源	2 660.01	132	冀州	7 143.70	89

资料来源：河北省统计数据整理；http://www.hetj.gov.cn/hetj/tjsj/jjnj/.

3. 农业保险购买能力的差异分析

农村居民收入水平是影响农业保险发展的直接因素，它主要影响的是农业保险的购买能力。农村居民人均纯收入在河北省各县（市）之间存在一定的差异，这个差异决定了各县（市）农业保险需求的不同。如表 9.2 所示，河北省各县（市）农村居民 2014 年人均纯收入的情况和位次，通过观察对比可以发现，农村居民人均纯收入存在很大的差距。在河北省 132 个县（市）中，农村居民人均纯收入最高的是迁安，为 17 125 元，收入最低的是赞皇，为 4509 元，迁安是赞皇的 3.8 倍，差距很大。即使位于同一个市的农村居民人均纯收入差距也很大。以衡水为例，收入较高的是安平，为 10 834 元，收入较低的是武邑，为 5807 元，安平是武邑的 1.9 倍，差距同样很大。农业保险的性质，决定了在生活中农业保险就是一种消费型商品而不是必需品。因此，当面临相同的风险的时候，收入相对较低的农民很难再拿出一部分钱来购买农业保险。在农业保险的经营过程中，过高的成本和过高的赔付率必然导致较高的费率。这样会导致有投保意愿但是没有支付能力的农民把农业风险自留，这严重限制了农业保险的发展。

表 9.2　2010～2014 年各县（市）人均纯收入发展状况　　单位：元

隶属不同的市			隶属同一个市		
县（市）	平均值	排名	县（市）	平均值	排名
迁安	17 125	1	安平	10 834	44
赞皇	4 509	132	武邑	5 807	115

资料来源：河北省统计数据整理；http://www.hetj.gov.cn/hetj/tjsj/jjnj/.

4. 农业生产技术水平的差异分析

近年来，农业保险在促进农业现代化过程中发挥着越来越重要的作用。农业现代化的发展，归根结底还是农业生产技术现代化的发展。随着科学技术的发展，大型农业机械在农业生产中得到较好的普及。因此，在农业现代化发展过程中，农业机械化水平成为很好的观测指标。将高科技的机械设备用于传统的农业生产中，可以提高生产效率和节约农户的时间成本，从而更进一步地推动农业经济的发展。但是从农业生产实践中可以发现，仅仅是依靠农户个体的力量，很难实现规模化的农业机械化发展。因此，在农业生产过程中，很多县（市）是将农业机械化作为产业链的一个环节，以龙头企业带动为主，政府加以政策支持，全民参与，共同促进农业机械化的发展。农业机械化生产与传统的家庭分散式生产相比，优势很明显。农业机械化生产要求生产管理者具备丰富的专业知识，他们对风险的认识和把握会更加理性。因此，不论是对农业保险的了解还是对农业保险的接受程度，这些人都会比普通的农民高一些，这样对于农业保险的发展是有利的。

农业机械化水平在河北省各县（市）之间存在较大的差距，表 9.3 是 2010～2014 年各县（市）人均机械动力发展情况及排名，新乐的农业机械化水平连续几年位于河北省前列（附表 5.2），人均机械总动力高达 46 364.61 千瓦，是阳原（4425.40 千瓦）的 10 倍左右。由此可见，河北省农业机械化水平发展极度不均衡，这为河北省农业保险的分区提供了重要依据。并且对比农业经济发展水平（附表 5.3）可以发现，机械化水平较高的县（市），农业经济发展的水平也相对较好，农林牧渔总产值也相对较高。

表 9.3　2010～2014 年各县（市）人均机械动力发展状况及排名　　单位：千瓦

隶属不同的市			隶属同一市		
县（市）	平均值	排名	县（市）	平均值	排名
新乐	46 364.61	1	饶阳	26 972.72	11
阳原	4 425.40	132	枣强	9 540.93	106

资料来源：河北省统计数据整理；http://www.hetj.gov.cn/hetj/tjsj/jjnj/.

9.2.2 河北省农业保险区域发展存在的问题

经过前文的研究发现，河北省各县（市）的农业保险的发展环境在不论是否隶属不同市都存在巨大的差异，这是农业保险分区的基础。但是，由于各县（市）发展环境的特殊性，农业保险在河北省的发展也存在一定的问题。

1. 政府补贴和费率缺乏区域针对性

2007 年，河北省开始农业保险的探索工作。2008 年出台《河北省财政厅关于 2008 年全省农业保险保费财政补贴工作有关事项的通知》，对河北省农业保险的保费补贴范围做出具体规定，主要承保种植业保险和养殖业保险。同时该通知还对于政策性农业保险的费率和财政补贴情况做出比较系统的规定。截至 2014 年，河北省经营的政策性农业保险有 14 种，涉及玉米、小麦、棉花、花生、马铃薯、大豆、水稻、油菜、甜菜、森林保险、温室大棚、能繁母猪、奶牛和育肥猪。表 9.4 是根据中国人保承保的具体情况整理的各类农业保险险种的费率情况和政府补贴情况。

表 9.4　政策性农业保险财政补贴情况

补贴险种		单位保额/元	费率/%	各级财政补贴比例/%				农户自缴比例/%	备注
				中央	省	市	县		
能繁母猪		1 000	6	50	15	10	5	20	直管县的市级补贴由省级财政承担
奶牛		5 600	7	50	15	10	5	20	
小麦		500	4	40	25	7.5	7.5	20	
玉米		400	6	40	25	7.5	7.5	20	
棉花		400	6	40	25	7.5	7.5	20	
马铃薯		500	5	40	25	7.5	7.5	20	直管县的市级补贴由县本级财政承担
花生		500	4	40	25	7.5	7.5	20	
水稻		620	5	40	25	7.5	7.5	20	
油菜		300	5	40	25	7.5	7.5	20	
大豆		200	5	40	25	7.5	7.5	20	
温室大棚	日光温室	20 000	5	0	20	15	15	50	该险种在 24 个蔬菜示范县及易县、涞源、蔚县、沽源试行直管县的市级补贴由县本级财政承担
	塑料大棚	10 000		0	20	15	15	50	
	塑料中小棚	5000		0	20	15	15	50	
森林保险	公益林	600	0.38	50	25	7.5	7.5	10	省直属林场公益林保费中央补贴 50%，省级补贴 40%，林场承担 10%
	商品林	800	0.38	30	25	15	10	20	省直属林场商品林保费中央补贴 30%，省级补贴 50%，林场承担 20%
育肥猪		500	5	50	15	10.00	5.00	20	直管县的市级财政补贴由县本级财政承担
甜菜		300	5	40	25	7.5	7.5	20	

资料来源：中国人保财险。

2. 费率设置单一

如表 9.4 所示，河北省的农业保险费率没有根据地方特点进行差异化设置，而是在全省采用统一标准。农村居民收入是农业保险发展的直接影响因素，各县（市）之间差距很大。相同的费率条件下，收入较高的居民由于支付能力较好，会比收入低的居民更容易接受并有能力购买农业保险。另外，各县（市）之间自然灾害发生的频率和造成的损害也具有一定的差异性，相同费率下，农业风险相对较小的县（市）与风险较大的县（市）对农业保险的需求也不同。风险较小，投保需求也相对较小；风险较大，投保的需求也会相对较强。因此，同一标准的费率不仅影响农户投保的积极性，还会给保险公司带来逆向选择的风险。

3. 政府补贴缺乏区域针对性

河北省自政策性农业保险开办以来，补贴比例一直根据《河北省政策性农业保险试点工作实施方案》中规定的标准进行。各险种的补贴比例已经在表 9.4 中展示。但是，由于各县（市）之间，农村居民人均收入存在巨大的差异，在统一的补贴标准下，收入较少的农户可能会在政府补贴后依然没有能力支付较高的农业保险保费，从而放弃投保；而收入较高并且农业生产风险较小的农户，虽然对农业保险的需要程度较弱，但是政府在给予一定补贴后，农业保费的支出只占他们收入的一小部分，由于对生活的影响不大，从而选择投保。因此，统一的补贴标准可能会使更需要农业保险的农户没有得到应有的保障，造成资源浪费。

4. 区域特色农业保险产品发展滞后

《国务院关于加快发展现代保险服务业的若干意见》的出台，为农业保险的发展指明了道路。按照中央支持“保大宗、保成本、支持地方特色、保产量，有条件保价格、保收入”的原则，特色农业保险的发展必将成为衡量一个地区农业保险发展水平的重要指标。目前，河北省政策性农业保险的险种有 14 个，只有设施农业保险是根据地方特色展开的。事实上，很多省份为了促进当地农业发展而开始特色农业保险产品和创新性农业保险产品的探索。例如，四川育肥猪价格指数保险、浙江芦笋价格指数保险、甘肃马铃薯产量指数保险和上海蔬菜价格指数保险等。虽然河北省各县（市）特色农产品丰富，为特色农业保险产品的发展提供了良好的土壤，但是特色农业保险的发展仍然与河北省农业资源不匹配。

5. 承保数据来源的可靠性不足

农业保险发展至今，承保数据的可靠性问题一直没有得到很好的解决。特别是政策性种植保险，承保基础数据主要来源于粮食种植补贴面积、农业统计种植面积、乡（镇）与村提供的数据三个方面，但从实际情况来看，这三个数据均存在可靠性问题。

（1）粮食种植补贴面积

此数据为国家对县、乡（镇）、村粮食种植给予财政补贴的面积，在承保工作中，多数机构以此数据进行承保。但是实际中，随着近些年河北省城镇化快速发展，一些较为发达的地区，其补贴面积已经明显大于农民粮食实际种植面积，而在一些欠发达地区和贫困地区，农民将本不在耕地面积中的开垦土地也种植粮食，形成实际面积大于补贴面积。因此会出现经济发达的地区虚增承保面积，落后的地区则承保不足的现象。

（2）农业统计种植数据

由于该数据只是区域整体数据，没有细化到农户，在承保过程中被保险公司采用的较少。

（3）乡（镇）与村提供的数据

由于乡村从业人员的文化水平参差不齐，责任心和工作细致程度不够，在统计承保面积时对申报的种植面积有一定的随意性，并且存在一定的道德风险。

保险标的数量巨大、分布分散、特征趋同难以界定等客观因素，造成经办机构在确定和核实种植面积的数量的真实性上存在很大的困难，只能依靠粮食补贴面积和各村上报面积，使承保数据存在隐患。

6. 农户投保支付能力相对不足

政策性农业保险开办之初，基于农户参保意识的考虑，各险种保费农户自缴比例均在 10%～20%。但是由于农业保险是一种消费性商品不是生活必需品，相对收入水平较低的农民购买农业保险的能力明显不足。例如，农村居民人均收入最低的赞皇，2014 年仅为 4509 元，农户没有能力购买农业保险。

9.3　指标选择及数据来源

9.3.1　指标选择

农业保险是农民生产生活的保障，可以在农业生产过程中对农业风险进行风险管理，并发挥其社会服务功能。农业保险的灾后赔付，为农户提供了充足的灾后补偿资金，可以使农户快速恢复生产生活，农业保险已经成为维持农村发展稳定的重要工具，但各市农业保险经营的环境并不相同，区划经营是农业保险精细运作的趋势。该部分从农业保险购买能力、农业生产水平、农业机械化水平、农业风险及政府支持 5 方面选取 5 个指标，以各县（市）农业保险发展环境的差异为依据，选取 132 个县（市）为样本，对河北省农业保险进行了分区研究。

1. 农业保险购买能力

农业保险保费的主要来源是农户进行投保时所缴纳的保费。农村居民的收入水平是影响农户购买农业保险能力的直接因素。因此，选取各县（市）农村居民人均纯收入来描述这一指标。

2. 农业生产水平

农业生产水平决定了农业保险发展的程度，但是由于各县（市）在人口、农作物播种面积及县（市）面积等方面存在很大的差异，因此采用人均农林牧渔总产值来代表农业生产水平。具体算法为，各县（市）人均农林牧渔总产值=各县（市）农林牧渔总产值/各县（市）年末总人口。

3. 农业机械化水平

农业机械化水平是一个地区农业产业化发展的重要标志。而农业机械总动力是农业机械化水平的代表，农村经济的发展和农业生产都离不开农业机械生产的支持。农业机械化水平越高，农户的生产效率越高，节省的时间成本越多。一般来讲，农业机械化水平高的地区，其农业生产水平和农业保险购买能力都相对较好，这对于农业保险的发展有很大的促进作用。但是，由于各县（市）人口与各县（市）农业经济发展存在巨大的差异性，因此，选取人均农业机械总动力来描述这一指标，具体算法为各县（市）人均农业机械总动力=各县（市）农业机械总动力/各县（市）年末总人口。

4. 农业风险

农业风险主要是指在农业生产过程中所可能遭遇自然灾害的风险，自然灾害的发生不仅具有明显的区域性还能刺激农户对农业保险的需求。但是灾害发生后，由于各县（市）抗灾能力不同，所遭受的损失程度也不尽相同。本章采用成灾率来描述这一指标，具体的计算方法为，各县（市）成灾率=各县（市）农作物的成灾面积/各县（市）农作物的种植面积。但是由于县（市）受灾面积存在没有详细的数据记载，因此该指标选取各市成灾率来代替。

5. 政府支持

在政策性农业保险发展过程中，政府的财政支持一直扮演着重要的角色。其实，不论是农业生产还是农业保险发展都离不开政府的扶植。在农业生产方面，政府可以通过财政拨款和税收政策，建立农业生产的基础设施和营造良好的农业生产环境；在农业保险发展方面，政府主要是靠政策支持和保费补贴，构建良好的农业保险发展环境。因而，政府在农业生产和农业保险发展过程中起到的作用是不容忽视的。而政府补贴所需要的大量资金的主要来源就是政府预算收入。因此，选取人均政府收入来描述这一指标，具体算法为各县（市）人均政府收入=各县（市）公共财政预算收入/各县（市）年末总人口。

9.3.2　数据来源

农林牧渔生产总值、农业机械总动力、农村居民人均纯收入、各县（市）公共财政预算收入、年末各县（市）总人口的原始数据来源是 2013～2015 年《河北经济年鉴》，受灾面积、成灾面积、各县（市）年末总人口的原始数据来源是 2013～2015 年《河北农村统计年鉴》。

9.3.3　聚类方法的选择

聚类分析是一类将数据所研究对象进行分类的统计方法，其目标就是在相似的基础上收集数据来分类。聚类分析是一种探索性的分析，在分类的过程中，不必事先给出一个分类的标准，聚类分析能够从样本数据出发，自动进行分类，是目前分类研究比较常用的一种方法。本章将河北省 132 个县（市）作为观测样本，研究农业保险分区，系统聚类分析法是一种较为恰当的方法。

9.4　实证过程及结果

本章采用应用 SPSS 19.0 软件，根据所选的农业保险购买能力、农业生产水平、农业机械化水平、农业风险和政府支持 5 个指标，基于各县（市）数据对河北省农业保险进行区域划分。

9.4.1　2014 年聚类结果分析

表 9.5 是 SPSS 19.0 软件生成的对 5 个统计量的基本描述，包含统计指标的极小值、极大值、均值和标准差。2014 年，赞皇的 4509.00 元是农业保险购买能力的极小值，迁安的 17125.00 元是农业保险购买能力的极大值。涞源的 2771.64 元是农业生产水平的极小值，乐亭的 24 172.36 元农业生产水平的极大值。怀安的 4702.63 千瓦是农业机械化水平的极小值，新乐的 46 156.38 千瓦是农业机械化水平的极大值。廊坊地区成灾比例为 0.00 是农业风险的极小值，张家口地区成灾比例为 0.43 是农业风险的极大值。大名的 288.52 元是政府支持的极小值，大厂回族自治县的 11 799.13 元是政府支持的极大值。

表 9.5　2014 年各项统计量描述

指标	N	极小值	极大值	均值	标准差
农业保险购买能力/元	132	4509.00	17 125.00	9208.86	2595.71
农业生产水平/元	132	2771.64	24 172.36	9602.42	3867.67

续表

指标	N	极小值	极大值	均值	标准差
农业机械化水平	132	4702.63	46 156.38	16 059.06	7 283.62
农业风险	132	0.00	0.43	0.09	0.13
政府支持/元	132	288.52	11 799.13	1534.13	1561.17
有效的 N（列表状态）	132				

根据所选指标进行聚类分析，采用 Ward 聚类方法，区间选用平方 Euclidean 距离，所得到的结果如下。

第一区：滦南、乐亭、抚宁、玉田、昌黎、青县、馆陶、吴桥、沽源、赵县、新乐、正定、辛集、永清、深州、磁县、武安、迁安、南皮、武强、故城、行唐、饶阳、固安、高邑、卢龙、黄骅、深泽、晋州共 29 个县（市）。

第二区：顺平、临城、丰宁、威县、献县、隆化、围场、康保、滦平、东光、武邑、灵寿、赞皇、阜城、新河、平山、柏乡、隆尧、孟村、南宫、阜平、海兴、巨鹿、盐山、清河、沙河、涉县、文安、安新、蠡县、魏县、任丘、徐水、安平、满城、清苑、大城、临漳、安国、博野、广平、南和、宁晋、井陉、河间、临西、任县、香河、三河、大厂、元氏、望都、肃宁、定州、成安、肥乡、邱县、滦县、永年、无极、曲周、遵化、沧县、泊头、景县、邯郸、霸州、冀州、容城共 69 个县（市）。

第三区：怀安、青龙、阳原、易县、尚义、万全、唐县、曲阳、涞源、邢台、内丘、枣强、大名、平乡、蔚县、涞水、广宗、雄县、高碑店、涿州、高阳、定兴、鸡泽、怀来、迁西、宣化、涿鹿、承德、崇礼、宽城、兴隆、赤城、张北、平泉共 34 个县（市）。

9.4.2 2013 年聚类结果及分析

表 9.6 是 SPSS 19.0 软件生成的对 5 个统计量的基本描述，包含统计指标的极小值、极大值、均值和标准差。2013 年，涞源的 3686.00 元是农业保险购买能力的极小值，迁安的 15 930.00 元是农业保险购买能力的极大值。涞源的 2953.68 元是农业生产水平的极小值，乐亭的 24 420.46 元是农业生产水平的极大值。怀安的 4510.46 千瓦是农业机械化水平的极小值，新乐的 46 151.10 千瓦是农业机械化水平的极大值。廊坊地区的 0.00 是农业风险的极小值，张家口地区的 0.27 是农业风险的极大值。大名的 259.42 元是政府支持的极小值，三河的 9070.72 元是政府支持的极大值。

表 9.6　2013 年统计量描述

指标	N	极小值	极大值	均值	标准差
农业保险购买能力/元	132	3 686.00	15 930.00	8 257.80	2 542.56
农业生产水平/元	132	2 953.68	24 420.46	9 301.14	3 829.72
农业机械化水平/千瓦	132	4 510.46	46 151.10	15 920.92	7 332.00
农业风险	132	0.00	0.27	0.06	0.08
政府支持/元	132	259.42	9 070.72	1 378.37	1 207.85
有效的 N（列表状态）	132				

根据所选指标进行聚类分析，采用 Ward 聚类方法，区间选用平方 Euclidean 距离，所得到的结果如下。

第一区：赵县、新乐、高邑、卢龙、深泽、固安、黄骅、晋州、磁县、武安、迁安、南皮、武强、故城、行唐、饶阳、正定、辛集、永清、深州 20 个县（市）。

第二区：顺平、满城、清苑、井陉、宁晋、博野、广平、徐水、安平、安国、临漳、元氏、望都、献县、柏乡、隆尧、南宫、盐山、孟村、南和、临西、任县、大城、河间、邯郸县、文安、霸州、涉县、沙河、安新、蠡县、清河、魏县、任丘、香河、三河、无极、遵化、曲周、容城、大厂、沧县、泊头、冀州、景县、平山、新河、阜城、海兴、巨鹿、阜平、围场、灵寿、赞皇、滦南、乐亭、滦县、永年、东光、成安、邱县、定州、肃宁、肥乡、抚宁、玉田、昌黎、青县、吴桥、馆陶、沽源 71 个县（市）。

第三区：临城、威县、丰宁、隆化、张北、平泉、武邑、滦平、康保、青龙、易县、阳原、怀安、承德、万全、尚义、宣化、涿鹿、赤城、崇礼、兴隆、宽城、唐县、曲阳、涞源、邢台县、内丘、雄县、高碑店、涿州、高阳、枣强、大名、广宗、平乡、蔚县、涞水、定兴、鸡泽、怀来、迁西 41 个县（市）。

9.4.3　2012 年聚类结果及分析

表 9.7 是 SPSS 19.0 软件生成的对 5 个统计量的基本描述，包含统计指标的极小值、极大值、均值和标准差。2012 年，涞源的 3079.00 元是农业保险购买能力的极小值，迁安的 114 468.00 元是农业保险购买能力的极大值。涞源的 2641.24 元是农业生产水平的极小值，乐亭的 21 695.80 元是农业生产水平的极大值。阳原的 4336.92 千瓦是农业机械化水平的极小值，新乐的 46 130.95 千瓦是农业机械化水平的极大值。衡水地区的 0.00 是农业风险的极小值，张家口地区的 0.38 是农业风险的极大值。广宗的 203.54 元是政府支持极小值，三河的 7456.55 元是政府支持极大值。

表 9.7　2012 年统计量描述

指标	N	极小值	极大值	均值	标准差
农业保险购买能力/元	132	3 079.00	14 468.00	7 322.09	2 346.41
农业生产水平/元	132	2 641.24	21 695.80	8 516.76	3 387.54
农业机械化水平/千瓦	132	4 336.92	46 130.95	15 777.56	7 437.16
农业风险	132	0.00	0.38	0.09	0.13
财政支持/元	132	203.54	7456.55	1200.22	1 034.43
有效的 N（列表状态）	132				

根据所选指标进行聚类分析，采用 Ward 聚类方法，区间选用平方 Euclidean 距离，所得到的结果如下。

第一区：赵县、新乐、深州、行唐、故城、南皮、饶阳、正定、武强、辛集、永清、固安、黄骅、高邑、深泽、卢龙、晋州、磁县、武安、迁安 20 个县（市）。

第二区：徐水、安平、元氏、安国、临漳、隆尧、南宫、博野、广平、井陉、宁晋、南和、临西、孟村、任县、柏乡、大城、河间、文安、容城、邯郸县、霸州、丰宁、威县、顺平、临城、海兴、巨鹿、阜平、隆化、围城、滦平、康保、望都、献县、东光、盐山、武邑、灵寿、赞皇、阜城、新河、平山、泊头、冀州、沧县、景县、沽源、滦南、乐亭、吴桥、馆陶、青县、大厂、无极、遵化、曲周、肥乡、邱县、肃宁、定州、成安、滦县、香河、三河、抚宁、永年、昌黎、玉田 69 个县（市）。

第三区：怀来、迁西、高阳、高碑店、雄县、邢台县、涿鹿、满城、清苑、定兴、鸡泽、平泉、平乡、大名、内丘、安新、蠡县、魏县、清河、沙河、任丘、涉县、宣化、涿州、承德、崇礼、赤城、宽城、兴隆、枣强、张北、广宗、阳原、易县、怀安、万全、青龙、尚义、蔚县、涞水、唐县、曲阳、涞源 43 个县（市）。

9.5　结论与建议

9.5.1　结论

1. 分区结果

将 2012～2014 年的聚类效果进行对比，发现赵县、新乐、行唐、高邑、饶阳、卢龙、深泽、固安、黄骅、晋州、武安、迁安、正定、辛集、磁县、永清、故城、深州 18 个县（市）一直处于第一区的位置；井陉、宁晋、博野、广平、徐水、安平、安国、临漳、元氏、望都、献县、柏乡、隆尧、南宫、盐山、孟村、南和、临西、任县、大城、河间、邯郸县、文安、霸州、香河、三河、无极、遵化、曲周、容城、沧县、泊头、冀州、景县、平山、新河、阜城、海兴、巨鹿、阜平、围场、灵寿、赞皇、滦县、永年、东光、成安、邱县、定州、肃宁、肥乡、大厂 52 个县（市）一直处于第二区；怀安、青龙、阳原、易县、尚义、万全、唐县、曲阳、涞源、邢台、内丘、枣强、大名、平乡、蔚县、涞水、广宗、雄县、高碑店、涿州、高阳、定兴、鸡泽、怀来、迁西、宣化、涿鹿、承德、崇礼、宽城、兴隆、赤城、张北、平泉 34 个县（市）一直位于第三区。波动比较大的有 28 个县（市），具体情况如下：

1）清苑、满城、安新、蠡县、魏县、清河、沙河、任丘、涉县 9 个县（市）除了在 2012 年位于第三区外，2013 年、2014 年均在第二区，其中清苑、满城、安新、蠡县、任丘、清河、沙河由于农业风险指标的变动，涉县、魏县是由于农业保险购买能力得到改善，综合考虑各指标对农业保险发展的影响，将这 9 个县（市）归入第二区。

2）临城、威县、丰宁、顺平、隆化、武邑、滦平、康保 8 个县（市）除了在 2013 年位于第三区外，2014 年与 2012 年均位于第二区，这个变动主要是农业风险在 2013 年偏高引起的，综合考虑各指标的影响，将这个 8 个县（市）归入第二区。

3）滦南、乐亭、抚宁、玉田、昌黎、青县、馆陶、吴桥、沽源 9 个县（市），在 2014 年位于一区，2012 年、2013 年均位于第二区，其中昌黎、抚宁、滦南、乐亭、玉田是由于农业风险变动，沽源、馆陶、青县是由于农业保险购买能力变动，吴桥的变动主要是因为农业生产水平提高，并且这几个县的人均农业生产总值和农业机械化水平，一直位于河北省前列且农业风险居中，考虑到农业保险的长远发展，将这几个县（市）归入第一区。

4）南皮、武强在除了在 2012 年位于第二区，2013 年与 2014 年均位于一区，主要是农业风险变动影响的，因此考虑到农业保险的长远发展，将这 2 个县归于第一区。

因此，综合考虑各个指标的影响现分区如下。

第一区：辛集、新乐、乐亭、高邑、卢龙、深泽、固安、黄骅、晋州、磁县、武安、迁安、故城、行唐、饶阳、正定、永清、赵县、南皮、武强、深州、滦南、抚宁、玉田、昌黎、青县、馆陶、吴桥、沽源共 29 个县（市）。

第二区：井陉、宁晋、博野、广平、徐水、安平、安国、临漳、元氏、望都、献县、柏乡、隆尧、南宫、盐山、孟村、南和、临西、任县、大城、河间、邯郸县、文安、霸州、香河、三河、无极、遵化、曲周、容城、沧县、泊头、冀州、景县、平山、新河、阜城、海兴、巨鹿、阜平、围场、灵寿、赞皇、滦县、永年、东光、成安、邱县、定州、肃宁、肥乡、清苑、满城、安新、蠡县、魏县、清河、沙河、任丘、涉县、临城、威县、丰宁、顺平、隆化、武邑、滦平、康保、大厂共 69 个县（市）。

第三区：怀安、青龙、阳原、易县、尚义、万全、唐县、曲阳、涞源、邢台、内丘、枣强、大名、平乡、蔚县、涞水、广宗、雄县、高碑店、涿州、高阳、定兴、鸡泽、怀来、迁西、宣化、涿鹿、承德县、崇礼、宽城、兴隆、赤城、张北、平泉共 34 个县（市）。

2. 区域特征

第一区农业生产水平、农业保险购买能力、农业机械化水平和政府支持均是最高的，但是农业风险处于中等水平。可见农业保险在第一区有比较好的外部条件，农业发展水平相对较好，农村居民农业保险购买能力较强，农户从政府得到的支持也相对较高，并且一定的风险可以刺激农业保险的发展。第二区农业保险购买能力、农业生产水平与农业机械化水平均处于中游位置，农业风险指标偏低，政府支持较差(但是个别县居于河北省前列)，可见该地区农户有一定的购买能力，但该区农业风险是最低的，其会弱化农户对农业保险的需求。第三区农业生产水平、农业保险购买能力、农业机械化水平处于中下水平，个别县的财政支持力度较大，但是总体力度适中，并且农业风险处于较高的水平，农业保险在该区有一定的需求。从总体上看，虽然第三区农业经济的发展处于最低的水平，但是该地区农业风险是最大的，因此农户对农业保险的潜在需求很大，农业保险市场前景良好。综上所述，第一区应该作为特色农业保险产品的试点，引进特色农业保险产品和农业保险创新产品；第三区应该作为政府的农业保险重点扶植区。

9.5.2 建议

1. 引进适合地方特色的农业保险产品

基于各县级数据，将河北省 132 个县（市）分成了三个区，根据每区特点，选取第一区作为特色农业保险产品的试点。如表 9.8 所示，第一区的 29 个县（市）中，赵县是河北省第一个全方位对外开放县，是全国优质小麦的生产基地、雪花梨之乡、全省唯一的芦笋生产基地；新乐是全国重点的蛋鸡养殖基地；行唐盛产大枣，是重要的奶牛养殖和商品猪养殖基地；深泽的林业发展很好，其中森林覆盖率达到 50%以上；深州盛产蜜桃，还是国家优质粮食种植基地；青县的特色是设施蔬菜，其总产值在农业总产值中占到一半以上；黄骅、乐亭、滦南有丰富的渔业产品，其中滦南还是唐山主要的花生生产地；馆陶是华北重要的蛋鸡养殖基地、黑小麦种植基地和黄瓜种植基地；磁县的特色农作物是山药和莲藕；沽源是河北省实施农业保险的试点，也是华北最大的脱毒薯基地。因此，河北省可以将第一区作为试点，引进特色农业保险产品、农产品价格指数保险和农作物收入保险等。

表 9.8　第一区引进特色农业保险产品的设置

县（市）	主要特色农产品	特色农业保险产品设置
赵县	雪花梨、芦笋	雪花梨和芦笋价格指数保险
新乐	蛋鸡	鸡蛋价格指数保险
行唐	大枣、奶牛养殖、商品猪	农产品价格指数保险
深泽	林业	扩大林业保险的覆盖面积
深州	蜜桃	针对蜜桃的指数保险
青县	设施蔬菜	设施农业保险
滦南	花生	政府引导下的花生目标收入保险
馆陶	蛋鸡养殖、黑小麦、黄瓜	农产品价格指数保险、黑小麦目标收入保险
磁县	山药、莲藕	针对山药、莲藕的种植保险
沽源	脱毒薯	针对脱毒薯的特色农业保险
黄骅、乐亭、滦南	渔业	扩大针对渔业的农业保险覆盖面积

2. 实行差异化费率政策

农业保险费率的厘定是农业保险产品设计过程的核心环节，风险损失概率是保险费率厘定的主要决定因素，农业保险产品应该根据农业风险水平的不同合理确定其费率水平。根据分区结果的研究发现，第二区农业风险水平最小，第一区次之，第三区农业风险水平最大。因此在农业保险费率设定中，第二区应该采用较低的费率，第三区采用较高的费率，第一区的费率应介于二者之间。

3. 实行差异化的政府支持政策

政府的支持在农业生产和农业保险发展过程中占有很重要的位置，但是由于各县（市）农业生产的特殊性与农业保险发展环境的差异性，政府应该在不同的县（市）施行不同的支持政策。根据前文介绍，第一区农村居民收入最高，第三区农村居民收入最低，第二区介于二者之间，且每区之间人均纯收入的差距很大，农村居民收入水平差异是政府进行差异化补贴和政策支持的依据。

根据上文，在设置农业保险产品的过程中第一区作为试点引进指数类型的农业保险产品。指数类型的保险，关键步骤是指数的选择，如小麦目标收入保险不仅要观测小麦的价格变化，还要根据各方面的原因探索小麦产量的变化。由于新型产品的开发设计的前期投入比较大，针对第一区除了农业保险保费补贴以外，政府更应该注重农业保险创新产品的前期投入，并且保护新型农业保险产品的专利权。

第二区有 69 个县（市），占河北省总县（市）数的一半以上，并且农业风险较低，农户农业保险购买能力较好，因此第二区是河北省农业保险稳步发展的关键。政府针对第二区实行大于第一区的财政补贴力度同时，适当降低第二区的农业保险经办机构的准入条件，并出台相应的监管政策。农业保险经营主体的增加会加剧农业保险市场的竞争程度，有效而持续的良性竞争会促进农业保险的健康发展。

第三区的政府收入居中，但是农村居民人均纯收入是最低的，因此第三区是政府支持的重点，应该加大第三区政策性农业保险的补贴力度。第三区的农业生产风险是最高的，这些将会影响经营农业保险的保险公司承保的积极性，因此政府应该对经营农业保险的保险公司在税收方面给予一定的优惠政策，增强保险公司承保的积极性。

4. 建立基础信息库以提高承保数据的准确性

为有效解决长期以来一直困扰农业保险经办机构承保数据的来源问题，建议以省、市、县、乡各级政府为主导，以各级政府财政、国土资源、农业、林业、畜牧、气象等有关职能部门作为支撑，以农业保险经营实际为导向，建立具有公信力和说服力、标准统一的农业保险基础信息数据库。

5. 开展区域特色的宣传教育以提高农户投保意识

由于各方面的原因，河北省农民农业保险的投保意识比较淡薄，为了解决这一问题，可以针对不同区域农业风险的特点开展农业保险消费者教育宣传活动。

（1）第一区特色的宣传内容

第一区的农村居民人均纯收入最高、风险水平居中，若想促进该区的农业保险发展，保险公司可以针对这一区域的农村居民展开关于农业保险与农业发展关系及有代表意义的承保或理赔案例的教育，增强农户对保险公司的信任感。由于该区是特色农业保险创新产品的试点，因此在对农村居民进行传统农业保险险种宣传的同时，还应加入特色产品的介绍，包括投保方式、保险责任、费率及除外责任的介绍，使农户更加了解农业保险产品，进而接受农业保险产品，提高农户的保险意识。

（2）第二区特色的宣传内容

第二区有一个突出的特点就是农业风险最低，因此，针对这一区域，保险公司应该在理赔流程上对农户加强宣传。农业保险的特殊性，使查勘定损存在一定的困难，这样就会延长理赔周期，使农户的生活不能尽快恢复，从而影响农业保险消费者投保的积极性。宣传理赔流程，可以使农户在发生灾害后第一时间报案，然后进行查勘定损，缩短理赔周期，增强农户的体验感，从而建立与保险公司的信任关系，更进一步地提高农户的投保积极性。

(3）第三区特色的宣传内容

第三区农业风险是最高的并且农村居民人均纯收入处于较低水平。因此，针对该区域的农户，保险公司可以展开防灾减损的宣传。农业是照料性产业，在生产过程中农户的行为对于农业生产的影响比较大，对农户进行防灾减损知识的宣传引导，有助于农户在发生灾害后及时地采取补救措施，以最快的速度恢复生产生活。该地区自然灾害发生较频繁，因此可以通过手机短信或微信推送一些天气预报及灾害预警，增强与农户之间的互动，从而建立保险公司与农户之间的信任关系，提升农户的投保积极性。

综上，保险公司可以通过一系列的活动对农业保险消费者进行宣传教育，与农户形成良好的互动，在提高农户保险意识的同时增进保险公司与农户之间的信任感，营造良好的农业保险发展环境，提高农户投保的积极性。

第 10 章　河北省农业保险促进农业生产的区域比较研究

我国自 2007 年实行政策性农业保险以来，已取得了举世瞩目的成就，保费收入稳步提高，但是我国农业保险仍处于粗放发展的阶段，农业保险补贴政策、费率水平、理赔金额等在各省份多采取“一刀切”的模式，并没有根据不同地区的农业风险状况、农业生产水平、经济承载能力将农业保险政策加以细化，严重挫伤了风险水平较小地区农户的投保积极性，并引发了风险水平较高地区农户的逆向选择，因此，“一刀切”的经营模式，严重制约着农业保险的进一步发展，农业保险区划已成为该领域研究的重点问题。

10.1　研究现状

关于农业保险区划的研究国内外学者已做出多方面的尝试。有些学者基于理论分析的角度对该问题进行研究，如庹国柱和丁少群（1994）认为不同地区农业风险水平和抵御风险的能力差别很大，对农业保险的需求也不尽相同，农业风险的合理评估、费率区划是农业保险可持续发展的前提。张伟等（2013）认为不同地理区域的农业风险和农民收入特征均表现出显著的地区差异，政府应根据地域特征实施不同的补贴政策，保险公司也应该推出差异化的农业保险产品，以满足农民的风险保障需求。另外，还有部分学者基于实证的角度对农业保险区划问题进行研究。Diao 和 Zhang（2015）利用因子分析和聚类分析的方法对河南省小麦保险进行了风险区域划分，提出了发展区域小麦保险的对策建议。张欣和于洋（2012）运用聚类分析的方法将全国分为三类，并对各地区农业保险的发展提出了相关建议。郑苏晋和姚丹（2014）通过聚类分析法，将生猪主产区分为四类，并提出了针对性建议。

综上所述，以上学者关于农业保险区划的研究已经取得了一定的成果，为本章的研究提供了借鉴和启示。但关于农业保险促进农业生产区域比较的研究文献仍较为罕见，尤其是针对河北省的研究还未发现。因此，本章选取农业生产水平、人均资本、人均农作物播种面积、人均化肥施用量、人力资本、农业风险水平、农业保险发展水平等指标，运用聚类分析的方法将河北省 11 个地级市分成 3 类区域，并构建面板数据模型，实证分析了河北省不同区域之间农业保险支持农业生产效果的差异性，并提出了河北省农业保险区域化发展的对策建议。

10.2 区域划分

10.2.1 指标选取

1. 农业生产水平

农业生产水平（Y）用人均农林牧渔业增加值来表示，其值等于农林牧渔业总产值减去中间投入再除以农林牧渔业从业人数。该指标不仅能反映农业对全社会所做的贡献，而且能反映农业的投入、产出和经济效益，可为改善农业生产提供依据。该指标是衡量农业生产水平的较好指标，其值越大说明农业生产的发展水平越高；反之，则农业生产的发展水平越低。

2. 人均资本

人均资本（K）是反映某一地区农业生产物质资本水平的指标，该值越大说明该地区的农业物质生产条件越好；反之，则越差。本章用农村居民家庭生产性固定资产原值与农村人口之比来表示，理论上该指标与农民人均收入呈正相关关系。

3. 人均农作物播种面积

人均农作物播种面积（Area）是反映各地区农业生产自然禀赋的指标，也是影响人均农业产出的重要因素，人均农作物播种面积越大，该地区的农业自然禀赋就越高，农业产值越大，增加值也越高，其值等于农作物播种总面积除以农林牧渔业从业人数。

4. 农业风险水平

农业风险是指农业生产过程中遇到的自然灾害和人为风险，涉及旱灾、水灾、冰雹灾、病虫灾、偷盗、投毒等。农业风险水平（Risk）是反映不同地区农业生产风险水平的指标，是农业保险经营区划的重要依据。另外，该指标是造成农业生产损失的重要因素，与农业生产水平呈负相关关系。本章采用农业保险赔付率来代表农业风险水平，其值等于农业保险赔付额与其保费收入之比。

5. 人均化肥施用量

人均化肥施用量（Chem）是反映农业生产技术水平的指标，其值越大说明农业生产对科技的利用水平越好；反之，则说明农业生产对科技的利用水平越差。

人均化肥施用量与农业生产水平呈正相关关系，其值等于化肥施用量除以农林牧渔业从业人数。

6. 人力资本

人力资本（H）是代表农业生产者文化素质的指标，也是农业生产和农业保险区划的依据。人力资本可以提高农业生产效率，降低生产成本，与农业生产水平应该呈正相关关系。本章将人均受教育年数作为人力资本指标，把文盲和半文盲、小学、初中、高中、中专、大专及以上文化程度的受教育年限分别定义为 2 年、6 年、9 年、12 年、12 年、16 年。以教育年限为权重，乘以抽查样本中各类文化水平的人数，得到受教育年限的加权和，再除以抽样总人数，即可得到人力资本指标值。

7. 农业保险发展水平

农业保险发展水平（Prem）是代表农业保险发展水平的重要指标，也是农业保险区划的重要依据，其值越大说明农业发展水平越高，在农业生产过程中发挥的作用越大，它与农业生产水平应该呈正相关关系，其值等于各地级市农业保险保费收入除以农林牧渔业从业人数。

10.2.2 数据来源与计算

1. 数据来源

本章选取农业生产水平、人均资本、人均农作物播种面积、人均化肥施用量、人力资本、农业风险水平、农业保险发展水平这 7 个指标来对河北省 11 个地级市进行区域划分。各指标的原始数据来自 2008～2014 年《中国统计年鉴》《河北经济年鉴》《河北农村统计年鉴》《中国保险年鉴》，按指标说明进行计算整理得到历年的各指标数据，然后将各年份数据加总取其算数平均值，将其作为聚类的输入数据。相关数据参见附录 6 的附表 6.1～附表 6.2。

2. 聚类过程与结果

本章采用 Q 型系统聚类的方法，利用 SPSS 19.0 软件进行聚类分析，聚类结果如表 10.1 所示。

表 10.1　河北省 11 个地级市聚类分析结果

类别	地级市
第一区	石家庄、唐山、沧州、衡水
第二区	秦皇岛、邯郸、廊坊、邢台
第三区	保定、张家口、承德

根据聚类结果可知，河北省 11 个地级市可分为三个区。

第一区：石家庄、唐山、沧州、衡水。该地区农业生产水平、人均资本、人均农作物播种面积、人均化肥施用量、人力资本在三类地区中均处于最高水平，说明该地区农业生产水平最高，农业生产的物质基础最好，农业生产者文化素质和技术水平也处于最高水平；另外，该地区农业风险水平居中，农业保险发展水平最高，说明农业保险在这一地区发展最好，可见其发展水平除了和农业风险水平有关之外，还和农业生产条件和农业人口文化素质有关。

第二区：秦皇岛、邯郸、廊坊、邢台。这类地区农业生产水平、人均资本、人均农作物播种面积、人均化肥施用量、人力资本在三类地区中均处于中等水平，说明该地区农业生产水平和农业生产的物质基础条件居中，农业生产者素质也处于中等水平；但该地区农业风险水平最低，农业保险发展水平居中，说明该地区农业保险发展水平一般，农业生产受农业风险的影响较小。

第三区：保定、张家口、承德。这类地区农业生产水平、人均资本、人均农作物播种面积、人均化肥施用量、人力资本水平在三类地区中均处于最低水平，这表明该地区农业生产水平和农业物质基础条件在三个地区中最为落后；另外，该地区农业风险水平最高，农业保险发展水平最低，表明该地区农业生产受农业风险的影响最大，生产最不稳定，但农业保险对其提供的保障水平最差，可见河北省农业保险资源分布还不尽合理。

10.3　农业保险支持农业生产的实证研究

10.3.1　模型构建

本章参照修正的 C-D 生产函数形式，将人均资本（K）、人均农作物播种面积（Area）、人均化肥施用量（Chem）、人力资本（H）、农业风险水平（Risk）、农业保险发展水平（Prem）作为特殊的要素投入引入生产函数，建立面板计量模型，函数两边取对数得

$$\ln Y_{it} = c + \beta_1 \ln K_{it} + \beta_2 \ln \text{Area}_{it} + \beta_3 \ln \text{Chem}_{it} + \beta_4 \ln H_{it} + \beta_5 \ln \text{Risk}_{it} + \beta_6 \ln \text{Prem}_{it} + \beta_7 D_1 \times \ln \text{Prem}_{it} + \beta_8 D_2 \times \ln \text{Prem}_{it} + \zeta_i + \theta_i + v_{it} \tag{10.1}$$

式中，c 为常数项；$\ln Y_{it}$、$\ln K_{it}$、$\ln \text{Area}_{it}$、$\ln \text{Chem}_{it}$、$\ln H_{it}$、$\ln \text{Risk}_{it}$、$\ln \text{Prem}_{it}$ 分别表示第 i 市第 t 年农业生产水平、人均资本、人均农作物播种面积、人均化肥施用量、人力资本、农业风险水平、农业保险发展水平；D_1、D_2 分别为表示区域特征的虚拟变量，D_1 的取值在第二区为 1，在其余两个区取值为 0，D_2 的取值在

第三区为 1，在其余两个区取值为 0；$D_1 \times \ln \text{Prem}_{it}$、$D_2 \times \ln \text{Prem}_{it}$ 表示两个虚拟变量和农业保险发展水平的乘积，如果回归系数 β_7、β_8 显著不为 0，则说明农业保险对农业生产的支持效果在不同区之间存在显著差别，反之则不存在显著差别；ζ_i 和 θ_i 分别为反映个体效应和时间效应的虚拟变量；v_{it} 为干扰项。

10.3.2　数据的平稳性检验

为了平滑数据、减少变量的波动性和可能出现的异方差，首先将 2007～2013 年的各指标面板样本数据取自然对数。然后，为了避免虚假回归问题，对数据进行单位根检验以验证其平稳性。用 Eviews 8.0 对各指标变量进行 LLC 检验和 PP-Fisher 检验，LLC 检验的原假设为存在共同的单位根，PP-Fisher 检验的原假设均为存在独立的单位根。单位根检验结果如表 10.2 所示，结果表明所有变量都不含有单位根，即为平稳变量。平稳的变量数据可以进一步进行静态和动态模型回归分析。

表 10.2　单位根检验结果

变量	检验形式	LLC 检验		PP-Fisher 检验	
	(C, T, L)	t 值	P 值	t 值	P 值
ln$y$	$(C, T, 0)$	−7.673	0.000***	43.802	0.004**
ln$K$	(0, 0, 0)	−11.054	0.000***	108.430	0.000***
lnArea	(0, 0, 0)	−4.299	0.000***	82.281	0.000***
lnChem	(0, 0, 0)	−5.911	0.000***	102.547	0.000***
ln$H$	$(C, 0\,0)$	−8.812	0.000***	58.690	0.000***
lnRisk	(0, 0, 0)	−7.999	0.000*	76.712	0.000*
lnPrem	(0, 0, 0)	−6.426	0.000***	70.577	0.000***

注：①以上检验原假设均为存在单位根，即变量不平稳；②(C, T, L) 中的 C、T、L 分别表示检验模型中截距项、趋势项和最大滞后阶数，0 表示不包含该项，最优滞后阶数的选择是在最大滞后阶数的范围内，根据施瓦茨准则确定。

***、**和*表示在 1%、5%和 10%的显著性水平拒绝原假设。

10.3.3　实证检验结果

为了比较分析河北省农业保险对农业生产支持的效果，以农业生产水平 ln$Y$ 为被解释变量，以人均资本 ln$K$、人均农作物播种面积 lnArea、人均化肥施用量 lnChem、人力资本 ln$H$、农业风险水平 lnRisk、农业保险发展水平 lnPrem、虚拟变量与人均农业保险保费收入的乘积 D_1×lnPrem、D_2×lnPrem 等作为解释变量，实证结果如表 10.3 所示。

表 10.3 河北省各区农业保险对农业生产支持效果的实证结果

变量	RE 模型	FE 模型	第一区	第二区	第三区
ln$K$	0.276*	0.339**	0.339**	0.339**	0.339**
	(1.771)	(2.032)	(2.032)	(2.032)	(2.032)
lnArea	0.415*	0.595**	0.595**	0.595**	0.595**
	(1.899)	(2.005)	(2.005)	(2.005)	(2.005)
lnChem	0.543**	0.688*	0.688*	0.688*	0.688*
	(2.346)	(1.939)	(1.939)	(1.939)	(1.939)
ln$H$	7.721***	6.694***	6.694***	6.694***	6.694***
	(8.060)	(5.946)	(5.946)	(5.946)	(5.946)
lnRisk	−0.025**	−0.026**	−0.026**	−0.026**	−0.026**
	(−2.130)	(−2.126)	(−2.126)	(−2.126)	(−-2.126)
lnPrem	0.100***	0.092***	0.092	0.055	0.041
	(5.916)	(4.582)			
D_1×lnPrem	−0.046***	−0.037*			
	(−3.352)	(−1.935)			
D_2×lnPrem	−0.065***	−0.051**			
	(−4.180)	(−2.510)			
C	-14.412***	-11.843***	-11.843***	-11.843***	-11.843***
	-6.545	(−4.401)	(−4.401)	(−4.401)	(−4.401)
城市数	11		样本数	77	
Hausmanχ^2(P值)	15.737（0.046）		调整的 R^2	0.981	
F 统计量（P 值）	225.098（0.000）		D.W.值	1.567	

注：①解释变量对应的括号中的数据为 t 值；②Hausmanχ^2（P）表示对静态模型采用 RE 模型还是 FE 模型检验的χ^2值，括号里为对应的 P 值，检验结果表明模型应采用 FE 模型；③本表底部为 FE 回归结果的 F 统计量、调整的 R^2 和 D.W.值，括号里为各统计量对应的 P 值。

***、**和*分别表示在 1%、5%和 10%水平上显著。

表 10.3 中第 2 列和第 3 列分别为 RE 模型和 FE 模型的实证结果。RE 模型的估计方法的适用条件是反映个体效应的误差项ζ_i为随机分布，RE 的优点是比 FE 节省了较多的自由度。根据 Hausman 检验结果χ^2（P）=0.046，拒绝了 2 种方法的估计结果无显著差异的原假设，RE 模型的条件未得到满足，因此 FE 模型的估计结果优于 RE 模型，对各个变量系数及显著性的分析将按第 2 列的估计结果进行评价。

从 FE 模型的回归结果的各评价指标来看，F 统计量为 225.098，其伴随概率为 0.000，回归结果总体上具有很好的显著性；调整的 R^2 为 0.981，拟合度很好；D.W.值为 1.567，不存在自相关问题。从回归结果的参数来看，lnPrem 的系数在 1%的置信度下显著为正，其值为 0.092，2 个虚拟变量与农业保险发展水平的乘积 D_1×lnPrem、D_2×lnPrem 的系数在分别在 10%和 5%的置信度下显著为负，其值分别为−0.037 和−0.051。这表明农业保险对农业生产的支持效果在三个区之间存在显著差异，农业保险发展水平这一变量在第一区的回归系数为0.092、在第二区的回归系数为0.092−0.037=0.055，在第三区的回归系数为0.092−0.051=0.041，即人均保费收入增加1个百分点，第一区至第三区的人均农林牧渔业增加值分别增加0.092个百分点、0.05551个百分点、0.041个百分点，如表10.3第4～5列所示。这表明虽然各区农业保险对农业生产均有正向促进作用，但其对农业生产促进的边际效果各区之间存在着明显差异，这是由于各区农业保险发展水平存在的差别，农业保险发展水平越高，则其对分散农业风险、灾后补偿的功能越大，对农业生产的促进也就越大，反之则越小。

另外，人均资本ln*K*、人均农作物播种面积lnArea、人均化肥施用量lnChem、人力资本ln*H*、农业风险水平lnRisk的回归系数也均显著，其值分别为0.339、0.595、0.688、6.694、−0.026，这说明人均资本、人均农作物播种面积、人均化肥施用量和人力资本对农业生产均具有正向促进作用，而农业风险水平对农业生产具有负向的影响。各变量对农业生产的作用方向均与经济理论和前文指标选取部分的解释相一致，这进一步说明了实证结果的合理性。

10.4 结论与启示

10.4.1 结论

基于河北省各地级市的基本状况和聚类分析结果可得到两点结论。

1）第一区：农业生产水平最高，农业生产的物质基础最好，农业生产者文化素质和技术水平也处于最高水平；农业风险平均居中，农业保险发展最好。第二区：农业生产水平、农业生产的物质基础条件、农业生产者文化素质处于中等水平；农业风险水平最低，农业保险发展水平一般，农业生产受农业风险的影响较小。第三区：农业生产水平、农业物质基础条件最为落后；农业生产者文化素质和技术水平最低，农业风险水平最高，农业保险发展水平最低，农业生产受农业风险的影响最大，生产最不稳定。由此可见，河北省农业保险这一政策性保险制度过多受到各地区经济、文化和物质基础的影响，并没有将农业保险资源按农业风险水平的高低进行合理配置，导致农业风险较低的地区配置了大量的农业保险资源，而最需要保障的农业风险较高的地区配置了较低的农业保险资源，可见河北省农业保险资源分布还不尽合理。

2）根据面板模型回归结果可知，农业保险对农业生产的影响效果在三个区域均为正向，但其影响的边际效果在各区之间存在着显著差异。这是由于河北省农业保险资源长期实行“一刀切”的单一政策，并没有根据各地区的农业风险水平和对农业保险的需求特征进行合理配置。

10.4.2　启示

根据以上研究结论可以得到以下几点启示。

1）实行区域化的农业保险制度。河北省应根据不同地区农业生产状况、农业风险水平、经济发展程度等进行区划经营，推行与该地区农业生产相适应的农业保险制度，消除目前单一的农业保险政策所产生的低效率和公平性问题。

2）实行差异化的保障水平。对于经济发展水平较高的第一区，可以考虑在政府提供补贴的基础上，根据投保人的意愿提高保费缴纳水平，从而提高保障水平，满足不同农户的保障需求。对于经济较为落后的第三区适合推行提供基本保障水平的农业保险品种。对于第二区其农业保险弹性居中，应参照第一区和第三区折中对待。

3）实行差异化的政府支持政策。由于各区农业风险状况、经济状况、购买能力等存在很大差别，政府应注重农业保险在全省的整体发展水平，应对购买能力较差、风险程度高的第三区给予更多的政策支持和保费补贴，或对保险公司提供更多优惠政策，以提高农户和保险公司的积极性。

4）实行差异化的保险品种。不同地区种植业和养殖业的品种存在巨大的差别，应根据不同地区农业生产的特点，进行农业保险险种创新，满足不同地区农业生产的个性化需求，以充分发挥农业保险在农业生产中的促进作用。

第 11 章　河北省玉米气象保险费率厘定的实证分析

费率厘定是经营农业保险的前提条件。本章利用趋势模型，在对河北省各地级市玉米单产数据进行趋势拟合的基础上，剔除趋势后得到平稳的玉米单产数据，然后运用单产分布模型厘定出各地级市玉米产量保险的费率，并根据计算结果提出政府需加大补贴力度、保险公司应实行区域差别费率的政策建议。

11.1　区域产量保险费率厘定的研究现状

河北省是我国玉米种植的主要地区之一。然而，河北省自然灾害种类多、发生频繁、涉及面广，已经成为影响玉米生产的主要因素之一。农业保险作为一种分散农业风险的有效机制，可以减少自然灾害对农业生产的影响。目前，河北省正在积极开办农业保险业务，并且将玉米纳入政策性农业保险的保障范畴。但河北省玉米保险在查勘定损、理赔、费率厘定等方面存在着诸多问题，并且费率厘定是制约其发展的最为重要的因素。因此，玉米保险费率厘定已经成为学术界和业界研究的核心问题。

关于费率厘定的问题，很多专家学者已经做出了一定的研究，如 Lawas(2005)对农作物区域产量保险费率厘定方法进行了归纳总结，主要包括经验费率法、实际历史产量法和单产分布模型推导法三种，前两者是将地区或个人的历史损失率取平均值作为当年损失率的预测值，该方法可以提高费率厘定的精确度，适用于有完整长期单产历史数据的情况；后者是利用概率统计的方法，通过估计单产分布进行费率厘定。单产分布模型推导法理论严谨、数学推理性强，适用于没有完整历史单产数据的情况，农作物产量保险费率厘定的研究大部分采用单产分布模型推导法。国内外学者对农作物费率厘定的研究主要集中在单产分布模型推导法上，其中参数法和非参数法又被学者较为看中。

参数法主要适用于样本容量较小的情况，需要事先假定单产服从的理论分布的形式。Sherrick 等（2004）利用 1972～1999 年的 12 个县的 26 个农场的玉米和大豆单产数据，通过拟合正态分布、对数正态分布、贝塔分布、韦伯分布、逻辑分布，计算出了玉米和大豆在各分布假设下的纯费率。邢鹂（2004）利用 1978～2001 年我国各省市主要粮食和经济作物单产数据，并假定其服从正态分布，进而厘定出了各农作物的产量保险纯费率。王克（2008）利用 1989～2006 年新疆莎车县、沙雅县和阿克苏市的棉花单产数据，采用了正态分布、偏态分布正态化、逻辑分布和二参数韦伯分布四种参数模型，厘定出不同分布假设下的棉花产量保险纯费率。陈晨（2009）利用北京市 1978～2006 年的农作物单产数据，选择了正态分布、伽玛分布和韦伯分布三种单产分布模型进行保险纯费率厘定。

非参数法适用于大样本情况，在小样本条件下缺乏稳健性，它不需要事先假定单产理论分布，具有分布形式自由、分布假设要求相对宽松、灵活模拟的优势。许多学者也利用该种方法对农作物产量保险纯费率厘定进行了实证研究。Turvey 和 Zhao（1993）采用非参数法对农作物单产分布进行估计并厘定保险费率。王丽红等（2007）采用 1980～2004 年河北省安国市的玉米产量数据，并利用非参数核密度法对玉米区域产量保险费率进行了厘定。陈新建和陶建平（2008b）通过非参数密度信息扩散模型对湖北省水稻区域产量保险纯费率进行了厘定。谷政等（2009）将小波与非参数方法应用于江苏省水稻产量保险纯费率的厘定。梁来存（2009）根据我国 1979～2007 年粮食单产数据，运用非参数核密度法厘定了我国粮食保险的纯费率。

以上学者虽然已经对农作物费率厘定问题进行了多次尝试，并取得了可喜的成就，但研究视角往往是局限于宏观层面或某一地区的某类农作物方面。因此，在借鉴已有的研究成果的同时，根据河北省各地级市玉米单产历史数据较少的现实情况，采用参数法对河北省各地级市玉米产量保险费率厘定进行实证研究。

11.2　河北省各地级市玉米产量保险费率的厘定

11.2.1　数据的来源及检验

1. 数据来源

本章采用 1993～2010 年河北省各地级市玉米单产数据，各年数据来自源于 1995～2011 年的《河北农村统计年鉴》。玉米产量在短期内可以近似地认为没有变化，但长期来看，农业技术的进步和劳动者素质的提高可能会导致玉米单产具有随时间增加的趋势，因此，在确定玉米单产分布之前，要对玉米单产数据进行平稳性检验。如果是平稳的，则可直接进行玉米单产分布的拟合；如果不是平稳的，则应先对玉米单产数据利用趋势模型进行趋势拟合，再依据去趋势处理后的玉米单产数据进行玉米单产分布拟合。本章运用 Eviews 软件进行相关操作。

2. 数据的平稳性检验

本章采用最常用的数据平稳性检验方法 ADF 检验，对各地级市玉米单产数据进行 ADF 检验的 t 值如表 11.1 所示。

表 11.1　各地级市玉米单产数据的 ADF 检验结果

地级市	t 值	地级市	t 值	地级市	t 值	地级市	t 值
张家口	−1.49	石家庄	−2.99	秦皇岛	−1.88	沧州	−0.42
邢台	−1.10	承德	−2.05	廊坊	−1.11	保定	−0.99
邯郸	0.03	唐山	−0.44	衡水	−1.39		

选取显著性水平为 10%，则临界值为−2.67，从表 11.1 可知石家庄玉米单产数据的 t 值小于该临界值，因此，可以判断石家庄市的玉米单产数据是平稳的，其他各市数据并不平稳。

3. 趋势模型的选择与构建

对非平稳的各地级市要选择合适的趋势模型进行趋势的拟合。在选择趋势模型时，首先应根据各地级市玉米单产数据的时序图对趋势进行直观判断，然后再选择合适的模型对数据进行趋势的拟合。各地级市的玉米单产数据的时序图如图 11.1 所示。

观察玉米单产数据的时序图，承德和张家口的时序图没有明显的时间趋势，其余各地级市均存在明显的时间趋势。但承德和张家口均没有通过 ADF 检验，深入分析 2 市的玉米单产数据可知，承德的玉米单产数据在 2000 年非常低，其余年份较平稳，可以认为是极端数据影响了平稳性检验效果，张家口单产数据波动较大，但表现出的是围绕均值不断波动的过程，具备平稳数据时序图的特点，因此，本章粗略地认为承德和张家口 2 市的玉米单产数据是平稳的。

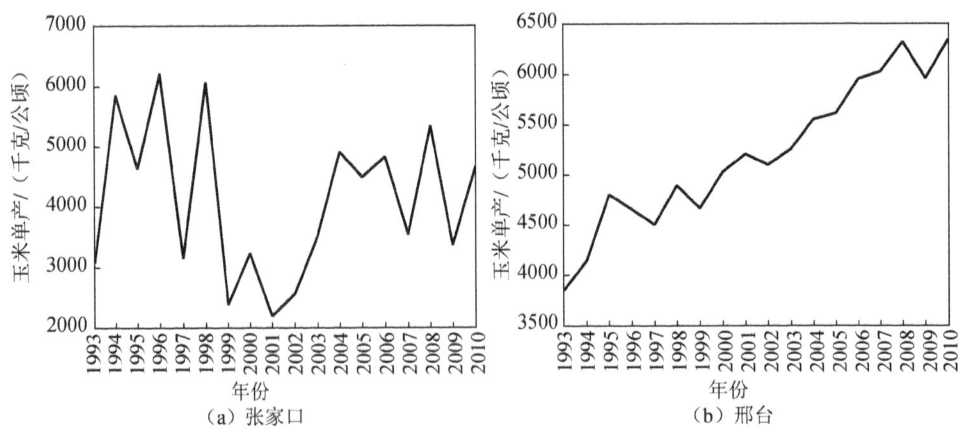

（a）张家口　　（b）邢台

图 11.1　各地级市的玉米单产数据时序图

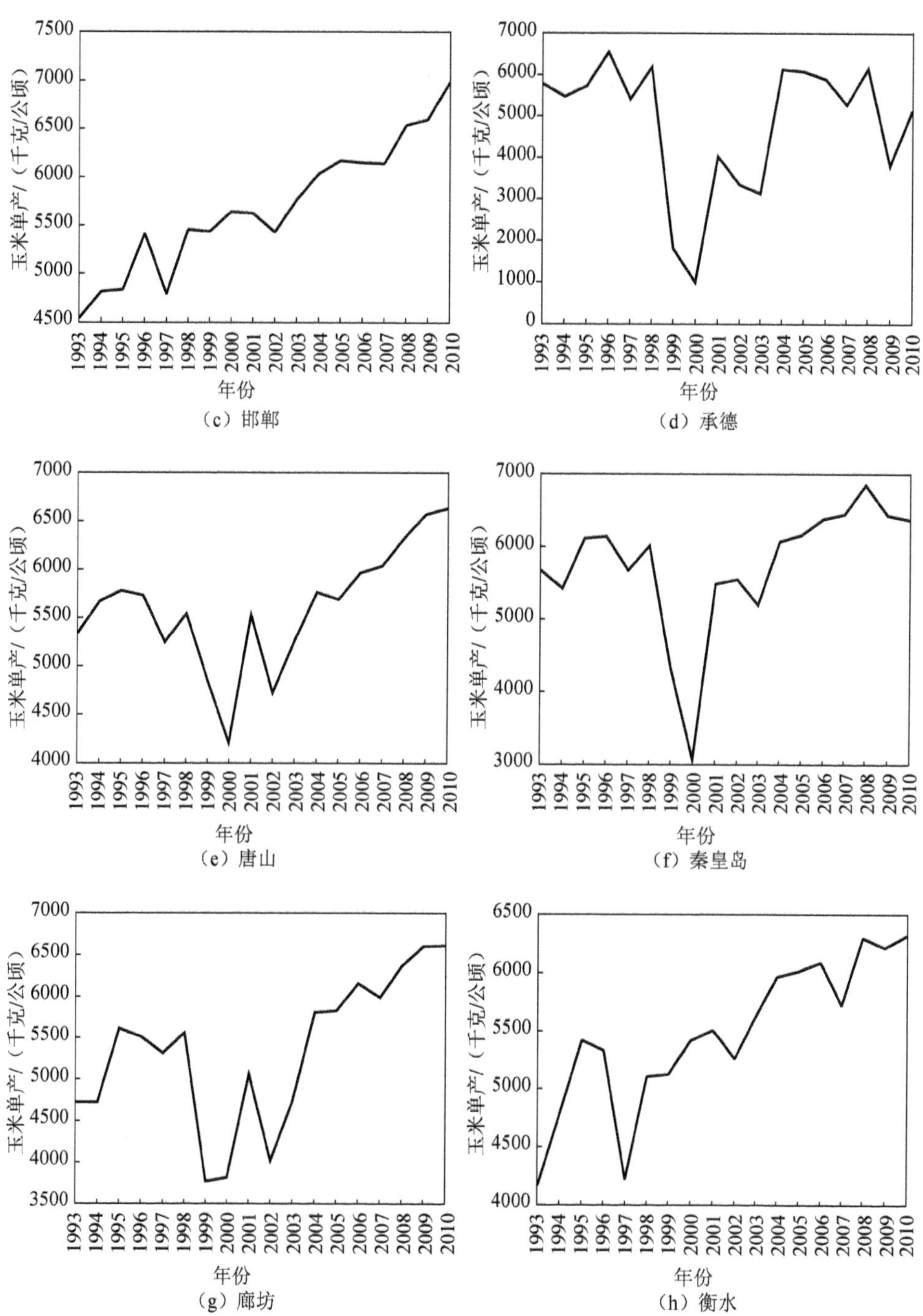

图 11.1（续）

（i）沧州　　（j）保定

图 11.1（续）

令 1993～2010 年各年的 t 取值为 1～18，采用各地级市各年的玉米单产数据，并依据各地级市的时序图的特征，对唐山、廊坊等 8 个具有明显时间趋势的市进行趋势拟合，得到各地级市的趋势模型如表 11.2 所示。

表 11.2　各地级市的趋势模型

地级市	趋势模型
唐山	$y_{1t}=15.59t^2-233.82t+5998.11$
廊坊	$y_{2t}=16.86t^2-220.19t+5461.15$
衡水	$y_{3t}=105.10t+4477.31$
邢台	$y_{4t}=131.83t+3962.54$
秦皇岛	$y_{5t}=4.10t^2+5262.44$
保定	$y_{6t}=62.43t+5234.68$
沧州	$y_{7t}=8.20t^2+3533.51$
邯郸	$y_{8t}=122.68t+4519.35$

4. 剔除时间趋势

在趋势模型确定后，应利用该趋势模型对玉米单产数据进行去趋势处理，即将各年的玉米单产转化到同一种植技术水平下的玉米单产。本章选择将各年的玉米单产转化到 2010 年的玉米种植技术水平，具体做法是将各年的玉米单产观测值分别加上 2010 年的玉米单产估计值与相应年份的玉米单产估计值的差额，即可作为各年剔除时间趋势后的玉米单产。所以，剔除时间趋势方程具体形式表示如下。

$$\tilde{y}_{it}=y_{it}+(\hat{y}_{i18}-\hat{y}_{it}),(i=1,2,\cdots,8;t=1,2,\cdots,18) \tag{11.1}$$

式中，$\tilde{y}_{it}$ 为剔除时间趋势后的玉米单产；y_{it} 为玉米单产观测值；$\hat{y}_{i18}$ 为 2010 年

玉米单产估计值；$\hat{y}_{it}$ 为玉米单产估计值。

通过上述方程计算即可得到各地级市剔除时间趋势后的玉米单产。

5. 剔除时间趋势后数据的平稳性检验

对各地级市剔除时间趋势后的玉米单产做 ADF 平稳性检验，检验结果如表 11.3 所示。

表 11.3　各地级市趋势剔除后玉米单产的 ADF 检验结果

地级市	t 值	地级市	t 值	地级市	t 值	地级市	t 值
邢台	−3.57	秦皇岛	−2.43	廊坊	−2.82	沧州	−2.51
邯郸	−2.77	唐山	−2.78	衡水	−4.34	保定	−1.57

选取显著性水平为 10%，则临界值为−2.67，从表 11.3 得知邢台、邯郸、唐山、廊坊和衡水 5 市的玉米单产数据的 t 值小于该临界值，即 5 市均通过了 10%的显著性检验，5 市剔除时间趋势后的玉米单产数据平稳。但秦皇岛、保定和沧州 3 市没有通过显著性检验，由于样本容量较小会影响检验统计量的检验效果，秦皇岛和沧州 2 市的 t 值与 10%显著性水平下的临界值非常接近，本章认为秦皇岛和沧州剔除时间趋势后的玉米单产是平稳的，保定剔除时间趋势后的玉米单产检验效果较差，本章粗略地认为其平稳。

11.2.2　单产分布模型的选择与构建

1. 单产分布模型的选择

对于平稳的单产数据，本章根据单产数据分布的偏度值选择合适的理论分布。运用 Eviews 软件计算各地级市单产数据分布的偏度值，结果如表 11.4 所示。

表 11.4　各地级市单产数据分布的偏度值

地级市	偏度值	地级市	偏度值	地级市	偏度值	地级市	偏度值
张家口	0.16	石家庄	−1.01	秦皇岛	−1.93	沧州	−0.60
邢台	0.57	承德	−1.10	廊坊	−0.38	保定	−1.44
邯郸	0.05	唐山	−1.01	衡水	−0.51		

从表 11.4 可以发现，张家口和邢台的偏度值为正数，邯郸的偏度值接近于零，其余各地级市偏度值为负数。由于对数正态分布具有正偏性，正态分布具有无偏性，韦伯分布具有负偏性，所以，本章选择对数正态分布模型对张家口和邢台的玉米单产分布进行拟合，选择正态分布模型对邯郸的玉米单产分布进行拟合，选择韦伯分布模型对其余各地级市的玉米单产分布进行拟合。

2. 单产分布模型的构建

正态分布、对数正态分布和韦伯分布三种分布模型的具体形式如下。

（1）正态分布

若 X 服从参数为 μ 和 σ 的正态分布，记做 $X \sim \mathrm{N}(\mu,\sigma^2)$。则概率密度函数为 $f(x)=\dfrac{1}{\sqrt{2\pi}\sigma}\mathrm{e}^{-\frac{1}{2}\left(\frac{x-\mu}{\sigma}\right)^2},-\infty<x<+\infty$。分布函数为 $F(x)=\varPhi\left(\dfrac{x-\mu}{\sigma}\right)$，$\varPhi(*)$ 为标准正态分布的分布函数。

（2）对数正态分布

若 X 服从参数为 μ 和 σ 的对数正态分布，记做 $X \sim \mathrm{LN}(\mu,\sigma^2)$。则概率密度函数为 $f(x)=\dfrac{1}{\sqrt{2\pi}\sigma x}\mathrm{e}^{-\frac{1}{2}\left(\frac{\ln x-\mu}{\sigma}\right)^2},x>0$。分布函数为 $F(x)=\varPhi\left(\dfrac{\ln x-\mu}{\sigma}\right)$，$\varPhi(*)$ 为标准正态分布的分布函数。

（3）韦伯分布

若 X 服从参数为 γ 和 θ 的韦伯分布，记做 $X \sim \mathrm{Weibull}(\gamma,\theta)$。则概率密度函数为 $f(x)=\dfrac{\gamma}{\theta^{\gamma}}x^{\gamma-1}\mathrm{e}^{-\left(\frac{x}{\theta}\right)^{\gamma}},x>0$。分布函数为 $F(x)=1-\mathrm{e}^{-\left(\frac{x}{\theta}\right)^{\gamma}}$。

根据各地级市玉米单产数据，然后运用 Matlab 软件对各地级市玉米单产分布模型进行参数估计，参数估计结果如表 11.5 所示。

表 11.5　各地级市玉米单产分布模型的参数估计结果

地级市	γ	θ	地级市	μ	σ
石家庄	47.7	7090.4	张家口	8.27	0.33
承德	3.8	5341.6	邢台	8.75	0.03
唐山	26.7	6990.4	邯郸	6727.6	188.63
沧州	15.0	6412.9			
秦皇岛	13.6	6870.1			
廊坊	14.9	7218.2			
衡水	22.8	6510.7			
保定	18.6	6559.5			

11.2.3　费率的厘定

各地级市玉米产量保险费率是玉米单产损失的期望值与玉米单产保障水平的比值。

记费率为 R；单产损失的期望值为 $E(\mathrm{Loss})$；单产变量为 X。本章选取单产保障水平为 X 的期望值，即 $E(X)$。

$$R = \frac{E(\text{Loss})}{E(X)} \tag{11.2}$$

根据各地级市玉米的单产分布模型并运用Matlab软件即可求出各地级市玉米的单产保障水平。

下面推导计算玉米单产损失的期望值的计算方法。

玉米单产损失是指玉米单产低于保障水平的差额，记单产损失变量为 Y，则 Y 与 X 的关系可表示为

$$Y = (E(X) - X)\big|(X < E(X)),\ 0 < Y < E(X) \tag{11.3}$$

从而 Y 的概率密度函数可通过 X 的概率密度函数求得，下面推导 Y 的概率密度函数。

当 $0 < y < E(X)$ 时，Y 的分布函数为

$$\begin{aligned} F_Y(y) &= p(Y \leqslant y) = p(E(X) - X \leqslant y \big| X < E(X)) \\ &= \frac{p(E(X) - y \leqslant X < E(X))}{p(X < E(X))} = \frac{F_X(E(X)) - F_X(E(X) - y)}{F_X(E(X))} \end{aligned} \tag{11.4}$$

因此，Y 的概率密度函数为

$$f_Y(y) = \frac{\mathrm{d}F_Y(y)}{\mathrm{d}y} = \frac{f_X(E(X) - y)}{F_X(E(X))},\quad 0 < y < E(X) \tag{11.5}$$

所以，$E[\text{Loss}] = E(Y) = \int_0^{E(X)} y f_Y(y)\mathrm{d}y = \int_0^{E(X)} (E(X) - x)\frac{f_X(x)}{F_X(E(X))}\mathrm{d}x$ 。

根据以上公式并运用Matlab软件即可计算出各地级市玉米单产损失的期望值。

将计算出的各地级市玉米单产损失的期望值与各地级市玉米的单产保障水平代入费率计算公式即可得出各地级市玉米产量保险的费率，最终计算结果如表11.6所示。

表 11.6　各地级市玉米产量保险的费率　　单位：%

地级市	费率	地级市	费率	地级市	费率	地级市	费率
张家口	23.09	石家庄	2.35	秦皇岛	7.86	沧州	7.17
邢台	2.37	承德	24.03	廊坊	7.21	保定	5.85
邯郸	2.24	唐山	4.14	衡水	4.82		

11.3　结论与建议

11.3.1　结论

本章通过厘定河北省玉米区域产量保险费率得出以下两点结论。

1）各地级市费率普遍偏高。各地级市费率中最低的是邯郸，费率为 2.24%，比普通财产保险的费率（费率只有 0.1%左右）高 20 多倍。

2）各地级市费率差别较大。费率较高的是张家口、承德地区，费率较低的是石家庄、邢台、邯郸等地区，二者相差 10 倍左右。

11.3.2 建议

根据以上结论，提出以下两点建议以促进河北省玉米保险的发展。

1）政府需加大补贴力度。玉米种植的高风险必然导致玉米保险的高费率，而高费率是阻碍玉米保险顺利开展的主要因素。因此，政府应采取加大补贴力度的方法来推动玉米保险的发展。

2）保险公司应实行区域差别费率政策。保险费率的高低应根据风险的大小来决定，风险大的地区应采取高费率，风险小的地区应采取低费率，河北省各地级市玉米种植风险差距较大，全省实行统一费率政策会导致严重的逆向选择问题。因此，应根据风险大小实行差别费率政策。

第 12 章　河北省农业保险发展的对策研究

河北省农业保险虽然已经取得了显著成果，但在保费来源、产品开发、道德风险防范、法律建设等方面还存在诸多不足。本章从以下 3 个方面提出完善河北省农业保险的对策建议：加大政策支持力度，扩大保费来源；健全农业保险经营的生态环境；完善农业保险经营模式，提升农业保险服务水平。

12.1　加大政策支持力度，扩大保费来源

12.1.1　加大财政支持力度，减轻农户保费负担

目前河北省已经推出的政策性农业保险有小麦保险、玉米保险、棉花保险、奶牛保险、能繁母猪保险 5 个险种，分别有 80%的补贴，蔬菜大棚设施保险有 50%的保费补贴。从补贴比例的角度来看，目前的政府补贴力度不低，甚至高于美国和日本等国家的保费补贴水平。但政策性农业保险补偿的保险品种偏少，广度过于狭窄，因此下一阶段应该逐渐扩大农业保险的保障广度和覆盖面，使农业生产得到更加有效的风险保障。与此同时，还应对开展农业保险的保险机构和相关部门的农业保险业务给予补贴或税收减免，从而调动农户投保、保险公司开办农业保险业务的积极性。

12.1.2　扩大保费的资金来源，解决资金瓶颈

发展农业保险，扩大承保范围，离不开资金支持，鉴于中央和省财政的资金实力，有效扩大保费的资金来源是解决资金瓶颈的关键。具体途径如下。

1）可以考虑采用“以险养险”的模式来支援农业保险的发展，适当降低农业保险的费率，减轻农民的保费负担。

2）在经济较为发达的县、镇等，加大地方财政的支持力度。

3）保险公司可以考虑和种子公司、化肥厂、农业厂等企业的合作，让这些公司承担一部分保费，并采取种子、化肥等的实物赔偿。因为采取这种模式不仅减轻了保险公司的保费负担，还增加了对这些公司产品的宣传，提升企业的市场影响力，并且无论风险是否发生都会增加这些公司的产品销售量，增加企业的利润。

12.2 健全农业保险经营的生态环境

12.2.1 加大宣传力度，提高农户的保险意识

农户的保险意识是影响河北省农业保险需求的重要因素之一。农业保险产品作为一种特殊事物，需要积极地对其进行宣传，提高农业生产者的保险意识，从而扩大农业保险需求。具体途径如下。

1）通过新闻媒体。例如，通过电视、网络、电台、报刊等媒体，加强保险宣导，传递保险业的声音，让农户进一步了解保险、认可保险、参与保险。

2）通过保险公司自身宣传。保险公司在具体展业和赔偿的时候，可以有意识地通过组织宣讲活动、发放传单影像资料，普及农业保险知识，让农民真正了解农业保险的作用及承保、理赔程序，使农业保险知识深入民心。

3）通过举办农业保险培训班。对村干部或村里影响力较大的人通过农业保险培训班进行集中培训，再让这些人对其他农民进行宣传，产生辐射作用。

12.2.2 完善相应的法律法规，为农业保险运营保驾护航

通过分析日本、美国、法国、印度、菲律宾等国家农业保险的发展过程和取得的经验成果，可知这些国家农业保险开展顺利的原因之一是农业保险的法律、法规比较健全。农业保险法律、法规是保证农业保险顺利开展的重要保障。而我国目前尚没有出台统一的《农业保险法》，对于农业保险经营原则、保险责任、保险费率、理赔程序等没有统一的规定，使农业保险的主体行为无法可依、无章可循，在具体运营时会存在很大的随意性。没有法律约束的行政部门有时可能过分干预农业保险的正常运行，财政部门也有可能在发生财政困难时忽略对农业保险的支持。因此，目前急需我国的相关部门编写、出台《农业保险法》，河北省也应该根据本省的自身特点出台相关的农业保险地方法规，明确我国农业保险运行的模式、主体及各主体权利与义务等，使农业保险的承保、核保、理赔、风险分散等均能在法律的框架下运行，从而保护投保人和保险机构的利益。

12.2.3 成立专门的风险损失评估机构，提高赔付的公正性

农业保险正确、公平理赔的关键是对风险损失进行准确评估。目前河北省农业保险的损失评估基本由保险公司一方决定，降低了保险赔付的公平性。解决该问题的方式是成立独立于保险公司之外的农业保险损失评估机构，评估机构和保险公司及投保人没有任何的利益关系，评估结果公正、公平。另外，为了提高损

失评估的准确性，应对评估人员素质严格要求，通过对从业人员实行从业资格考试等途径设置从业门槛。与此同时，还应制定有效的监督机制，防止评估机构与保险主体双方的任何一方勾结，损害另一方的利益。

12.2.4 建立防范巨灾风险分散机制

巨灾风险是威胁农业保险稳定经营的重要因素，应采取合理的措施提前防范。目前国际比较通用的措施是通过再保险方式。河北省可以考虑像日本那样采取分层再保险的方式，将每个村、乡的农业风险逐级向上级公司分散，在全省范围内将农业风险分散，然后再向国家级再保险公司分保，在全国范围内分散巨灾风险。防范巨灾风险也可以考虑建立巨灾风险基金，具体方法是通过政府的财政拨款和按比例提取农业保险的保费形成巨灾风险基金，当发生巨灾风险、农业保险公司确实无法完全履行赔偿责任时，可动用巨灾风险基金对受灾农户进行补偿。

12.2.5 加强农业保险的人才建设

由于我国农业保险发展的历史较短，我国缺乏农业保险的相关人才。而河北省在最近十几年对农业保险的试验和探索中并没有走在前列，相比于我国一些农业保险发展较好的地区，河北省农业保险人才更显缺乏。发展农业保险必须要注重人才建设，可以通过国际及地区间的合作研究及交流、委托培养等方式，培养一些研究人员和管理人才，增加和提高农业保险研究人员、教学人员和从业人员的数量和质量。同时还可以通过大专院校相关专业有计划地培养相关的保险从业人员，为河北省农业保险的顺利发展提供人才。

12.3 完善农业保险经营模式，提升农业保险服务水平

12.3.1 做好防灾减损工作，减少灾害的发生率

农业保险合同注重的是灾后的风险补偿，这是远远不够的，保险公司和国家相关部门还应做好防灾减损工作，减少灾害的发生率。防灾减损工作可以减少农业生产损失，减少保险公司的赔付额度，有利于减轻保险公司的赔付负担，促进其稳定发展。防灾减损工作可以从以下两个方面着手：一是保险公司应该对投保的客户定期开办风险管理培训班，提高农民的风险防范意识和防范技能；二是政府应该成立专门的农业风险管理机构，研究和防范农业风险，并购置或租赁必要的防灾器材，如黑龙江阳光互助公司利用高射炮进行人工降雨，利用卫星系统监控风险状况等，做好农业风险的防灾减损工作。

12.3.2 减少道德风险，提高承保积极性

道德风险是农业保险运作过程中的一大难题，道德风险的发生严重制约着河北省农业保险的发展。农户和保险公司均可能发生道德风险。

对于农户来讲，减少道德风险的具体措施如下。

1）采取强制保险。可以考虑对较为成熟的品种，如小麦、玉米等采取强制保险。强制保险的优点是防止了只有高风险客户投保所引起的逆向选择，可有效维护投保的公平性。

2）采用互助承保模式。互助承保模式中的每个投保人的行为对其他投保人的利益均会造成直接影响，可以使投保人之间形成有效的相互监督机制，防止骗保发生。

3）采取按比例赔偿。采取按比例赔偿的方式，投保人在发生风险后也要承担相应的损失，避免农户因投保后人为的疏于管理，造成减产。

对于保险公司来讲，防止道德风险的措施如下。

1）保险监管部门应对保险公司加强监管，增加常规检查和随机检查的次数，改善监管手段。

2）提高业务信息的透明度，建立违规举报机制。

3）增强惩罚力度，对于违规人员进行严肃处理，情节严重的追究刑事责任，针对违规公司进行罚款、责令整改、停业等处理。

12.3.3 加快新险种开发，繁荣农业保险市场

目前，河北省农业保险的险种数量，如收入保险、价格保险和指数类保险等很少，很多农业风险还得不到农业保险的保护，因此开发新型农业保险险种也是农业保险发展的时代要求。险种开发应该本着扩大承保农业风险、降低农业保险成本、增强服务水平、拓展市场、发掘农户风险保障意识、提高制度和经营效率等目的进行。

12.3.4 转变农业保险经营模式，降低承保成本

1. 加快农业产业化、规模化的改革进程

农户分散经营的农业生产经营模式是导致农业保险展业、理赔成本过高的主要原因之一，农业产业化和规模化将有利于降低农业保险的经营成本。

2. 采用团体保险的模式

以农业生产合作社、一个自然村或一个行政村为承保单位实行团体保险，每个承保团体设置一个协保员负责日常承保工作，协保员了解投保人的具体情况，

可有效防止由信息不对称性造成的道德风险和逆向选择。

3. 采用先进技术

采用无人机、远程定位成像技术等获取现场资料，以提高农业保险运行效率，减小保险公司承保和赔付成本。

12.3.5 健全农业风险数据体系，准确厘定保险费率

农业保险费率的准确厘定关系到保险合同的公正性。农业风险损失数据准确是准确厘定农业保险费率的前提条件，而河北省关于农业风险的统计数据十分缺乏，有的风险数据甚至没有统计。这严重影响了农业保险费率厘定的公正性，也抑制了农业保险新险种的开发、创新。因此，应该健全农业风险数据体系，为农业保险准确厘定费率提供数据支持。

附录　相关数据表及调查问卷

附录 1　第 4 章相关数据表

附表 1.1　全国各省（区、市）农村人均纯收入　　单位：元

省份	2008 年	2009 年	2010 年	2011 年	2012 年
北京	2058.57	1539.98	1816.84	1363.27	1318.10
天津	3097.14	3551.58	3895.19	3908.07	4126.29
河北	2416.22	2440.44	2729.80	3006.20	3254.57
山西	1986.38	1919.76	2028.46	2140.83	2334.41
内蒙古	3218.01	3277.50	3669.93	4217.50	4689.11
辽宁	2931.26	3017.31	3486.14	4270.99	4783.35
吉林	3344.72	3436.75	4085.92	4950.40	5617.63
黑龙江	3163.70	3326.69	3941.65	4784.08	5433.69
上海	711.26	590.17	589.74	876.77	902.61
江苏	2812.00	2938.67	3215.02	3490.26	3873.90
浙江	3762.93	3869.56	4307.13	4981.76	5291.36
安徽	2114.24	2238.62	2626.42	2986.07	3265.64
福建	3146.09	3330.18	3558.44	4094.78	4570.44
江西	2552.59	2685.31	2919.42	3421.42	3742.43
山东	2962.96	3129.28	3456.89	3935.24	4234.55
河南	2699.30	2890.57	3240.43	3601.12	3973.43
湖北	2690.83	2828.53	3234.94	3731.34	4123.49
湖南	2196.61	2257.33	2463.90	2725.20	2903.21
广东	2001.50	2017.39	2203.74	2498.11	2566.10
广西	2190.62	2228.23	2510.15	3007.93	3234.55
海南	3235.09	3426.30	3563.31	3826.99	4182.73
重庆	2016.64	2111.65	2323.51	2748.25	2975.31
四川	2061.70	2072.88	2263.34	2761.69	3004.92
贵州	1512.47	1537.57	1706.33	1980.21	2249.21
云南	2156.80	2279.02	2510.12	2966.18	3328.10
西藏	1845.04	1956.50	2308.78	3142.62	3678.66
陕西	1475.01	1570.16	1882.21	2017.20	2294.43
甘肃	1543.24	1583.23	1855.99	1866.77	2114.75

续表

省份	2008 年	2009 年	2010 年	2011 年	2012 年
青海	1602.74	1666.24	1973.12	2088.80	2221.92
宁夏	2032.01	2111.60	2421.50	2730.43	3071.52
新疆	2779.71	3069.57	3649.98	3887.15	4238.98

资料来源：http://www.stats.gov.cn/tjsj/ndsj/.

注：统计数据不包括台湾、香港、澳门。

附表 1.2　全国各省（区、市）农业保险保费收入　单位：100 万元

省份	2008 年	2009 年	2010 年	2011 年	2012 年
北京	249.84	338.44	366.63	430.8	512.61
天津	20.31	30.73	35.68	57.42	93.5
河北	470.46	556.51	653.27	760.74	1286
山西	76.59	41.44	58.22	259.27	390.68
内蒙古	1092.62	1407.73	1488.66	1700.13	1920.62
辽宁	124.01	582.15	222.65	546.46	691.08
吉林	657.8	589.96	802.5	800.68	883.31
黑龙江	1374.95	1287.95	1441.58	1640.59	2215.89
上海	211.58	215.51	242.53	568.51	457.82
江苏	310.4	508.83	674.93	889.71	1188.94
浙江	157.58	176.72	171.28	233.51	272.86
安徽	307.76	997.52	1247.33	1383.15	1755.87
福建	70.62	124.17	174.18	246.27	307.53
江西	100.78	200.87	360.73	490.92	622.78
山东	312.16	384.24	217.44	283.27	807.08
河南	258.8	530.24	178.81	428.12	1178.74
湖北	510.7	513.59	504.63	535.59	647.09
湖南	1274.76	1192.33	1069.89	1358.67	1593.76
广东	165.3	108.46	107.9	190.09	433.38
广西	119.58	131.05	74.54	83.14	129.62
海南	27.91	67.53	68.65	96.79	163.04
重庆	73.54	96.03	67.11	154.33	190.04
四川	999.01	1173.72	1222.4	1762.59	2317.78
贵州	71.65	54.97	9.2	21.19	68.76
云南	199.22	314.32	341.69	605.48	712.87
西藏	32.84	8.15	8.17	95.24	86.3
陕西	114.27	124.06	60.22	159.5	309.36
甘肃	55.37	38.01	55.59	165.8	378.29
青海	13.54	8.79	12.45	69.44	88.62

续表

省份	2008年	2009年	2010年	2011年	2012年
宁夏	21.2	49.57	51.09	67.18	154.54
新疆	1351.37	1429.7	1386.42	1523.6	1923.32

资料来源：http://www.stats.gov.cn/tjsj/ndsj/.
注：统计数据不包括台湾、香港、澳门。

附表 1.3　全国各省（区、市）农业保险赔付额　　单位：100万元

省份	2008年	2009年	2010年	2011年	2012年
北京	198.95	250.76	233.87	285.37	457.79
天津	4.06	31.39	34.47	29.73	58.06
河北	198.17	340.30	208.48	186.75	569.83
山西	21.26	71.24	97.15	74.71	131.60
内蒙古	571.30	956.70	977.82	1007.26	1103.34
辽宁	51.09	591.54	334.08	232.94	358.17
吉林	300.96	476.80	408.04	382.67	501.79
黑龙江	19.86	1067.58	869.25	485.03	1131.78
上海	141.67	136.86	119.85	274.05	411.81
江苏	74.62	195.73	281.50	310.03	522.72
浙江	99.78	156.80	121.80	122.78	164.03
安徽	106.49	494.59	985.14	787.15	979.75
福建	49.37	76.57	135.43	83.25	121.61
江西	66.48	127.60	244.68	225.03	326.23
山东	154.86	338.93	200.31	153.26	772.10
河南	375.48	356.30	349.19	203.70	401.83
湖北	268.16	338.19	339.78	255.41	332.02
湖南	770.36	767.25	809.20	721.54	972.51
广东	107.40	111.08	105.47	89.25	230.46
广西	128.63	85.80	71.48	53.71	95.44
海南	16.76	22.70	46.38	110.15	59.69
重庆	44.54	92.70	50.75	70.79	101.05
四川	462.27	748.45	826.58	703.71	843.53
贵州	91.72	87.28	17.36	13.11	22.90
云南	172.61	236.50	277.87	266.63	410.37
西藏	0.06	30.67	1.56	13.56	33.53
陕西	59.10	109.79	121.73	68.06	110.88
甘肃	28.13	55.91	43.61	42.25	195.42
青海	3.68	15.89	12.37	15.03	72.05
宁夏	5.90	30.26	25.90	38.96	105.35
新疆	777.95	885.71	852.35	815.71	1308.83

资料来源：http://www.stats.gov.cn/tjsj/ndsj/.
注：统计数据不包括台湾、香港、澳门。

附表 1.4　全国各省（区、市）乡村人口数量　单位：万人

省份	2008 年	2009 年	2010 年	2011 年	2012 年
北京	255.95	263.25	275.46	278.57	285.56
天津	267.78	270.07	265.70	264.23	260.73
河北	4060.50	4009.00	3992.78	3938.84	3876.96
山西	1872.08	1851.12	1856.75	1808.00	1759.92
内蒙古	1165.59	1128.68	1100.12	1076.57	1052.21
辽宁	1723.72	1712.48	1657.96	1575.69	1507.62
吉林	1279.24	1278.82	1281.29	1281.23	1273.44
黑龙江	1706.12	1702.57	1699.70	1667.79	1652.45
上海	215.28	218.99	246.29	251.18	254.71
江苏	3508.53	3429.90	3102.09	3010.00	2930.39
浙江	2170.88	2180.78	2090.37	2059.55	2015.54
安徽	3650.33	3549.85	3394.73	3294.34	3203.58
福建	1805.60	1762.72	1584.30	1558.68	1514.19
江西	2580.16	2518.35	2496.18	2437.22	2364.11
山东	4934.63	4894.25	4822.70	4726.95	4607.14
河南	6031.73	5910.00	5784.36	5579.29	5415.03
湖北	3129.63	3088.80	2881.14	2774.00	2687.24
湖南	3690.83	3638.61	3725.25	3620.98	3541.87
广东	3495.97	3527.51	3531.13	3519.12	3453.64
广西	2978.21	2952.45	2766.00	2703.39	2643.93
海南	444.08	439.55	436.01	434.28	429.09
重庆	1419.78	1384.04	1355.19	1312.97	1266.94
四川	5094.39	5017.41	4812.47	4682.69	4560.63
贵州	2688.67	2662.78	2302.71	2256.06	2215.52
云南	3043.81	3016.86	3004.84	2926.67	2827.55
西藏	222.11	221.00	232.55	234.42	237.64
陕西	2178.20	2131.18	2025.99	1973.00	1875.77
甘肃	1783.18	1774.98	1635.32	1611.00	1578.75
青海	327.30	323.79	311.23	305.00	301.26
宁夏	340.00	337.00	329.77	320.88	319.26
新疆	1286.15	1299.00	1245.29	1247.04	1250.80

资料来源：http://www.stats.gov.cn/tjsj/ndsj/.

注：统计数据不包括台湾、香港、澳门。

附表 1.5　全国各省（区、市）人均农业保险保费收入　　单位：元

省份	2008 年	2009 年	2010 年	2011 年	2012 年
北京	97.61	128.56	133.10	154.65	179.51
天津	7.58	11.38	13.43	21.73	35.86
河北	11.59	13.88	16.36	19.31	33.17
山西	4.09	2.24	3.14	14.34	22.20
内蒙古	93.74	124.72	135.32	157.92	182.53
辽宁	7.19	33.99	13.43	34.68	45.84
吉林	51.42	46.13	62.63	62.49	69.36
黑龙江	80.59	75.65	84.81	98.37	134.10
上海	98.28	98.41	98.47	226.34	179.74
江苏	8.85	14.84	21.76	29.56	40.57
浙江	7.26	8.10	8.19	11.34	13.54
安徽	8.43	28.10	36.74	41.99	54.81
福建	3.91	7.04	10.99	15.80	20.31
江西	3.91	7.98	14.45	20.14	26.34
山东	6.33	7.85	4.51	5.99	17.52
河南	4.29	8.97	3.09	7.67	21.77
湖北	16.32	16.63	17.51	19.31	24.08
湖南	34.54	32.77	28.72	37.52	45.00
广东	4.73	3.07	3.06	5.40	12.55
广西	4.02	4.44	2.69	3.08	4.90
海南	6.28	15.36	15.75	22.29	38.00
重庆	5.18	6.94	4.95	11.75	15.00
四川	19.61	23.39	25.40	37.64	50.82
贵州	2.66	2.06	0.40	0.94	3.10
云南	6.55	10.42	11.37	20.69	25.21
西藏	14.79	3.69	3.51	40.63	36.32
陕西	5.25	5.82	2.97	8.08	16.49
甘肃	3.11	2.14	3.40	10.29	23.96
青海	4.14	2.71	4.00	22.77	29.42
宁夏	6.24	14.71	15.49	20.94	48.41
新疆	105.07	110.06	111.33	122.18	153.77

注：农业保险保费/农村人口；统计数据不包括台湾、香港、澳门。

附表 1.6　全国各省（区、市）人均农业保险赔付额　　单位：元

省份	2008 年	2009 年	2010 年	2011 年	2012 年
北京	77.73	95.26	84.90	102.44	160.31
天津	1.52	11.62	12.97	11.25	22.27
河北	4.88	8.49	5.22	4.74	14.70
山西	1.14	3.85	5.23	4.13	7.48
内蒙古	49.01	84.76	88.88	93.56	104.86
辽宁	2.96	34.54	20.15	14.78	23.76
吉林	23.53	37.28	31.85	29.87	39.40
黑龙江	1.16	62.70	51.14	29.08	68.49
上海	65.81	62.50	48.66	109.11	161.68
江苏	2.13	5.71	9.07	10.30	17.84
浙江	4.60	7.19	5.83	5.96	8.14
安徽	2.92	13.93	29.02	23.89	30.58
福建	2.73	4.34	8.55	5.34	8.03
江西	2.58	5.07	9.80	9.23	13.80
山东	3.14	6.93	4.15	3.24	16.76
河南	6.23	6.03	6.04	3.65	7.42
湖北	8.57	10.95	11.79	9.21	12.36
湖南	20.87	21.09	21.72	19.93	27.46
广东	3.07	3.15	2.99	2.54	6.67
广西	4.32	2.91	2.58	1.99	3.61
海南	3.77	5.16	10.64	25.36	13.91
重庆	3.14	6.70	3.74	5.39	7.98
四川	9.07	14.92	17.18	15.03	18.50
贵州	3.41	3.28	0.75	0.58	1.03
云南	5.67	7.84	9.25	9.11	14.51
西藏	0.03	13.88	0.67	5.78	14.11
陕西	2.71	5.15	6.01	3.45	5.91
甘肃	1.58	3.15	2.67	2.62	12.38
青海	1.12	4.91	3.97	4.93	23.92
宁夏	1.74	8.98	7.85	12.14	33.00
新疆	60.49	68.18	68.45	65.41	104.64

注：农业保险赔款/农村人口；统计数据不包括台湾、香港、澳门。

附表 1.7　全国各省（区、市）人均农业保险保费与赔付额之和　单位：元

省份	2008 年	2009 年	2010 年	2011 年	2012 年
北京	175.34	223.82	218.00	257.09	339.82
天津	9.10	23.00	26.40	32.98	58.13
河北	16.47	22.37	21.58	24.05	47.87
山西	5.23	6.09	8.37	18.47	29.68
内蒙古	142.75	209.48	224.20	251.48	287.39
辽宁	10.15	68.53	33.58	49.46	69.60
吉林	74.95	83.41	94.48	92.36	108.76
黑龙江	81.75	138.35	135.95	127.45	202.59
上海	164.09	160.91	147.13	335.45	341.42
江苏	10.98	20.55	30.83	39.86	58.41
浙江	11.86	15.29	14.02	17.30	21.68
安徽	11.35	42.03	65.76	65.88	85.39
福建	6.64	11.38	19.54	21.14	28.34
江西	6.49	13.05	24.25	29.37	40.14
山东	9.47	14.78	8.66	9.23	34.28
河南	10.52	15.00	9.13	11.32	29.19
湖北	24.89	27.58	29.30	28.52	36.44
湖南	55.41	53.86	50.44	57.45	72.46
广东	7.80	6.22	6.05	7.94	19.22
广西	8.34	7.35	5.27	5.07	8.51
海南	10.05	20.52	26.39	47.65	51.91
重庆	8.32	13.64	8.69	17.14	22.98
四川	28.68	38.31	42.58	52.67	69.32
贵州	6.07	5.34	1.15	1.52	4.13
云南	12.22	18.26	20.62	29.80	39.72
西藏	14.82	17.57	4.18	46.41	50.43
陕西	7.96	10.97	8.98	11.53	22.40
甘肃	4.69	5.29	6.07	12.91	36.34
青海	5.26	7.62	7.97	27.70	53.34
宁夏	7.98	23.69	23.34	33.08	81.41
新疆	165.56	178.24	179.78	187.59	258.41

注：人均保费与人均赔付之和/农村人口；统计数据不包括台湾、香港、澳门。

附表 1.8　全国各省（区、市）农村生产性固定资产原值　　单位：元/户

省份	2008 年	2009 年	2010 年	2011 年	2012 年
北京	9 503.71	15 705.04	7 208.84	12 635.05	12 767.09
天津	12 987.53	14 696.57	15 090.97	14 785.40	17 508.57
河北	10 986.53	11 135.23	11 455.36	17 437.51	17 904.83
山西	5 563.11	6 397.57	6 364.49	9 517.30	9 808.38
内蒙古	16 117.65	16 914.80	18 269.24	29 621.79	29 389.59
辽宁	10 124.65	12 077.17	13 206.71	24 862.94	24 997.92
吉林	15 027.27	16 180.78	17 849.21	22 867.39	24 937.86
黑龙江	16 452.55	16 813.17	18341.81	29 612.16	31 507.91
上海	1 087.38	1 129.78	1 143.91	3 204.94	4 146.13
江苏	9 027.00	10 298.14	11 782.11	13 919.30	14 541.03
浙江	15 143.64	17 349.54	18 446.21	20 709.01	22 767.83
安徽	8 620.77	8 759.08	9 296.89	13 597.27	15 134.35
福建	8 370.60	9 215.63	10 267.78	11 208.90	11 821.39
江西	5 334.10	6 112.82	6 257.12	9 412.80	9 999.31
山东	11 461.91	12 091.22	13 154.41	18 526.49	19 168.14
河南	8 154.13	9 178.61	9 896.66	12 213.73	12 980.72
湖北	5 434.99	6 368.83	7 078.46	11 623.94	10 813.13
湖南	4 196.93	4 751.60	4 888.63	8 652.44	8 904.32
广东	4 276.67	4 931.72	5 132.93	7 628.46	8 516.72
广西	5 661.58	6 671.44	7 300.81	10 908.64	11 851.56
海南	7 566.11	9 017.22	11 261.65	10 091.46	11 387.06
重庆	4 331.44	4 614.26	5 586.54	11 386.80	12 295.74
四川	6 183.73	7 022.83	7 508.31	13 463.50	13 759.17
贵州	5 467.19	5 968.84	6 135.87	10 775.10	11 957.34
云南	8 851.98	9 358.08	9 854.00	17 812.99	19 020.92
西藏	34 332.42	36 237.14	35 788.06	51 894.46	52 935.07
陕西	7 585.52	8 242.74	9 692.98	10 998.96	12 273.06
甘肃	8 408.13	8 915.33	9 655.08	18 789.31	19 486.44
青海	12 160.40	13 342.46	13 771.75	20 217.13	21 919.34
宁夏	18 244.68	21 310.13	23 405.21	21 417.95	24 266.19
新疆	16 883.07	18 849.44	23 394.41	30 377.17	35 070.37

资料来源：http://www.stats.gov.cn/tjsj/ndsj/.

注：统计数据不包括台湾、香港、澳门。

附表 1.9　全国各省（区、市）平均家庭户规模　　单位：人

省份	2008 年	2009 年	2010 年	2011 年	2012 年
北京	2.58	2.53	2.45	2.42	2.53
天津	3.02	2.96	2.80	2.73	2.76
河北	3.32	3.29	3.36	3.33	3.26
山西	3.32	3.26	3.24	3.22	3.06
内蒙古	2.97	2.91	2.82	2.73	2.78
辽宁	2.84	2.86	2.78	2.72	2.69
吉林	3.03	3.08	2.94	2.91	2.88
黑龙江	2.84	2.88	2.85	2.81	2.77
上海	2.61	2.59	2.49	2.33	2.35
江苏	3.02	2.98	2.94	2.92	2.97
浙江	2.81	2.80	2.62	2.59	2.68
安徽	3.04	3.04	3.09	3.03	3.02
福建	3.05	2.96	2.98	2.78	2.82
江西	3.53	3.64	3.67	3.44	3.43
山东	2.96	2.98	2.98	2.90	2.91
河南	3.39	3.34	3.47	3.39	3.37
湖北	3.08	3.08	3.16	3.06	3.03
湖南	3.23	3.29	3.32	3.05	3.07
广东	3.41	3.30	3.20	3.33	3.26
广西	3.55	3.57	3.34	3.15	3.32
海南	3.75	3.75	3.63	3.54	3.64
重庆	2.88	2.75	2.77	2.78	2.67
四川	3.03	3.01	2.95	2.83	2.85
贵州	3.60	3.61	3.24	3.11	3.10
云南	3.63	3.58	3.53	3.31	3.26
西藏	4.60	4.71	4.23	4.21	4.07
陕西	3.19	3.16	3.22	3.16	3.07
甘肃	3.60	3.58	3.49	3.24	3.22
青海	3.67	3.58	3.46	3.49	3.40
宁夏	3.57	3.47	3.25	3.30	3.35
新疆	3.53	3.49	3.26	3.20	3.16

资料来源：http://www.stats.gov.cn/tjsj/ndsj/.

注：统计数据不包括台湾、香港、澳门。

附表 1.10　全国各省（区、市）农村人均资本　单位：元

省份	2008 年	2009 年	2010 年	2011 年	2012 年
北京	3 683.61	6 207.53	2 938.36	5 221.10	5 046.28
天津	4 300.51	4 965.06	5 385.13	5 415.90	6 343.68
河北	3 309.20	3 384.57	3 408.78	5 236.49	5 492.28
山西	1 675.64	1 962.44	1 964.35	2 955.68	3 205.35
内蒙古	5 426.82	5 812.65	6 474.97	10 850.47	10 571.79
辽宁	3 565.02	4 222.79	4 742.37	9 140.79	9 292.91
吉林	4 959.50	5 253.50	6 070.65	7 858.21	8 658.98
黑龙江	5 793.15	5 837.91	6 435.72	10 538.14	11 374.70
上海	416.62	436.21	458.60	1 375.51	1 764.31
江苏	2 989.07	3 455.75	4 009.56	4 766.88	4 895.97
浙江	5 389.20	6 196.26	7 040.54	7 995.76	8 495.46
安徽	2 835.78	2 881.28	3 008.70	4 487.55	5 011.37
福建	2 744.46	3 113.39	3 445.56	4 031.98	4 191.98
江西	1 511.08	1 679.35	1 705.93	2 736.28	2 915.25
山东	3 872.27	4 057.46	4 407.29	6 388.44	6 586.99
河南	2 405.35	2 748.09	2 850.31	3 602.87	3 851.84
湖北	1 764.61	2 067.80	2 241.06	3 798.67	3 568.69
湖南	1 299.36	1 444.26	1 471.62	2 836.87	2 900.43
广东	1 254.16	1 494.46	1 604.04	2 290.83	2 612.49
广西	1 594.81	1 868.75	2 185.87	3 463.06	3 569.75
海南	2 017.63	2 404.59	3 102.38	2 850.69	3 128.31
重庆	1 503.97	1 677.91	2 016.80	4 095.97	4 605.15
四川	2 040.83	2 333.17	2 542.19	4 757.42	4 827.78
贵州	1 518.66	1 653.42	1 893.87	3 464.66	3 857.21
云南	2 438.56	2 613.99	2 791.50	5 381.57	5 834.64
西藏	7 463.57	7 693.66	8 460.15	12 326.48	13 006.16
陕西	2 377.91	2 608.46	3 014.76	3 480.68	3 997.74
甘肃	2 335.59	2 490.32	2 769.90	5 799.17	6 051.69
青海	3 313.46	3 726.94	3 980.27	5 792.87	6 446.86
宁夏	5 110.55	6 141.25	7 201.60	6 490.29	7 243.64
新疆	4 782.74	5 400.99	7 176.20	9 492.87	11 098.22

注：农村生产性固定资产原值/农村人口；统计数据不包括台湾、香港、澳门。

附表 1.11　2008 年全国各省（区、市）农村劳动力文化状况

省份	不识字或识字很少	小学程度	初中程度	高中程度	中专程度	大专及大专以上	人力资本水平
北京	0.95	6.96	53.90	18.32	9.19	10.69	10.478
天津	2.15	18.10	59.76	12.92	5.11	1.95	9.138
河北	1.99	17.88	60.01	16.32	2.37	1.43	9.062
山西	2.70	19.77	62.66	11.92	1.70	1.26	8.781
内蒙古	5.44	29.63	50.07	12.17	1.79	0.89	8.310
辽宁	1.46	20.76	63.79	8.23	2.89	2.87	8.882
吉林	2.40	29.53	57.13	8.48	1.52	0.94	8.372
黑龙江	2.15	24.27	64.04	6.75	1.64	1.16	8.514
上海	2.31	15.00	49.38	15.69	8.23	9.38	9.938
江苏	5.90	20.71	54.32	13.69	2.46	2.91	8.757
浙江	4.64	31.10	46.05	13.07	2.69	2.45	8.489
安徽	11.54	22.63	54.22	8.24	2.17	1.21	8.080
福建	6.39	28.83	46.94	12.87	3.30	1.67	8.436
江西	5.51	30.99	49.86	9.84	2.56	1.24	8.263
山东	4.85	16.69	57.30	15.24	4.22	1.70	9.021
河南	5.84	16.62	61.48	12.33	2.58	1.15	8.745
湖北	5.30	23.74	56.44	11.10	2.61	0.80	8.507
湖南	2.92	29.04	51.21	13.34	2.35	1.15	8.565
广东	3.82	23.79	53.66	12.73	3.86	2.13	8.798
广西	1.86	24.02	58.44	11.59	3.13	0.96	8.761
海南	5.60	20.20	55.41	15.78	2.38	0.64	8.714
重庆	5.85	35.55	49.17	6.40	2.24	0.79	7.956
四川	6.79	32.76	50.41	7.04	2.23	0.74	7.997
贵州	14.09	36.23	42.45	4.83	1.74	0.66	7.357
云南	13.35	39.83	40.10	4.85	1.43	0.44	7.262
西藏	49.68	45.40	4.22	0.58	0.06	0.06	4.682
陕西	6.30	21.40	56.58	12.66	1.87	1.19	8.543
甘肃	15.25	28.40	41.05	12.36	1.60	1.35	7.782
青海	23.57	39.01	29.01	6.87	1.10	0.44	6.714
宁夏	20.00	30.84	39.82	7.72	0.84	0.78	7.204
新疆	4.20	38.61	46.93	7.15	2.27	0.85	7.992

资料来源：http://www.stats.gov.cn/tjsj/ndsj/.

注：第 2～6 列数据表示平均每 100 个劳动力中农村劳动力不同文化水平的人数，第 7 列表示农村劳动力受教育年数加权和，权重依次为 3、6、9、12、12、15；统计数据不包括台湾、香港、澳门。

附表 1.12　2009 年全国各省（区、市）农村劳动力文化状况

省份	不识字或识字很少	小学程度	初中程度	高中程度	中专程度	大专及大专以上	人力资本水平
北京	1.00	6.00	54.80	18.30	8.90	10.90	10.488
天津	2.20	18.20	59.40	12.60	5.30	2.30	9.156
河北	1.80	17.80	59.80	16.60	2.40	1.60	9.096
山西	2.40	19.50	62.00	12.70	1.90	1.40	8.841
内蒙古	5.80	29.40	49.20	12.40	2.00	1.30	8.349
辽宁	0.80	20.10	65.10	7.30	3.30	3.40	8.970
吉林	2.40	28.50	57.10	9.40	1.60	1.00	8.439
黑龙江	1.90	24.10	63.80	7.40	1.60	1.20	8.553
上海	1.90	14.50	48.70	16.20	8.40	10.30	10.059
江苏	6.10	20.10	54.20	13.70	2.70	3.10	8.781
浙江	4.30	30.90	45.40	13.40	2.80	3.20	8.577
安徽	10.80	22.10	54.10	9.00	2.40	1.60	8.199
福建	6.50	28.50	46.90	12.50	3.30	2.30	8.466
江西	5.70	30.10	50.20	10.10	2.50	1.40	8.292
山东	4.60	16.40	56.20	16.40	4.40	2.00	9.108
河南	5.80	16.10	61.50	12.40	2.80	1.40	8.793
湖北	5.10	23.50	56.40	11.20	2.80	1.00	8.553
湖南	2.90	28.30	50.90	14.30	2.40	1.20	8.622
广东	3.60	23.10	53.50	12.90	4.20	2.60	8.877
广西	1.60	23.50	58.50	12.20	3.30	1.00	8.832
海南	4.60	20.90	54.40	16.90	2.40	0.80	8.796
重庆	6.50	36.90	46.90	6.40	2.50	1.00	7.923
四川	6.50	32.00	50.60	7.80	2.20	0.90	8.070
贵州	13.10	35.80	43.30	5.30	1.80	0.70	7.449
云南	13.20	37.90	41.40	5.30	1.60	0.60	7.362
西藏	50.20	45.20	3.70	0.90	—	0.10	4.674
陕西	6.00	20.60	56.90	13.10	1.90	1.40	8.604
甘肃	14.40	28.70	41.10	12.60	1.70	1.50	7.845
青海	23.70	38.90	29.00	6.90	1.10	0.50	6.723
宁夏	18.70	31.20	40.40	8.20	0.80	0.80	7.293
新疆	4.00	37.10	48.60	7.10	2.20	1.00	8.052

资料来源：http://www.stats.gov.cn/tjsj/ndsj/.

注：第 2～6 列数据表示平均每 100 个劳动力中农村劳动力不同文化水平的人数，第 7 列表示农村劳动力受教育年数加权和，权重依次为 3、6、9、12、12、15；统计数据不包括台湾、香港、澳门。

附表 1.13 2010 年全国各省（区、市）农村劳动力文化状况

省份	不识字或识字很少	小学程度	初中程度	高中程度	中专程度	大专及大专以上	人力资本水平
北京	0.70	4.70	54.40	18.80	8.60	12.80	10.665
天津	2.20	17.10	60.40	12.50	5.10	2.80	9.213
河北	1.70	17.50	59.30	17.30	2.50	1.80	9.159
山西	2.30	19.60	60.40	13.50	2.30	1.90	8.931
内蒙古	5.30	28.80	49.20	12.50	2.30	2.00	8.460
辽宁	0.80	19.20	65.40	7.40	3.30	3.90	9.030
吉林	2.30	28.50	56.70	9.60	1.60	1.40	8.484
黑龙江	1.80	22.50	66.20	6.90	1.50	1.10	8.580
上海	1.90	13.50	47.60	16.20	8.00	12.80	10.215
江苏	5.50	19.30	54.00	14.10	3.00	4.20	8.955
浙江	4.60	29.40	45.20	14.00	3.10	3.70	8.670
安徽	10.60	21.20	54.90	9.30	2.30	1.70	8.247
福建	6.40	28.20	46.40	12.40	3.80	2.80	8.538
江西	4.90	29.80	50.40	10.40	2.70	1.70	8.379
山东	4.50	15.90	56.80	15.50	4.60	2.70	9.156
河南	5.00	16.20	61.70	12.50	2.70	1.80	8.850
湖北	5.20	23.00	55.00	11.90	3.30	1.60	8.649
湖南	2.90	27.70	50.70	14.80	2.50	1.50	8.688
广东	3.20	21.70	54.10	13.50	4.70	2.80	9.012
广西	1.40	23.60	55.30	13.90	4.10	1.80	8.988
海南	4.90	18.20	56.70	16.20	2.70	1.40	8.901
重庆	6.70	35.00	47.60	7.30	2.20	1.30	7.986
四川	6.60	30.60	50.60	8.60	2.50	1.10	8.160
贵州	12.90	35.90	42.60	6.00	1.80	0.80	7.485
云南	12.40	37.50	41.60	5.80	1.90	0.80	7.467
西藏	48.80	46.20	3.80	1.00	—	0.20	4.728
陕西	5.80	20.20	56.40	13.40	2.70	1.50	8.700
甘肃	14.30	28.30	40.60	12.90	2.30	1.70	7.929
青海	21.70	38.50	30.20	7.60	1.10	1.00	6.906
宁夏	18.00	30.00	42.10	8.30	0.70	1.00	7.380
新疆	4.00	35.70	49.10	7.50	2.30	1.40	8.136

资料来源：http://www.stats.gov.cn/tjsj/ndsj/.

注：第 2～6 列数据表示平均每 100 个劳动力中农村劳动力不同文化水平的人数，第 7 列表示农村劳动力受教育年数加权和，权重依次为 3、6、9、12、12、15；统计数据不包括台湾、香港、澳门。

附表 1.14　2011 年全国各省（区、市）农村劳动力文化状况

省份	不识字或识字很少	小学程度	初中程度	高中程度	中专程度	大专及大专以上	人力资本水平
北京	0.70	4.60	53.40	19.10	8.60	13.60	10.725
天津	2.20	19.70	58.10	13.00	4.40	2.50	9.072
河北	1.50	17.50	59.70	16.80	2.40	2.00	9.144
山西	2.20	18.60	60.10	14.10	2.60	2.40	9.033
内蒙古	5.20	28.90	49.20	12.40	2.20	2.10	8.451
辽宁	0.70	18.50	65.80	7.60	3.30	4.10	9.075
吉林	2.10	28.40	56.90	9.50	1.60	1.60	8.508
黑龙江	1.50	22.60	65.90	7.20	1.50	1.20	8.601
上海	2.10	13.40	47.90	16.40	7.60	12.60	10.176
江苏	5.40	19.60	52.70	14.30	3.20	4.80	8.997
浙江	4.30	28.80	44.70	14.30	3.20	4.70	8.781
安徽	9.40	21.20	54.70	9.90	2.40	2.40	8.385
福建	5.20	27.50	47.20	13.00	3.60	3.50	8.679
江西	4.90	29.80	49.90	10.60	2.90	1.90	8.418
山东	4.30	16.50	56.00	15.30	4.80	3.00	9.165
河南	5.30	16.20	60.90	12.90	2.80	1.90	8.865
湖北	5.20	22.80	54.60	12.10	3.40	1.90	8.685
湖南	3.00	27.60	50.10	14.80	2.70	1.80	8.706
广东	2.90	20.70	54.50	14.00	4.70	3.10	9.084
广西	1.30	22.40	56.20	14.20	3.90	2.00	9.030
海南	5.70	14.40	58.30	17.30	2.60	1.70	9.003
重庆	6.40	33.60	46.30	9.70	2.50	1.50	8.139
四川	6.50	30.50	50.50	8.80	2.30	1.40	8.181
贵州	12.30	35.70	42.60	6.60	1.90	0.90	7.557
云南	11.40	38.50	40.90	6.40	1.80	0.90	7.506
西藏	48.20	44.60	4.90	1.70	0.40	0.30	4.872
陕西	5.60	19.70	56.10	14.10	2.60	1.80	8.751
甘肃	13.70	28.00	40.80	13.00	2.40	2.20	8.013
青海	20.50	39.40	30.00	8.00	1.20	0.90	6.954
宁夏	18.50	28.50	41.30	9.00	1.00	1.70	7.467
新疆	4.20	34.60	49.50	7.50	2.60	1.50	8.172

资料来源：http://www.stats.gov.cn/tjsj/ndsj/.

注：第 2～6 列数据表示平均每 100 个劳动力中农村劳动力不同文化水平的人数，第 7 列表示农村劳动力受教育年数加权和，权重依次为 3、6、9、12、12、15；统计数据不包括台湾、香港、澳门。

附表 1.15　2012 年全国各省（区、市）农村劳动力文化状况

省份	不识字或识字很少	小学程度	初中程度	高中程度	中专程度	大专及大专以上	人力资本水平
北京	1.10	6.50	49.40	20.70	9.20	13.00	10.683
天津	3.00	16.70	62.90	10.60	3.20	3.60	9.045
河北	2.50	19.00	60.30	13.10	2.50	2.60	8.979
山西	3.10	21.30	57.30	11.80	3.20	3.30	8.919
内蒙古	5.10	26.90	51.70	11.00	1.90	3.30	8.520
辽宁	1.50	23.00	66.50	4.80	1.50	2.60	8.601
吉林	2.60	32.30	55.40	6.80	1.40	1.60	8.268
黑龙江	2.40	29.90	60.20	5.40	1.00	1.10	8.247
上海	2.30	21.50	50.80	11.10	6.20	8.00	9.393
江苏	5.70	24.10	53.10	11.20	2.50	3.30	8.610
浙江	7.20	29.80	44.40	11.60	1.90	5.10	8.442
安徽	9.20	24.80	55.00	7.30	1.70	2.00	8.145
福建	4.30	31.30	47.20	10.20	3.30	3.60	8.514
江西	4.30	30.00	51.40	8.90	3.00	2.40	8.433
山东	3.50	18.70	57.50	13.00	3.80	3.40	9.042
河南	5.10	16.70	60.90	12.20	2.40	2.70	8.865
湖北	4.10	24.20	54.30	11.60	3.10	2.70	8.724
湖南	2.80	26.40	50.90	13.70	3.20	2.90	8.808
广东	3.00	23.00	55.60	11.60	3.60	3.20	8.886
广西	3.00	25.60	57.10	9.50	2.80	1.90	8.610
海南	3.90	18.70	61.30	12.60	2.10	1.40	8.793
重庆	4.30	31.70	51.70	8.60	1.90	1.80	8.271
四川	8.30	34.20	48.30	6.30	1.70	1.20	7.839
贵州	10.20	38.80	43.90	3.90	1.70	1.40	7.518
云南	9.50	41.70	40.10	5.80	1.90	1.10	7.542
西藏	36.20	57.10	5.90	0.60	0.20	0.00	5.145
陕西	6.20	22.10	54.90	10.70	2.70	3.40	8.652
甘肃	11.60	27.60	45.00	10.80	2.50	2.50	8.100
青海	15.20	46.90	30.00	4.90	0.80	2.10	6.993
宁夏	15.30	33.10	41.60	6.70	1.30	2.00	7.488
新疆	2.40	30.40	56.40	6.00	2.50	2.30	8.412

资料来源：http://www.stats.gov.cn/tjsj/ndsj/.

注：第 2～6 列数据表示平均每 100 个劳动力中农村劳动力不同文化水平的人数，第 7 列表示农村劳动力受教育年数加权和，权重依次为 3、6、9、12、12、15；统计数据不包括台湾、香港、澳门。

附表 1.16 全国各省（区、市）农村劳动力的人力资本水平

省份	2008 年	2009 年	2010 年	2011 年	2012 年
北京	10.478	10.488	10.665	10.725	10.683
天津	9.138	9.156	9.213	9.072	9.045
河北	9.062	9.096	9.159	9.144	8.979
山西	8.781	8.841	8.931	9.033	8.919
内蒙古	8.310	8.349	8.460	8.451	8.520
辽宁	8.882	8.970	9.030	9.075	8.601
吉林	8.372	8.439	8.484	8.508	8.268
黑龙江	8.514	8.553	8.580	8.601	8.247
上海	9.938	10.059	10.215	10.176	9.393
江苏	8.757	8.781	8.955	8.997	8.610
浙江	8.489	8.577	8.670	8.781	8.442
安徽	8.080	8.199	8.247	8.385	8.145
福建	8.436	8.466	8.538	8.679	8.514
江西	8.263	8.292	8.379	8.418	8.433
山东	9.021	9.108	9.156	9.165	9.042
河南	8.745	8.793	8.850	8.865	8.865
湖北	8.507	8.553	8.649	8.685	8.724
湖南	8.565	8.622	8.688	8.706	8.808
广东	8.798	8.877	9.012	9.084	8.886
广西	8.761	8.832	8.988	9.030	8.610
海南	8.714	8.796	8.901	9.003	8.793
重庆	7.956	7.923	7.986	8.139	8.271
四川	7.997	8.070	8.160	8.181	7.839
贵州	7.357	7.449	7.485	7.557	7.518
云南	7.262	7.362	7.467	7.506	7.542
西藏	4.682	4.674	4.728	4.872	5.145
陕西	8.543	8.604	8.700	8.751	8.652
甘肃	7.782	7.845	7.929	8.013	8.100
青海	6.714	6.723	6.906	6.954	6.993
宁夏	7.204	7.293	7.380	7.467	7.488
新疆	7.992	8.052	8.136	8.172	8.412

注：统计数据不包括台湾、香港、澳门。

附表 1.17　全国各省（区、市）产业结构中农业占比　　单位：%

省份	2008 年	2009 年	2010 年	2011 年	2012 年
北京	0.010	0.010	0.009	0.008	0.008
天津	0.018	0.017	0.016	0.014	0.013
河北	0.127	0.128	0.126	0.119	0.120
山西	0.041	0.065	0.060	0.057	0.058
内蒙古	0.107	0.095	0.094	0.091	0.091
辽宁	0.095	0.093	0.088	0.086	0.087
吉林	0.143	0.135	0.121	0.121	0.118
黑龙江	0.131	0.134	0.126	0.135	0.154
上海	0.008	0.008	0.007	0.007	0.006
江苏	0.068	0.066	0.061	0.062	0.063
浙江	0.051	0.051	0.049	0.049	0.048
安徽	0.160	0.149	0.140	0.132	0.127
福建	0.107	0.097	0.093	0.092	0.090
江西	0.152	0.144	0.128	0.119	0.117
山东	0.097	0.095	0.092	0.088	0.086
河南	0.148	0.142	0.141	0.130	0.127
湖北	0.157	0.139	0.134	0.131	0.128
湖南	0.174	0.151	0.145	0.141	0.136
广东	0.054	0.051	0.050	0.050	0.050
广西	0.207	0.188	0.175	0.175	0.167
海南	0.291	0.279	0.261	0.261	0.249
重庆	0.099	0.093	0.086	0.084	0.082
四川	0.188	0.158	0.144	0.142	0.138
贵州	0.154	0.141	0.136	0.127	0.130
云南	0.179	0.173	0.153	0.159	0.160
西藏	0.153	0.145	0.135	0.123	0.115
陕西	0.103	0.097	0.098	0.098	0.095
甘肃	0.146	0.147	0.145	0.135	0.138
青海	0.104	0.099	0.100	0.093	0.093
宁夏	0.100	0.094	0.094	0.088	0.085
新疆	0.165	0.178	0.198	0.172	0.176

注：产业结构=农业生产总值/地区生产总值；统计数据不包括台湾、香港、澳门。

附表 1.18　全国各省（区、市）年末城镇化水平　　单位：%

省份	2008 年	2009 年	2010 年	2011 年	2012 年
北京	84.90	85.00	85.96	86.20	86.20
天津	77.23	78.01	79.55	80.50	81.55
河北	41.90	43.74	44.50	45.60	46.80
山西	45.11	45.99	48.05	49.68	51.26
内蒙古	51.71	53.40	55.50	56.62	57.74
辽宁	60.05	60.35	62.10	64.05	65.65
吉林	53.21	53.32	53.35	53.40	53.70
黑龙江	55.40	55.50	55.66	56.50	56.90
上海	88.60	88.60	89.30	89.30	89.30
江苏	54.30	55.60	60.58	61.90	63.00
浙江	57.60	57.90	61.62	62.30	63.20
安徽	40.50	42.10	43.01	44.80	46.50
福建	53.00	55.10	57.10	58.10	59.60
江西	41.36	43.18	44.06	45.70	47.51
山东	47.60	48.32	49.70	50.95	52.43
河南	36.03	37.70	38.50	40.57	42.43
湖北	45.20	46.00	49.70	51.83	53.50
湖南	42.15	43.20	43.30	45.10	46.65
广东	63.37	63.40	66.18	66.50	67.40
广西	38.16	39.20	40.00	41.80	43.53
海南	48.00	49.13	49.80	50.50	51.60
重庆	49.99	51.59	53.02	55.02	56.98
四川	37.40	38.70	40.18	41.83	43.53
贵州	29.11	29.89	33.81	34.96	36.41
云南	33.00	34.00	34.70	36.80	39.31
西藏	21.90	22.30	22.67	22.71	22.75
陕西	42.10	43.50	45.76	47.30	50.02
甘肃	33.56	34.89	36.12	37.15	38.75
青海	40.86	41.90	44.72	46.22	47.44
宁夏	44.98	46.10	47.90	49.82	50.67
新疆	39.64	39.85	43.01	43.54	43.98

注：2010 年数据为当年人口普查数据推算数；其余年份数据为年度人口抽样调查推算数据，部分省份 2005～2009 年数据根据 2010 年普查数据进行了修订；统计数据不包括台湾、香港、澳门。

附录 2　第 6 章相关数据表

附表 2.1　河北省各地级市农林牧渔业增加值　　单位：万元

地级市	2007 年	2008 年	2009 年	2010 年	2011 年	2012 年	2013 年
石家庄	2 757 361	3 041 224	3 083 111	3 696 054	4 149 966	4 521 822	4 886 751
唐山	2 869 574	3 400 078	3 601 792	4 218 733	4 865 308	5 285 600	5 634 259
秦皇岛	780 719	923 490	1 023 509	1 267 176	1 399 423	1 524 144	1 714 532
邯郸	2 087 029	2 312 694	2 469 098	3 079 526	3 506 096	3 838 965	4 090 126
邢台	1 465 776	1 508 813	1 588 239	1 897 256	2 188 334	2 403 499	2 656 052
保定	2 154 406	2 470 189	2 655 288	3 036 512	3 430 236	3 781 153	4 182 491
张家口	863 372	1 181 764	1 213 954	1 529 389	1 802 780	2 057 770	2 412 255
承德	917 872	1 084 660	1 133 566	1 394 058	1 655 462	1 851 577	2 138 067
沧州	1 663 730	2 002 415	2 162 001	2 526 456	2 958 366	3 191 764	3 465 912
廊坊	1 164 397	1 326 078	1 383 442	1 574 854	1 742 777	1 983 983	2 022 831
衡水	979 834	1 097 719	1 229 371	1 541 965	1 745 393	1 890 310	1 764 041

资料来源：http://cyfd.cnki.com.cn/N2017020290.htm.

附表 2.2　河北省各地级市农业保险保费收入　　单位：100 万元

地级市	2007 年	2008 年	2009 年	2010 年	2011 年	2012 年	2013 年
石家庄	18.11	78.00	32.30	29.14	88.74	154.45	242.07
唐山	19.03	65.39	76.44	97.34	127.14	195.23	233.26
秦皇岛	4.22	21.68	24.32	28.61	34.84	55.32	61.56
邯郸	8.16	45.13	79.48	89.75	82.14	118.98	133.08
邢台	7.33	60.99	69.97	86.50	85.98	163.71	193.76
保定	15.86	69.04	78.83	90.99	80.41	167.51	208.84
张家口	5.07	17.56	19.20	26.45	17.16	69.84	122.18
承德	3.97	17.33	33.74	6.43	26.22	57.38	94.57
沧州	8.07	72.07	62.12	96.82	107.67	137.7	172.73
廊坊	1.95	35.10	48.73	54.21	58.40	87.55	114
衡水	11.76	33.31	30.39	46.76	51.77	78.34	106.09

资料来源：http://cyfd.cnki.com.cn/N2017030254.htm.

附表 2.3　河北省各地级市农业保险赔付额　　单位：100 万元

地级市	2007 年	2008 年	2009 年	2010 年	2011 年	2012 年	2013 年
石家庄	0.74	42.45	19.11	3.25	10.95	40.07	112.36
唐山	1.16	24.97	53.31	47.7	47.61	122.41	121.94

续表

地级市	2007年	2008年	2009年	2010年	2011年	2012年	2013年
秦皇岛	0.6	8	21.01	10	6.56	43.21	15.86
邯郸	2.16	13.33	47.47	22.89	23.64	24.9	67.43
邢台	0.87	16.31	42.77	17.75	19.78	49.42	91.08
保定	1.15	57.29	54.08	25.12	24.6	60.93	107.93
张家口	0.41	4.18	11.46	8.92	4.68	36.87	84.61
承德	0.55	7.19	21.26	10.96	4.63	26.54	46.61
沧州	0.13	18.34	21.45	25.16	20.35	88.23	87.26
廊坊	0.15	11.46	17.26	20.03	7.81	43.64	49.69
衡水	0.64	8.39	31.13	16.68	16.14	33.61	80.81

资料来源：http://cyfd.cnki.com.cn/N2017030254.htm.

附表 2.4　河北省各地级市农作物总播种面积　单位：公顷

地级市	2007年	2008年	2009年	2010年	2011年	2012年	2013年
石家庄	1 014 354	1 007 672	995 547	1 020 557	1 011 117	1 009 493	1 006 876
唐山	794 889	787 171	786 021	790 472	803 177	803 337	804 365
秦皇岛	206 036	211 716	213 825	220 747	222 327	221 663	219 654
邯郸	1 080 200	1 076 019	1 070 786	1 079 796	1 077 526	1 071 221	1 062 233
邢台	985 802	988 159	1 002 978	1 012 508	1 021 302	1 019 573	1 018 702
保定	1 199 127	1 198 807	1 199 651	1 216 953	1 229 396	1 224 448	1 218 044
张家口	656 023	664 578	674 820	690 794	693 173	700 704	703 062
承德	317 096	317 028	335 348	359 668	368 378	379 109	382 958
沧州	1 060 497	1 098 050	1 100 068	1 135 923	1 158 690	1 151 732	1 135 515
廊坊	497 516	496 164	496 330	496 530	498 784	496 030	480 556
衡水	845 777	833 055	840 595	850 167	854 673	852 694	846 131

资料来源：http://cyfd.cnki.com.cn/N2017020290.htm.

附表 2.5　河北省各地级市农林牧副渔从业人数　单位：人

地级市	2007年	2008年	2009年	2010年	2011年	2012年	2013年
石家庄	1 478 010	1 492 918	1 464 886	1 455 238	1 445 283	1 428 504	1 420 800
唐山	1 305 034	1 263 096	1 272 639	1 262 514	1 242 069	1 227 338	1 214 871
秦皇岛	713 356	710 272	706 175	701 565	702 723	699 807	710 606
邯郸	1 790 964	1 804 589	1 899 716	1 902 869	1 823 084	1 813 165	1 674 847
邢台	1 419 140	1 454 714	1 456 244	1 433 465	1 408 409	1 382 021	1 372 844
保定	3 001 285	2 987 329	2 968 728	2 916 275	2 850 621	2 818 033	2 784 872
张家口	1 245 240	1 274 413	1 240 349	1 226 009	1 216 692	1 211 100	1 210 170
承德	955 740	949 711	950 590	948 314	950 713	948 276	952 716

续表

地级市	2007 年	2008 年	2009 年	2010 年	2011 年	2012 年	2013 年
沧州	1 253 221	1 192 071	1 115 077	1 092 810	1 057 301	1 032 031	1 007 846
廊坊	801 806	799 851	804 664	800 216	797 357	804 729	800 541
衡水	826 617	853 322	845 899	844 019	837 429	833 506	822 118

资料来源：http://cyfd.cnki.com.cn/N2017020290.htm.

附表 2.6　河北省人均农林牧渔业增加值　　单位：万元

地级市	2007 年	2008 年	2009 年	2010 年	2011 年	2012 年	2013 年
石家庄	1.866	2.037	2.105	2.540	2.871	3.165	3.439
唐山	2.199	2.692	2.830	3.342	3.917	4.307	4.638
秦皇岛	1.094	1.300	1.449	1.806	1.991	2.178	2.413
邯郸	1.165	1.282	1.300	1.618	1.923	2.117	2.442
邢台	1.033	1.037	1.091	1.324	1.554	1.739	1.935
保定	0.718	0.827	0.894	1.041	1.203	1.342	1.502
张家口	0.693	0.927	0.979	1.247	1.482	1.699	1.993
承德	0.960	1.142	1.192	1.470	1.741	1.953	2.244
沧州	1.328	1.680	1.939	2.312	2.798	3.093	3.439
廊坊	1.452	1.658	1.719	1.968	2.186	2.465	2.527
衡水	1.185	1.286	1.453	1.827	2.084	2.268	2.146

注：人均农林牧渔业增加值=农林牧渔业增加值/农林牧渔业从业人数。

附表 2.7　河北省各地级市人均农业保险保费收入　　单位：元

地级市	2007 年	2008 年	2009 年	2010 年	2011 年	2012 年	2013 年
石家庄	12.25	52.25	22.05	20.02	61.40	108.12	170.38
唐山	14.58	51.77	60.06	77.10	102.36	159.07	192.00
秦皇岛	5.92	30.52	34.44	40.78	49.58	79.05	86.63
邯郸	4.56	25.01	41.84	47.17	45.06	65.62	79.46
邢台	5.17	41.93	48.05	60.34	61.05	118.46	141.14
保定	5.28	23.11	26.55	31.20	28.21	59.44	74.99
张家口	4.07	13.78	15.48	21.57	14.10	57.67	100.96
承德	4.15	18.25	35.49	6.78	27.58	60.51	99.26
沧州	6.44	60.46	55.71	88.60	101.83	133.43	171.39
廊坊	2.43	43.88	60.56	67.74	73.24	108.79	142.40
衡水	14.23	39.04	35.93	55.40	61.82	93.99	129.04

注：人均农业保险保费收入=农业保险保费/农林牧渔业从业人数。

附表 2.8 河北省各地级市农业保险赔付率

地级市	2007 年	2008 年	2009 年	2010 年	2011 年	2012 年	2013 年
石家庄	0.041	0.544	0.592	0.112	0.123	0.259	0.464
唐山	0.061	0.382	0.697	0.490	0.374	0.627	0.523
秦皇岛	0.142	0.369	0.864	0.350	0.188	0.781	0.258
邯郸	0.265	0.295	0.597	0.255	0.288	0.209	0.507
邢台	0.119	0.267	0.611	0.205	0.230	0.302	0.470
保定	0.073	0.830	0.686	0.276	0.306	0.364	0.517
张家口	0.081	0.238	0.597	0.337	0.273	0.528	0.693
承德	0.139	0.415	0.630	1.705	0.177	0.463	0.493
沧州	0.016	0.254	0.345	0.260	0.189	0.641	0.505
廊坊	0.077	0.326	0.354	0.369	0.134	0.498	0.436
衡水	0.054	0.252	1.024	0.357	0.312	0.429	0.762

注：农业保险赔付率=农业保险赔付额/农业保险保费收入。

附表 2.9 河北省人均农作物总播种面积 单位：公顷

地级市	2007 年	2008 年	2009 年	2010 年	2011 年	2012 年	2013 年
石家庄	0.686	0.675	0.680	0.701	0.700	0.707	0.709
唐山	0.609	0.623	0.618	0.626	0.647	0.655	0.662
秦皇岛	0.289	0.298	0.303	0.315	0.316	0.317	0.309
邯郸	0.603	0.596	0.564	0.567	0.591	0.591	0.634
邢台	0.695	0.679	0.689	0.706	0.725	0.738	0.742
保定	0.400	0.401	0.404	0.417	0.431	0.435	0.437
张家口	0.527	0.521	0.544	0.563	0.570	0.579	0.581
承德	0.332	0.334	0.353	0.379	0.387	0.400	0.402
沧州	0.846	0.921	0.987	1.039	1.096	1.116	1.127
廊坊	0.620	0.620	0.617	0.620	0.626	0.616	0.600
衡水	1.023	0.976	0.994	1.007	1.021	1.023	1.029

注：人均农作物总播种面积=农作物总播种面积/农林牧渔业从业人数。

附表 2.10 2007 年河北省各市乡村从业人员各类文化程度的人数 单位：人

地级市	文盲半文盲	小学	初中	高中	中专	大专以上文化程度
石家庄	60 770	847 752	1 708 290	794 224	91 758	47 904
唐山	25 131	861 959	1 438 758	442 254	76 575	32 758
秦皇岛	10 227	331 821	562 079	181 040	19 587	6 515
邯郸	85 634	1 097 516	1 585 210	591 373	72 700	22 136
邢台	26 369	811 764	1 417 672	463 241	44 478	10 976

续表

地级市	文盲半文盲	小学	初中	高中	中专	大专以上文化程度
保定	76 801	1 733 403	2 408 880	691 312	67 234	30 517
张家口	37 429	669 580	766 202	236 682	39 571	15 753
承德	27 926	529 493	736 790	219 580	46 681	14 004
沧州	25 155	863 127	1 549 143	470 428	65 745	24 582
廊坊	35 176	504 063	775 534	212 101	24 423	7 418
衡水	17 946	486 889	943 472	293 688	31 018	9 020

资料来源：http://cyfd.cnki.com.cn/N2017020290.htm.

附表 2.11　2008 年河北省各地级市乡村从业人员各类文化程度的人数　单位：人

地级市	文盲半文盲	小学	初中	高中	中专	大专以上文化程度
石家庄	58 869	844 878	1 723 737	805 796	97 184	51 777
唐山	21 156	855 235	1 447 243	451 761	81 800	38 842
秦皇岛	9 449	326 177	567 655	188 453	23 031	8 522
邯郸	78 485	1 090 478	1 652 892	607 160	78 993	24 910
邢台	23 231	802 774	1 478 131	499 069	48 042	13 016
保定	70 563	1 702 530	2 473 301	726 705	76 753	36 503
张家口	32 210	674 779	800 125	244 731	47 379	21 264
承德	26 174	528 443	748 697	225 472	48 641	16 305
沧州	20 014	830 422	1 569 956	494 493	80 641	31 861
廊坊	32 982	497 607	799 856	222 254	28 240	9 712
衡水	16 756	485 955	984 381	301 616	31 397	9 485

资料来源：http://cyfd.cnki.com.cn/N2017020290.htm.

附表 2.12　2009 年河北省各地级市乡村从业人员各类文化程度的人数　单位：人

地级市	文盲半文盲	小学	初中	高中	中专	大专以上文化程度
石家庄	56 818	826 184	1 750 195	831 442	110 106	63 520
唐山	20 374	863 635	1 485 538	447 791	93 291	43 789
秦皇岛	9 291	321 746	577 364	188 488	25 660	9 699
邯郸	79 663	1 059 803	1 793 868	653 010	88 966	32 300
邢台	19 597	798 492	1 509 081	515 271	58 705	19 147
保定	60 907	1 649 195	2 520 870	790 932	91 196	45 475
张家口	28 227	620 738	814 944	259 402	57 693	27 170
承德	23 895	515 990	750 130	234 972	52 676	19 112
沧州	24 314	812 985	1 589 158	518 438	89 854	35 883

续表

地级市	文盲半文盲	小学	初中	高中	中专	大专以上文化程度
廊坊	31 876	486 934	818 321	219 532	35 203	11 940
衡水	14 590	462 934	1 001 722	323 872	37 667	11 974

资料来源：http://cyfd.cnki.com.cn/N2017020290.htm.

附表 2.13　2010 年河北省各地级市乡村从业人员各类文化程度的人数　单位：人

地级市	文盲半文盲	小学	初中	高中	中专	大专以上文化程度
石家庄	51 231	817 340	1 770 207	852 837	118 971	74 531
唐山	17 882	845 823	1 479 573	473 798	113 577	57 385
秦皇岛	8 651	312 885	584 461	191 647	27 937	12 416
邯郸	70 280	1 025 599	1 789 564	695 741	114 270	49 233
邢台	16 878	787 393	1 515 535	540 185	66 012	22 779
保定	57 752	1 630 845	2 551 404	819 931	105 159	56 602
张家口	25 527	604 989	830 669	275 152	70 096	37 549
承德	23 361	510 471	751 672	236 488	55 607	21 738
沧州	19 418	789 748	1 604 250	544 915	102 443	44 406
廊坊	31 145	477 048	820 993	238 061	38 946	14 553
衡水	13 711	435 953	1 008 192	346 681	48 384	16 988

资料来源：http://cyfd.cnki.com.cn/N2017020290.htm.

附表 2.14　2011 年河北省各地级市乡村从业人员各类文化程度的人数　单位：人

地级市	文盲半文盲	小学	初中	高中	中专	大专以上文化程度
石家庄	47 861	791 721	1 776 656	871 666	126 238	80 681
唐山	16 273	809 452	1 490 747	509 419	129 080	70 438
秦皇岛	8 349	304 933	580 772	198 106	33 477	16 258
邯郸	66 305	1 004 236	1 803 715	718 873	126 162	63 210
邢台	15 398	759 264	1 536 848	565 753	73 164	27 623
保定	51 886	1 578 541	2 595 323	858 236	121 252	71 005
张家口	21 676	577 823	825 798	293 090	88 190	50 731
承德	21 745	490 560	758 262	249 204	60 412	26 424
沧州	13 216	765 226	1 623 846	577 596	113 714	50 626
廊坊	29 148	470 163	832 866	248 689	41 523	16 537
衡水	10 921	418 170	1 025 823	365 889	52 440	19 665

资料来源：http://cyfd.cnki.com.cn/N2017020290.htm.

附表 2.15　2012 年河北省各地级市乡村从业人员各类文化程度的人数　　单位：人

地级市	文盲半文盲	小学	初中	高中	中专	大专以上文化程度
石家庄	45 822	773 250	1 778 512	875 438	132 125	86 893
唐山	14 328	784 709	1 497 601	520 061	132 084	77 548
秦皇岛	8 732	293 738	585 096	208 232	39 867	21 495
邯郸	64 328	958 642	1 823 443	768 922	139 864	74 766
邢台	14 200	741 258	1 533 884	596 207	82 793	32 452
保定	48 310	1 556 452	2 615 160	875 136	139 576	84 213
张家口	19 560	554 627	812 030	318 950	98 327	56 567
承德	19 986	471 672	764 585	262 465	64 095	29 516
沧州	11 804	735 072	1 640 582	601 752	126 601	61 590
廊坊	26 706	463 240	849 368	251 584	44 157	20 672
衡水	10 020	410 525	1 032 691	371 778	55 559	22 481

资料来源：http://cyfd.cnki.com.cn/N2017020290.htm.

附表 2.16　2013 年河北省各地级市乡村从业人员各类文化程度的人数　　单位：人

地级市	文盲半文盲	小学	初中	高中	中专	大专以上文化程度
石家庄	43 400	761 202	784 398	890 577	145 883	101 647
唐山	13 536	769 748	493 855	538 452	135 807	81 816
秦皇岛	8 223	289 872	581 563	215 209	43 284	25 214
邯郸	62 014	935 927	182 967	795 931	148 494	81 385
邢台	12 257	726 471	1 547 411	610 385	89 938	36 461
保定	44 178	1 516 803	2 619 243	910 407	145 311	93 717
张家口	15 860	521 367	805 588	333 419	113 542	66 013
承德	17 127	455 329	778 804	267 121	71 423	33 321
沧州	10 931	717 161	1 649 105	622 531	133 628	69 367
廊坊	26 142	449 786	853 880	260 947	46 013	23 030
衡水	9 269	404 037	1 032 836	380 640	58 467	26 963

资料来源：http://cyfd.cnki.com.cn/N2017020290.htm.

附表 2.17　河北省各地级市人力资本水平

地级市	2007 年	2008 年	2009 年	2010 年	2011 年	2012 年	2013 年
石家庄	9.007	9.035	9.108	9.170	9.230	9.268	9.452
唐山	8.661	8.710	8.728	8.833	8.956	9.015	9.094
秦皇岛	8.622	8.688	8.717	8.777	8.856	8.959	9.021
邯郸	8.495	8.551	8.653	8.788	8.868	8.980	9.073

续表

地级市	2007 年	2008 年	2009 年	2010 年	2011 年	2012 年	2013 年
邢台	8.632	8.707	8.768	8.830	8.908	8.980	9.030
保定	8.351	8.423	8.533	8.593	8.685	8.742	8.806
张家口	8.246	8.327	8.492	8.623	8.792	8.918	9.069
承德	8.437	8.478	8.550	8.583	8.683	8.771	8.854
沧州	8.672	8.774	8.826	8.919	9.013	9.103	9.164
廊坊	8.360	8.432	8.479	8.558	8.617	8.671	8.729
衡水	8.692	8.721	8.826	8.947	9.033	9.072	9.120

注：人力资本水平=农村从业人员受教育年数加权和/从业人员总数；将文盲和半文盲、小学、初中、高中、中专、大专及以上文化程度的受教育年限分别定义为 2 年、6 年、9 年、12 年、12 年、16 年，并以教育年限为权重，计算得到受教育年限的加权和。

附录 3　河北省农业保险需求调查问卷

尊敬的农民朋友：

您好！我是河北大学的一名学生，非常感谢您能在百忙之中抽出宝贵的时间来填写这份问卷。本调查一方面是想了解您对河北大学的认识和建议，另一方面是想了解您对河北省农业保险需求相关问题的看法与期望，您的宝贵建议将为我校更好地为农村服务提供重要思路，为河北省建设新农村提供重要参考。本次调查承诺保护您的隐私，感谢您的合作与支持！

调查日期____年___月___日；调查员姓名________；调查员专业班级________

一、农户的基本情况

1. 您家庭地址：河北省________市________县；联系方式：______________
2. 您家庭户主的年龄为（　　）。
   A. 18 岁以下　　B. 18～30 岁　　C. 31～40 岁
   D. 41～50 岁　　E. 51～60 岁　　F. 60 岁以上
3. 您的文化水平为（　　）。
   A. 没上过学　　B. 小学　　C. 初中
   D. 高中　　E. 中专　　F. 大专
   G. 大学本科以上
4. 您家庭最主要的收入来源为（　　）。
   A. 农业生产　　B. 家庭手工业　　C. 打工
   D. 商业　　E. 其他（请注明________）

5．您的家庭年收入水平为（　　）。

A．2000 元以下　B．2000～5000 元　C．5001～8000 元

D．8001～12 000 元　E．12 001～15 000 元　F．15 000 元以上

6．您家庭的耕地面积 S 为（　　）。

A．S<2 亩　B．2 亩≤S<5 亩　C．5 亩≤S<10 亩

D．10 亩≤S<20 亩　E．20 亩≤S<30 亩　F．30 亩≤S

7．您家庭种植的主要农作物种类有（可多选）（　　）。

A．小麦　B．玉米　C．水稻

D．棉花　E．大豆　F．蔬菜

G．果树　H．林木　J．园林苗圃

H．其他________

您家庭种植的主要农作物规模为(请注明，如小麦 5 亩、玉米 2 亩)________。

8．您家庭养殖的主要家禽或家畜种类有（　　）。

A．大牲畜　B．小牲畜　C．家禽

D．水产养殖　E．其他（请注明________）

您家庭养殖的主要家禽或家畜的规模为(请注明，如鸡 100 只、牛 2 头)________。

9．您认为您从事农业生产是否合算（　　）。

A．合算　B．不合算

二、农户的风险情况

1．您认为对农业生产影响最大的风险种类是（　　）。

A．自然风险　B．市场风险　C．政策风险

D．社会风险　E．其他（请注明________）

2．您家庭种植业所面临的风险有（可多选）（　　）。

A．水灾　B．旱灾　C．冰雹

D．病虫害　E．霜冻　F．火灾

G．风灾　H．其他（请注明________）

3．您家庭养殖业所面临的风险有（可多选）（　　）。

A．疾病　B．中毒　C．难产

D．自然风险　E．意外事件　F．其他（请注明________）

4．近年来，您家庭由于灾害造成的农业生产损失每年平均为（　　）。

A．1000 元以下　B．1000～3000 元　C．3001～5000 元

D．5001～7000 元　F．7001～9000 元　G．9000 元以上

5. 您预防农业风险的措施有（可多选）（　　）。

A. 兴建灌溉设施　　B. 兴建排水设施　　C. 购置防火器材

D. 加强防疫工作　　E. 其他（请注明________）

6. 当您遭受农业生产损失时，您弥补损失的方式有（可多选）（　　）。

A. 保险　　B. 向亲友求助　　C. 政府救济

D. 互助补偿　　E. 自己承担　　F. 其他（请注明________）

三、农户对农业保险认识情况

1. 您对农业保险（　　）。

A. 非常了解　　B. 比较了解

C. 了解一点　　D. 不了解

您了解农业保险的途径是（可多选）（　　）。

A. 电视　　B. 广播　　C. 报纸

D. 推销　　E. 亲友介绍　　F. 其他（请注明________）

2. 您认为购买农业保险（　　）。

A. 有必要　　B. 没必要　　C. 无所谓

3. 您认为现在农业保险的费率是否较高（　　）。

A. 是　　B. 否　　C. 说不清

如果您认为现在的农业保险费率较高，那么农业保险费率 P 最高为（　　）时，您可接受。

A. $2\%<P$　　B. $2\%\leqslant P<5\%$　　C. $5\%\leqslant P<10\%$

D. $10\%\leqslant P<15\%$　　E. $15\%\leqslant P$

4. 您（　　）如何购买农业保险。

A. 知道　　C. 不知道

如果您知道如何购买农业保险，您知道的途径有（可多选）（　　）。

A. 保险公司　　B. 保险代理人　　C. 保险经纪人

D. 网上保险　　E. 其他（请注明________）

5. 您（　　）对出险后如何要求保险公司进行理赔。

A. 知道　　B. 知道一点　　C. 不知道

6. 您认为保险公司理赔（　　）。

A. 公平　　B. 不公平　　C. 说不清楚

四、农业保险消费情况

1. 您认为最需要的保险是（可多选）（　　）。

A. 养老保险　　B. 医疗保险　　C. 意外伤害险

D．农业保险　　E．交通工具保险　　F．家庭财产险

G．其他________

2．您是否购买了农业保险？（　　）

A．是　　B．否

① 如果您没有购买农业保险，您是否愿意购买农业保险？（　　）

A．愿意　　B．不愿意

② 如果您没有购买农业保险，您不购买农业保险的原因是（可多选）（　　）。

A．没有钱　　B．不了解农业保险条款

C．没有必要　　D．农业保险不可靠

E．农业保险赔付额太少

F．承保风险单一，得不到太大保障

G．其他（请注明________）

③ 如果您已购买农业保险，您购买的农业保险种类是（可多选）（　　）。

A．小麦保险　　B．玉米保险　　C．棉花雹灾保险

D．水果保险　　E．林木保险　　F．生猪保险

G．奶牛保险　　H．养鸡保险　　J．内塘水产养殖保险

N．其他（请注明________）

五、农业保险服务情况

1．您对保险公司提供的农业保险服务是否满意？（　　）

A．非常满意　　B．基本满意

C．不满意

如果您不满意，您希望保险公司加强服务的方面有（可多选）（　　）。

A．提高保额　　B．更加详细地解释条款

C．及时送达保单　　D．帮助办理理赔手续

E．及时理赔　　F．开发新险种

G．其他（请注明________）

2．您希望保险公司能提供农业保险产品的种类有（可多选）（　　）。

A．生猪保险　　B．家禽保险

C．奶牛保险　　D．内塘水产养殖保险

E．水稻保险　　F．小麦险

G．苗木（林地、育苗林）保险　　H．大棚保险

I．其他（请注明________________）

问卷调查结束，再次感谢您的合作！

附录4　第8章面板模型相关数据表

附表4.1　河北省各地级市农业保险保费收入　单位：100万元

地级市	2006年	2007年	2008年	2009年	2010年	2011年
石家庄	0.87	18.11	78.00	32.30	29.14	88.74
承德	0.08	3.97	17.33	33.74	6.43	26.22
张家口	0.03	5.07	17.56	19.20	26.45	17.16
秦皇岛	0.08	4.22	21.68	24.32	28.61	34.84
唐山	0.11	19.03	65.39	76.44	97.34	127.14
廊坊	0.06	1.95	35.10	48.73	54.21	58.40
保定	0.43	15.86	69.04	78.83	90.99	80.41
沧州	0.25	8.07	72.07	62.12	96.82	107.67
衡水	0.29	11.76	33.31	30.39	46.76	51.77
邢台	0.7	7.33	60.99	69.97	86.50	85.98
邯郸	1.19	8.16	45.13	79.48	89.75	82.14

资料来源：http://cyfd.cnki.com.cn/N2017030254.htm.

附表4.2　河北省各地级市农业保险赔付额　单位：100万元

地级市	2006年	2007年	2008年	2009年	2010年	2011年
石家庄	0.5	0.74	42.45	19.11	3.25	10.95
承德	0.03	0.55	7.19	21.26	10.96	4.63
张家口	0.00	0.41	4.18	11.46	8.92	4.68
秦皇岛	0.01	0.60	8.00	21.01	10.00	6.56
唐山	0.64	1.16	24.97	53.31	47.7	47.61
廊坊	0.01	0.15	11.46	17.26	20.03	7.81
保定	0.46	1.15	57.29	54.08	25.12	24.6
沧州	0.05	0.13	18.34	21.45	25.16	20.35
衡水	0.22	0.64	8.39	31.13	16.68	16.14
邢台	0.38	0.87	16.31	42.77	17.75	19.78
邯郸	0.96	2.16	13.33	47.47	22.89	23.64

资料来源：http://cyfd.cnki.com.cn/N2017030254.htm.

附表4.3　河北省各地级市人均地区生产总值　单位：元

地级市	2006年	2007年	2008年	2009年	2010年	2011年
石家庄	20 893	24 136	28 828	44 089	50 951	50 823
承德	12 700	16 345	20 986	36 129	35 117	39 061

续表

地级市	2006 年	2007 年	2008 年	2009 年	2010 年	2011 年
张家口	11 583	13 495	17 102	32 789	35 597	36 485
秦皇岛	19 036	23 330	27 353	49 372	53 643	61 689
唐山	32 226	37 615	47 914	62 671	73 639	89 393
廊坊	18 247	21 760	25 630	34 658	38 515	38 910
保定	11 111	12 669	14 472	45 882	48 871	59 098
沧州	18 602	21 149	24 592	55 101	69 093	90 108
衡水	12 901	13 107	14 809	31 818	37 435	38 534
邢台	11 563	12 939	14 264	30 802	29 331	30 050
邯郸	15 590	18 360	22 577	36 276	38 500	42 010

资料来源：http://www.hetj.gov.cn/hetj/tjsj/ijnj/.

附表 4.4　河北省各地级市总播种面积　　单位：公顷

地级市	2006 年	2007 年	2008 年	2009 年	2010 年	2011 年
石家庄	1 010 040	1 014 354	1 007 672	995 547	1 020 557	982 631
承德	299 720	317 096	317 028	335 348	359 668	356 827
张家口	669 740	656 023	664 578	674 820	690 794	660 992
秦皇岛	218 530	206 036	211 716	213 825	220 747	207 716
唐山	793 620	794 889	787 171	786 021	790 472	577 289
廊坊	511 910	497 516	496 164	496 330	496 530	433 610
保定	1 185 710	1 199 127	1 198 807	1 199 651	1 216 953	1 198 643
沧州	1 135 290	1 060 497	1 098 050	1 100 068	1 135 923	1 127 753
衡水	819 300	846 615	833 055	840 595	850 167	800 932
邢台	986 990	985 802	988 159	1 002 978	1 012 508	981 651
邯郸	1 065 190	1 080 200	1 076 019	1 070 786	1 079 796	1 054 780

资料来源：http://www.hetj.gov.cn/hetj/tjsj/ijnj/.

附表 4.5　河北省各地级市农业保险赔付率

地级市	2006 年	2007 年	2008 年	2009 年	2010 年	2011 年
石家庄	0.575	0.041	0.544	0.592	0.112	0.123
承德	0.375	0.139	0.415	0.630	1.705	0.177
张家口	0.000	0.081	0.238	0.597	0.337	0.273
秦皇岛	0.125	0.142	0.369	0.864	0.350	0.188
唐山	5.818	0.061	0.382	0.697	0.490	0.374
廊坊	0.167	0.077	0.326	0.354	0.369	0.134
保定	1.070	0.073	0.830	0.686	0.276	0.306
沧州	0.200	0.016	0.254	0.345	0.260	0.189
衡水	0.759	0.054	0.252	1.024	0.357	0.312

续表

地级市	2006年	2007年	2008年	2009年	2010年	2011年
邢台	0.543	0.119	0.267	0.611	0.205	0.230
邯郸	0.807	0.265	0.295	0.597	0.255	0.288

注：农业保险赔付率=农业保险赔付额/农业保险保费收入。

附录5 第9章相关数据表

附表5.1 2010～2014年河北省各县（市）人均农业产值 单位：元

县（市）名	人均农业产值	名次	县（市）名	人均农业产值	名次	县（市）名	人均农业产值	名次
乐亭县	22 508.87	1	邱县	11 948.68	23	新乐市	9 579.81	45
滦南县	20 899.14	2	滦平县	11 832.90	24	晋州市	9 535.80	46
昌黎县	18 516.65	3	卢龙县	11 681.80	25	元氏县	9 510.24	47
吴桥县	17 550.96	4	平泉县	11 581.39	26	故城县	9 481.94	48
永清县	17 139.53	5	武邑县	11 493.02	27	张北县	9 389.78	49
馆陶县	15 765.17	6	滦　县	11 313.83	28	承德县	9 265.42	50
青县	15 265.85	7	深州市	11 266.90	29	兴隆县	9 262.47	51
抚宁县	15 203.59	8	成安县	11 053.68	30	赵县	9 256.69	52
玉田县	15 160.78	9	黄骅市	10 989.13	31	赞皇县	9 150.90	53
大厂回族自治县	14 485.96	10	围场满族蒙古族自治县	10 796.57	32	献县	9 116.05	54
宣化县	13 660.52	11	赤城县	10 445.05	33	尚义县	9 094.40	55
辛集市	13 610.02	12	曲周县	10 282.13	34	遵化市	9 093.65	56
正定县	12 724.74	13	宽城满族自治县	10 082.71	35	香河县	9 032.98	57
东光县	12 649.39	14	深泽县	10 028.16	36	无极县	8 852.13	58
永年县	12 619.76	15	隆化县	9 986.15	37	武强县	8 796.30	59
固安县	12 537.67	16	崇礼县	9 900.72	38	南皮县	8 690.25	60
肥乡县	12 537.49	17	三河市	9 848.13	39	迁西县	8 650.97	61
涿鹿县	12 399.97	18	望都县	9 844.79	40	怀来县	8 629.63	62
沽源县	12 252.22	19	高邑县	9 790.71	41	丰宁满族自治县	8 597.10	63
康保县	12 186.97	20	定州市	9 748.37	42	柏乡县	8 562.58	64
肃宁县	12 145.67	21	鸡泽县	9 723.79	43	迁安市	8 393.24	65
饶阳县	12 059.61	22	行唐县	9 694.91	44	万全县	8 296.88	66

续表

县（市）名	人均农业产值	名次	县（市）名	人均农业产值	名次	县（市）名	人均农业产值	名次
威县	8 171.51	67	冀州市	7 143.70	89	阜平县	5 492.04	111
阜城县	8 116.75	68	怀安县	7 117.31	90	邢台县	5 452.32	112
安平县	8 005.75	69	阳原县	6 952.21	91	平乡县	5 336.67	113
灵寿县	7 996.01	70	宁晋县	6 851.12	92	涿州市	5 316.04	114
枣强县	7 913.57	71	大名县	6 833.85	93	蔚县	5 306.34	115
景县	7 912.67	72	平山县	6 635.72	94	任县	5 132.14	116
顺平县	7 894.40	73	沧县	6 569.87	95	高碑店市	5 022.75	117
定兴县	7 887.35	74	南宫市	6 513.97	96	文安县	4 985.11	118
临城县	7 681.46	75	邯郸县	6 471.06	97	霸州市	4 917.65	119
广宗县	7 660.10	76	容城县	6 441.99	98	魏县	4 914.76	120
满城县	7 648.68	77	孟村回族自治县	6 388.87	99	蠡县	4 823.23	121
隆尧县	7 641.55	78	井陉县	6 238.78	100	唐县	4 809.81	122
徐水县	7 616.13	79	大城县	6 195.57	101	清河县	4 730.00	123
博野县	7 574.28	80	临西县	6 150.65	102	涉县	4 678.76	124
青龙满族自治县	7 450.54	81	巨鹿县	6 130.39	103	高阳县	4498.51	125
广平县	7 371.98	82	泊头市	6 112.42	104	雄县	4 326.96	126
安国市	7 350.21	83	盐山县	5 924.98	105	武安市	4 202.66	127
临漳县	7 311.03	84	内丘县	5 883.30	106	任丘市	4 200.89	128
新河县	7 277.76	85	磁县	5 795.77	107	安新县	3 797.59	129
易县	7 274.79	86	海兴县	5 765.81	108	曲阳县	3 319.45	130
清苑县	7 194.34	87	涞水县	5 504.86	109	沙河市	3 286.56	131
南和县	7 160.56	88	河间市	5 503.21	110	涞源县	2 660.01	132

资料来源：http://www.hetj.gov.cn/hetj/tjsj/jjnj/.

附表 5.2　2010～2014 年各县（市）人均机械动力　　单位：千瓦

县（市）名	人均机械动力	名次	县（市）名	人均机械动力	名次	县（市）名	人均机械动力	名次
新乐市	46 364.61	1	迁安市	28 116.27	8	武强县	24 543.08	15
赵县	43 128.73	2	永清县	27 525.52	9	南皮县	23 895.23	16
深州市	36 744.77	3	故城县	27 158.15	10	黄骅市	23 807.15	17
辛集市	31 435.67	4	饶阳县	26 972.72	11	固安县	23 554.57	18
行唐县	30 122.36	5	武安市	25 945.04	12	卢龙县	23 289.50	19
正定县	29 868.41	6	晋州市	24 933.43	13	滦南县	23 116.33	20
磁县	28 372.21	7	深泽县	24 771.66	14	高邑县	22 270.76	21

续表

县（市）名	人均机械动力	名次	县（市）名	人均机械动力	名次	县（市）名	人均机械动力	名次
大厂回族自治县	22 190.44	22	海兴县	15 999.40	54	顺平县	13 074.40	86
乐亭县	21 983.31	23	安国市	15 967.08	55	满城县	12 905.99	87
馆陶县	21 701.72	24	柏乡县	15 756.33	56	滦平县	12 689.64	88
泊头市	21 308.81	25	巨鹿县	15 752.87	57	围场满族蒙古族自治县	12 615.68	89
青县	21 186.26	26	任县	15 543.08	58	清苑县	12 565.83	90
冀州市	20 947.00	27	临漳县	15 316.29	59	隆化县	11 573.60	94
沽源县	20 899.16	28	临西县	15 277.77	60	临城县	11 536.27	95
沧县	20 337.28	29	武邑县	15 121.73	61	蠡县	11 332.93	96
吴桥县	20 177.26	30	永年县	15 113.62	62	康保县	11 327.87	97
阜城县	19 953.70	31	大城县	15 080.65	63	安新县	11 230.17	98
景县	19 940.80	32	三河市	15 036.53	64	鸡泽县	11 183.28	99
平山县	19 820.08	33	文安县	14 995.96	65	大名县	10 944.03	100
曲周县	19 656.87	34	南和县	14 801.69	66	平乡县	10 525.57	101
遵化市	19 215.91	35	抚宁县	14 761.92	67	张北县	10 176.88	102
新河县	19 157.03	36	元氏县	14 725.59	68	定兴县	9 973.68	103
肃宁县	19 111.72	37	徐水县	14 714.75	69	平泉县	9 856.90	104
容城县	18 848.37	38	东光县	14 696.65	70	迁西县	9 636.21	105
肥乡县	18 646.21	39	孟村回族自治县	14 520.94	71	枣强县	9 540.93	106
无极县	18 525.07	40	香河县	14 366.00	72	邢台县	9 321.42	107
南宫市	18 009.17	41	安平县	14 278.71	73	内丘县	9 165.48	108
赞皇县	17 937.33	42	阜平县	14 178.28	74	广宗县	9 149.80	109
邯郸县	17 850.63	43	井陉县	14 087.88	75	唐县	8 903.61	110
邱县	17 564.91	44	望都县	14 035.09	76	曲阳县	8 512.88	111
成安县	17 491.62	45	宁晋县	14 003.53	77	兴隆县	8 445.22	112
霸州市	17 448.08	46	博野县	13 701.60	78	雄县	8 317.29	113
定州市	17 237.48	47	涉县	13 673.64	79	赤城县	8 027.26	114
玉田县	17 168.36	48	广平县	13 549.29	80	涞水县	7 904.63	115
隆尧县	17 128.62	49	献县	13 443.14	81	涿州市	7 707.62	116
滦县	16 544.33	50	丰宁满族自治县	13 205.88	82	怀来县	7 532.68	117
灵寿县	16 495.02	51	沙河市	13 189.85	83	宽城满族自治县	7 525.69	118
昌黎县	16 313.86	52	清河县	13 154.16	84	崇礼县	7 096.81	119
河间市	16 074.55	53	威县	13 099.66	85	承德县	7 050.60	120

续表

县（市）名	人均机械动力	名次	县（市）名	人均机械动力	名次	县（市）名	人均机械动力	名次
高碑店市	6 904.11	121	涿鹿县	6 451.70	125	易县	5 087.82	129
蔚县	6 784.19	122	高阳县	5 820.23	126	尚义县	4 927.47	130
涞源县	6 684.20	123	万全县	5 470.77	127	怀安县	4 540.77	131
宣化县	6 531.49	124	青龙满族自治县	5 160.31	128	阳原县	4 425.40	132

注：河北省统计局；http://www.hetj.gov.cn/hetj/tjsj/jjnj/.

附表 5.3　2014 年各县（市）农民人均纯收入　　单位：元

县（市）名	人均纯收入	名次	县（市）名	人均纯收入	名次	县（市）名	人均纯收入	名次
迁安市	17 125	1	永年县	11 591	27	安新县	10 170	53
晋州市	13 881	2	青县	11 568	28	肥乡县	10 169	54
三河市	13 746	3	固安县	11 479	29	河间市	10 117	55
正定县	13 372	4	满城县	11 426	30	景县	9 998	56
涿州市	13 082	5	邯郸县	11 330	31	高邑县	9 984	57
香河县	12 864	6	武安市	11 290	32	鸡泽县	9 961	58
安国市	12 790	7	永清县	11 285	33	南和县	9 937	59
迁西县	12 626	8	临漳县	11 230	34	卢龙县	9 904	60
霸州市	12 602	9	高碑店市	11 211	35	泊头市	9 885	61
高阳县	12 560	10	赵县	11 165	36	冀州市	9 840	62
乐亭县	12 528	11	怀来县	11 099	37	深泽县	9 758	63
滦县	12 484	12	无极县	11 079	38	深州市	9 758	64
容城县	12 308	13	大城县	11 047	39	肃宁县	9 645	65
新乐市	12 285	14	抚宁县	11 007	40	井陉县	9 595	66
遵化市	12 264	15	成安县	10 880	41	邢台县	9 507	67
辛集市	12 260	16	蠡县	10 864	42	邱县	9 451	68
玉田县	12 259	17	滦南县	10 856	43	临西县	9 427	69
清苑县	12 153	18	安平县	10 834	44	魏县	9 199	70
文安县	12 093	19	沙河市	10 737	45	望都县	9 195	71
大厂回族自治县	12 082	20	定州市	10 706	46	涉县	9 165	72
雄县	12 041	21	曲周县	10 690	47	博野县	9 117	73
任丘市	11 911	22	清河县	10 587	48	吴桥县	9 013	74
昌黎县	11 848	23	元氏县	10 547	49	南宫市	8 846	75
徐水县	11 781	24	定兴县	10 527	50	大名县	8 822	76
磁县	11 735	25	宁晋县	10 331	51	馆陶县	8 778	77
黄骅市	11 655	26	沧县	10 247	52	柏乡县	8 762	78

续表

县（市）名	人均纯收入	名次	县（市）名	人均纯收入	名次	县（市）名	人均纯收入	名次
广平县	8 740	79	张北县	6 859	97	武邑县	5 807	115
隆尧县	8 732	80	崇礼县	6 840	98	广宗县	5 760	116
宽城满族自治县	8 636	81	平乡县	6 772	99	围场满族蒙古族自治县	5 742	117
宣化县	8 584	82	涞水县	6 656	100	巨鹿县	5 693	118
东光县	8 337	83	蔚县	6 648	101	阜城县	5 607	119
任县	8 274	84	盐山县	6 632	102	武强县	5 579	120
平泉县	8 197	85	康保县	6 574	103	丰宁满族自治县	5 544	121
内丘县	8 162	86	南皮县	6 561	104	饶阳县	5 427	122
涿鹿县	8 134	87	沽源县	6 522	105	行唐县	5 420	123
兴隆县	8 131	88	滦平县	6 435	106	海兴县	5 316	124
孟村回族自治县	7 913	89	万全县	6 435	107	阜平县	5 150	125
枣强县	7 784	90	临城县	6 233	108	唐县	5 073	126
故城县	7 555	91	阳原县	6 198	109	灵寿县	5 049	127
献县	7 508	92	威县	6 047	110	新河县	5 043	128
承德县	7 375	93	尚义县	5 985	111	曲阳县	5 031	129
怀安县	7 119	94	易县	5 976	112	顺平县	4 902	130
青龙满族自治县	6 887	95	隆化县	5 905	113	涞源县	4 859	131
赤城县	6 877	96	平山县	5 885	114	赞皇县	4 509	132

注：河北省统计局；http://www.hetj.gov.cn/hetj/tjsj/jjnj/.

附录 6　第 10 章相关数据表

附表 6.1　河北省各地级市农用化肥施用量　　单位：吨

地级市	2007 年	2008 年	2009 年	2010 年	2011 年	2012 年	2013 年
石家庄	478 278	478 234	478 812	483 537	486 890	488 997	487 890
唐山	374 283	373 930	379 781	381 656	379 543	384 735	386 382
秦皇岛	126 085	128 300	132 372	139 520	143 112	145 671	147 312
邯郸	447 647	453 738	461 474	472 588	471 673	478 968	479 275
邢台	328 405	332 225	337 761	344 675	352 447	353 794	354 765
保定	433 125	431 388	440 067	445 778	461 145	468 763	468 650
张家口	99 101	98 592	93 616	98 015	101 306	102 996	111 401
承德	97 417	99 856	102 378	106 123	108 001	107 950	111 517

续表

地级市	2007 年	2008 年	2009 年	2010 年	2011 年	2012 年	2013 年
沧州	314 359	311 704	311 685	322 954	319 173	316 608	316 685
廊坊	165 036	165 973	166 437	166 662	167 130	167 921	166 914
衡水	254 970	250 047	257 317	267 107	272 366	276 909	279 625

注：http://www.hetj.gov.cn/hetj/tjsj/jjnj/.

附表 6.2　河北省各地级市人均农用化肥施用量　　单位：吨

地级市	2007 年	2008 年	2009 年	2010 年	2011 年	2012 年	2013 年
石家庄	0.324	0.320	0.327	0.332	0.337	0.342	0.343
唐山	0.287	0.296	0.298	0.302	0.306	0.313	0.318
秦皇岛	0.177	0.181	0.187	0.199	0.204	0.208	0.207
邯郸	0.250	0.251	0.243	0.248	0.259	0.264	0.286
邢台	0.231	0.228	0.232	0.240	0.250	0.256	0.258
保定	0.144	0.144	0.148	0.153	0.162	0.166	0.168
张家口	0.080	0.077	0.075	0.080	0.083	0.085	0.092
承德	0.102	0.105	0.108	0.112	0.114	0.114	0.117
沧州	0.251	0.261	0.280	0.296	0.302	0.307	0.314
廊坊	0.206	0.208	0.207	0.208	0.210	0.209	0.209
衡水	0.308	0.293	0.304	0.316	0.325	0.332	0.340

注：人均农用化肥施用量=农用化肥施用量/农林牧渔业从业人数。

参 考 文 献

庇古，2006. 福利经济学[M]. 朱泱，张胜纪，吴良健译. 北京：商务印书馆.

蔡洪滨，2010．农业保险和经济发展：来自随机自然实验的证据[J]．上海经济，（7）：12-13.

曹卫芳，2013．农业保险与农业现代化的互动机制分析[J]．宏观经济研究，（3）：106-111.

陈晨，2009．农作物保险费率厘定方法及其政策影响研究[D]．合肥：安徽农业大学.

陈丽，2010．国外农业保险风险区划的经验启示[J]．中国集体经济，（6）：198-199.

陈璐，2004．政府扶持农业保险发展的经济学分析[J]．财经研究，（6）：69-76.

陈盛伟，郑文君，2004．山东省农业保险业务萎缩原因分析及政策构想[J]．山东经济，（5）：110-112.

陈世金，等，2009．河北省农业保险的现状与风险分散机制[J]．河北科技师范学院学报（社会科学版），8（3）：91-93，101.

陈锡文，2004．中国政府支农资金使用与管理体制改革研究[M]．太原：山西经济出版社.

陈晓峰，2014．农作物区域产量保险：国际实践及适用性分析[J]．金融发展研究，（2）：9-16.

陈新建，陶建平，2008a．湖北省水稻生产风险区划的实证研究[J]．统计与决策，（19）：86-88.

陈新建，陶建平，2008b．基于风险区划的水稻区域产量保险费率研究[J]．华中农业大学学报：社会科学版，（4）：14-17.

陈妍，等，2007．农业保险购买意愿影响因素的实证研究[J]．农业技术经济，（2）：26-30.

邓道才，郑蓓，2015．我国“合作社式”农业保险模式探究：基于日本农业共济制度的经验[J]．经济体制改革，（4）：184-189.

丁少群，1997．农作物保险费率厘订问题的探讨[J]．西北农业大学学报， S1：104-108.

丁少群，2009．我国农业保险的发展需要风险区划[J]．中国集体经济，（9X）：91-92.

杜鹏，2011．农户农业保险需求的影响因素研究：基于湖北省五县市 342 户农户的调查[J]．农业经济问题，（11）：78-83.

杜彦坤，2006．农业政策性保险体系构建的基本思路与模式选择[J]．农业经济问题，（1）：50-53.

费友海，2005．我国农业保险发展困境的深层根源：基于福利经济学角度的分析[J]．金融研究，（3）：133-144.

冯文丽，2004．我国农业保险市场失灵与制度供给[J]．金融研究，（4）：124-129.

冯文丽，2006．河北农业保险模式选择与制度供给[J]．河北金融，（1）：50-51.

冯文丽，林宝清，2003．我国农业保险短缺的经济分析[J]．福建论坛：经济社会版，（6）：17-20.

冯文丽，杨雪美，薄悦，2015．基于 DEA-Tobit 模型的我国农业保险效率及影响因素分析[J]．金融与经济，（2）：69-72.

凤涛，2014．茶叶区域产量保险的设计研究[D]．大连：东北财经大学.

高杰，2008．农业保险对于农民收入的影响及其政策涵义[J]．财政研究，（7）：48-51.

谷政，江惠坤，褚保金，2009．农业保险费率厘定的小波：非参数统计方法及其实证分析[J]．系统工程，（8）：39-43.

郭晓航，1986．论农业政策性保险[C]．中国保险学会的学术讨论会会议论文（北京）.

侯玲玲，穆月英，曾玉珍，2010．农业保险补贴政策及其对农户购买保险影响的实证分析[J]．农业经济问题，（4）：19-25.

胡炳志，彭进，2009．政策性农业保险补贴的最优边界与方式探讨[J]．保险研究，（10）：96-101.

胡振华，傅晓晓，2016．农业保险现状与发展对策分析：以上海为例[J]．贵州大学学报（社会科学版），（4）：18-25.

黄公安，1937．农业保险的理论及其组织[M]．上海：商务印书馆.

黄如金，1999．论把农业保险纳入农村社会保障体系[J]．市场与人口分析，（5）：44-48.

黄颖，2015．基于 AHP-DEA 两步法的我国农业保险财政补贴效率评价[J]．上海金融，（7）：35-38.

贾荣言，等，2005．河北省农业保险存在问题及其对策研究[J]．农业经济，（4）：55-56.

蒋国民，2008．农户对农业保险需求的影响因素研究：以淮安市为例[D]．南京：南京农业大学.

姜万军，1997．最优宏观农业风险管理理论及应用研究[D]．北京：中国人民大学.

李杰，2013．农户农业保险需求因素分析：基于运城市 323 户农户的问卷调查[J]．时代金融，（4）：230-231．
李军，1996．农业保险的性质、立法原则及发展思路[J]．中国农村经济，（1）：55-59．
李文芳，方伶俐，2013．农作物县域产量保险风险区划实证研究[J]．生态经济（中文版），（11）：13-115．
李心愉，赵景涛，刘忠轶，2015．我国农业保险开展效率研究：基于企业和区域的视角[J]．江西财经大学学报，（2）：69-80．
李燕，2011．中外农业保险模式及其对北部湾经济区农业保险的启示[J]．安徽农业科学，39（27）：17030-17032．
李勇杰，2008．论农业保险中道德风险防范机制的构筑[J]．保险研究，（7）：67-69．
梁来存，2009．核密度法厘定我国粮食保险纯费率的实证研究[J]．南京农业大学学报（社会科学版），9（4）：28-34．
梁来存，2010．我国粮食单产保险纯费率厘定的实证研究[J]．统计研究，（5）：67-73
梁平，梁彭勇，董宇翔，2008．我国农业保险对农民收入影响的经验研究[J]．管理现代化，（1）：46-48．
刘从敏，张祖荣，李丹，2016．农业保险财政补贴动因与补贴模式的创新[J]．甘肃社会科学，（1）：94-98．
刘锐金，凌远云，李文芳，2012．运用时空模型厘定湖北省县级水稻产量保险的纯费率[J]．数理统计与管理，31（3）：546-555．
罗向明，张伟，丁继锋，2011．地区补贴差异、农民决策分化与农业保险福利再分配[J]．保险研究，（5）：11-17．
聂荣，沈大娟，2017．影响农户参保农业保险决策的因素分析[J]．西北农林科技大学学报（社会科学版），17（1）：106-115．
聂荣，王欣兰，闫宇光，2013．政策性农业保险有效需求的实证研究：基于辽宁省农村入户调查的证据[J]．东北大学学报（社会科学版），15（5）：471-477．
宁满秀，邢鹂，钟甫宁，2005．影响农户购买农业保险决策因素的实证分析：以新疆玛纳斯河流域为例[J]．农业经济问题，26（6）：38-44．
宁满秀，等，2006．农户对农业保险支付意愿的实证分析：以新疆玛纳斯河流域为例[J]．中国农村经济，（6）：43-51．
彭可茂，席利卿，彭开丽，2012．农户水稻保险支付意愿影响因素的实证研究：基于广东 34 地 1772 户农户的经验数据[J]．保险研究，（4）：33-43．
皮立波，李军，2003．我国农村经济发展新阶段的保险需求与商业性供给分析[J]．中国农村经济，（5）：68-75．
施红，2008．美国农业保险财政补贴机制研究回顾：兼对中国政策性农业保险补贴的评析[J]．保险研究，（4）：91-94．
施红，2010．政策性农业保险中的保险公司激励机制研究[J]．保险研究，（5）：48-53．
石晓军，郭金龙，2013．城镇化视野下我国农业保险发展的若干思考[J]．保险研究，（8）：13-18．
孙朋，陈盛伟，2011．山东省农业保险与农民收入关系的实证分析[J]．山东农业大学学报（社会科学版），（3）：82-87．
孙蓉，奉唐文，2016．保险公司经营农险的效率及其影响因素：基于 SBM 模型与 DEA 窗口分析法[J]．保险研究，（1）：43-53．
孙香玉，2008．保险认知、政府公信度与农业保险的需求：江苏省淮安农户农业保险支付意愿的实证检验[J]．南京农业大学学报，（1）：48-54．
孙香玉，钟甫宁，2008．对农业保险补贴的福利经济学分析[J]．农业经济问题，29（2）：4-11．
谭宗琨，刘世业，欧钊荣，2015．广西糖料蔗寒冻害风险评估与风险区划研究[J]．气象研究与应用，36（1）：86-91．
唐德祥，周雪晴，2016．农业保险影响农民增收的内在机理分析：基于中国 1982—2012 年的经验数据[J]．江苏农业科学，44（3）：470-474．
唐瑾，2013．基于农业产业化发展视角的农业保险体系构建研究[J]．求索，（7）：247-249．
庹国柱，2002．中国保险业需要垄断吗?[J]．上海保险，（7）：4-7．
庹国柱，2012．我国农业保险的发展成就、障碍与前景[J]．保险研究，（12）：21-29．
庹国柱，丁少群，1994．农作物保险风险分区和费率分区问题的探讨[J]．中国农村经济，（8）：43-47．
庹国柱，李军，2003．我国农业保险试验的成就、矛盾及出路[J]．金融研究，（9）：88-98．
庹国柱，李军，王国军，2001．外国农业保险立法的比较与借鉴[J]．中国农村经济，（1）：74-80．
庹国柱，等，2013．中国农业保险大灾风险分散制度及大灾风险基金规模研究[J]．保险研究，（6）：3-15．
王红，2004．农业科技推广风险及防范研究[D]．长沙：湖南农业大学．

王洪波，2016．我国不同经营主体农业保险需求差异性研究：基于新型经营主体与传统农户视角的分析[J]．价格理论与实践，（6）：133-136．
王婧扬，2015．中国区域性农业保险发展路径依赖[J]．农业与技术，（3）：142-144．
王凯，段胜，2009．影响我国农业保险发展的多因素实证分析[J]．保险研究，（4）：101-105．
王克，2008．农作物单产分布对农业保险费率厘定的影响[D]．北京：中国农业科学院．
王丽红，等，2007．非参数核密度法厘定玉米区域产量保险费率研究：以河北安国市为例[J]．中国农业大学学报，12（1）：284．
王世颖，1935．保险合作经营论[M]．南京：正中书局．
温燕，2013．农产品价格对农业保险投保及道德风险的影响：一个理论框架及政策建议[J]．保险研究，（9）：18-30．
吴雪平，梁芷铭，2014．美国农业保险政策对农业经济的影响[J]．世界农业，（1）：64-67．
吴钰，蒋新慧，2013．保险业服务农业现代化有效路径分析[J]．保险研究，（12）：23-28．
肖卫东，等，2013．公共财政补贴农业保险：国际经验与中国实践[J]．中国农村经济，（7）：13-23．
肖宇谷，王克，王晔，2014．Bootstrap 方法在农业产量保险费率厘定中的应用[J]．保险研究，（9）：21-28．
谢瑞武，2014．充分发挥政策性农业保险作用 推动都市现代农业加快发展：以成都市政策性农业保险试点为例[J]．西南金融，（11）：7-9．
邢鹂，2004．中国种植业生产风险与政策性农业保险研究[D]．南京：南京农业大学．
杨春玲，周肖肖，2010．农民农业收入影响因素的实证分析[J]．财经论丛，（2）：13-18．
杨雪美，冯文丽，刘亚妹，2011．我国农业保险信息不对称问题研究[J]．技术经济与管理研究，（4）：111-114．
姚海明，赵锦城，2004．合作保险：我国农业保险模式的理性选择[J]．农业经济问题，24（9）：67-70．
叶明华，2015．政策性农业保险：从制度诱导到农户自主性需求：基于江苏省 585 户粮食种植户的问卷调查[J]．财贸经济，36（11）：88-100．
叶明华，2016．农业气象灾害的空间集聚与政策性农业保险的风险分散：以江、浙、沪、皖 71 个气象站点降水量的空间分析为例（1980—2014）[J]．财贸研究，（4）：32-41．
叶明华，胡庆康，2012．农业风险的区域相关性与农业保险的协调优化：以 1978—2009 年粮食主产区水旱灾害为例[J]．江西财经大学学报，（5）：50-57．
叶涛，等，2012．基于产量统计模型的农作物保险定价研究进展[J]．中国农业科学，45（12）：2544-2551．
尹成远，周稳海，2006．国际农业保险的成功经验对我国的启示[J]．国际金融研究，（3）：20-25．
余欣，党筱兰，李思梅，2016．黔西南州政策性种植业保险发展现状及对策[J]．现代农业科技，（17）：271-272．
袁春旺，姚永兴，张杰，2011．农业保险与农村居民收入增长关系研究：以吉林省为例[J]．华北金融，（6）：24-26．
张琳，白夺林，2016．农业保险巨灾风险准备金计提和使用问题研究：以湖南省水稻种植保险为例[J]．保险研究，（3）：45-56．
张彤，陈秀凤，2014．基于风险区划下的玉米区域产量保险差别费率厘定：以吉林省九个地级市为例[J]．吉林金融研究，（6）：21-25．
张伟，郭颂平，罗向明，2013．分险演变，收入调整与不同地理区域农业保险差异化需求[J]．保险研究，（10）：32-41．
张欣，于洋，2012．基于租值消散理论的农业保险发展区域性差异研究[J]．保险研究，（3）：44-49．
张旭光，赵元凤，2014．农业保险财政补贴效率的评价研究：以内蒙古自治区为例[J]．农村经济，（5）：93-97．
张燕，潘胜莲，2010．我国农业保险的现实困境及趋向选择：以区域化发展为视角[J]．金融与经济，（1）：68-71．
张友祥，金兆怀，2008．区域划分经营是我国农业保险发展的必然选择[J]．经济纵横，（9）：79-82．
张跃华，史清华，顾海英，2006．农业保险对农民、国家的福利影响及实证研究：来自上海农业保险的证据[J]．制度经济学研究，（2）：9-31．
张跃华，何文炯，施红，2007．市场失灵、政策性农业保险与本土化模式：基于浙江、上海、苏州农业保险试点的比较研究[J]．农业经济问题，（6）：49-55．
张祖荣，2012．农业保险的价格构成与保费补贴比例的确定[J]．财政研究，（10）：44-46．
张祖荣，2013．农业保险的保费分解与政府财政补贴方式选择[J]．财经科学，（5）：18-25．
张遵东，1998．贵州农业保险发展的思考[J]．农村经济与技术，（6）：18-20．

赵桂玲，周稳海，2014．农业保险投保意愿的影响因素：基于河北省的 988 份调查问卷[J]．江苏农业科学，42（7）：458-460．

赵长保，李伟毅，2014．美国农业保险政策新动向及其启示[J]．农业经济问题，35（6）：103-109．

郑苏晋，姚丹，2014．我国区域性生猪保险市场发展潜力评价[J]．保险研究，（5）：38-48．

郑军，汪运娣，2017．我国农业保险差异性财政补贴：地区经济差距与财政支出公平[J]．重庆工商大学学报（社会科学版），34（3）：1-8．

郑军，朱甜甜，2014．经济效率和社会效率：农业保险财政补贴综合评价[J]．金融经济学研究，（3）：88-97．

周文杰，2014．中国政策性农业保险效率研究：基于交易成本角度[J]．保险研究，（11）：33-41．

周稳海，赵桂玲，尹成远，2015．农业保险对农业生产影响效应的实证研究：基于河北省面板数据和动态差分 GMM 模型[J]．保险研究，（5）：60-68．

AHSAN S M, ALI A N, KURIAN N J, 1982. Toward a theory of agricultural insurance [J]. American journal of agricultural economics，64(3):520-529.

ARELLANO M，BOND S，1991. Some tests of specification for panel data：Monte Carlo evidence and an application to employment equation[J]. Review of economic studies，58（2）：277-297.

PEDRONI P，1999. Critical values for cointegration tests in heterogeneous panels with multiple regressors[J]. Oxford bulletin of economics and statistics，61（S1）：653-670.

ARROW K J, 1963. Uncertainty and the welfare economics of medical care [J]. The American economic review, 53(5):941-973.

BABCOCK B, HART C, 2000. Second look at subsidies and supply(A)[R]. Iowa State University, department of economics staff general research papers.

BECK T, DEMIRGÜÇ-KUNT A, Levine R, 2007. Finance, inequality and the poor [J]. Journal of economic growth, 12(1):27-49.

CAI H, et al., 2009. Microinsurance, trust and economic development:Evidence from a randomized natural field experiment [R]. National bureau of economic research.

CHAMBERS R G, 1989. Insurability and Moral Hazard in Agricultural Insurance Markets [J]. American journal of agricultural economics, 71(8):604-16.

CLARKE G R G, XU L C, ZOU H, 2006. Finance and income inequality:what do the data tell us?[J]. Southern economic journal, 70(3):578-596.

COBLE K H, et al., 1996. Modeling farm-level crop insurance demand with panel data[J]. American journal of agricultural economics, 78(2):439-447.

DAI Y W, CHANG H H, LIU W P, 2015. Do forest producers benefit from the forest disaster insurance program? Empirical evidence in Fujian Province of China[J]. Forest policy and economics, 50:127-133.

DIAO P P, ZHANG Z G, 2015. Premium rate design and risk regionalization for the policy-based wheat insurance of Henan Province in China[J]. Asia-Pacific journal of risk and insurance, (1): 131-145.

ENJOLRAS G, SENTIS P, 2008. The main determinants of insurance purchase an empirical study on crop insurance policies in france [R]. European association of agricultural economists.

GINÉ X, ROBERT T, JAMES V, 2008. Patterns of rainfall insurance participation in rural India [J]. The world bank economic review, 22(3):539-566.

GLAUBER J W, 2004. Crop insurance reconsidered [J]. American journal of agricultural economics, 86(5):1179-1195.

GLAUBER J W, COLLINS K J, BARRY P J, 2013. Crop insurance, disaster assistance, and the role of the federal government in providing catastrophic risk protection [J]. Agricultural finance review, 62(2):81-101.

JUST R E, CALVIN L, QUIGGIN J, 1999. Adverse selection in crop insurance: Actuarial and symmetric Information Incentives. [J]. american journal of agricultural economics, 81(4): 834-849.

KAO C，CHIANG M，CHEN B，1999. International R&D spillovers：an application of estimation and inference in panel cointegration[J]. Oxford bulletin of economics and statistics，61（S1）：691-709.

KNIGHT T O, COBLE K H, 1997. Survey of U. S. multiple peril crop insurance literature since 1980 [J]. Review of agricultural economics, 19(1):128-156.

LAWAS P C, 2005. Crop Insurance Premium rate impacts of flexible parametric yield distributions: an evaluation of Johnson family of distributions[D]. Lubbock:Texas Tech University.

LIANG Y, COBLE K H, 2009. A cost function analysis of crop insurance moral hazard and agricultural chemical use [R]. Agricultural & applied economics association 2009 AAEA & ACCI joint annual meeting.

MOSCHINI G, HENNESSY D A, 2001. Uncertainty, risk aversion, and risk management for agricultural producers [J]. Handbook in agricultural economics, 1(A):87-153.

NELSON C H, OEHMAN E T, 1987. Further toward a theory of agricultural insurance [J]. American journal of agricultural economics, 69(3):523-531.

NEUMANN J V, MORGENSTERN O, 1947. Theory of games and economic behavior [M]. Princeton:Princeton University Press.

O'DONOGHUE E J, KEY N, ROBERTS M J, 2005. Does risk matter for farm businesses? The effect of crop insurance on production and diversification [R]. Report of economic research service, USDA.

ORDEN D, 2001. Should there be a federal income safety net [R]. The agricultural outlook forum.

SERRA T, GOODWIN B K, FEATHERSTONE A M, 2003. Modeling changes in the U. S. demand for crop insurance during the 1990s [J]. Agricultural finance review, 63(2):109-125.

SHERRICK B J, et al, 2003. Farmers' preferences for crop insurance attributes [J]. Review of agricultural economics, 25(2):415-429.

SHERRICK B J, et al, 2004. Factors influencing farmers'crop insurance decisions[J]. American journal of agricultural economics, 86(1):103-114.

SCHULTZ T W， 1964. Transforming traditional agriculture[M]. New Haven： Yale University Press.

SKEES J R, REED M R, 1986. Rate-making and farm-level crop insurance:implications for adverse selection [J]. American journal of agricultural economics, 68(3):653-659.

SKEES J R, HAZELL P, MIRANDA M, 1999. New approaches to crop insurance in developing countries [R]. EPTD discussion paper no. 55, international food policy research institute.

SMITH V H, GOODWIN B K, 1996. Crop insurance, moral hazard, and agricultural chemical use[J]. American journal of agricultural economics, 78(2):428-438.

SOMMARAT C, ANDREW G M, CHRISTOPHER B B, 2009. Willingness to pay for index based livestock insurance:Results from a field experiment in Northern Kenya[J]. Radiation protection dosimetry, 136(3):176-184.

SCHULTZ T W, 1964. Transforming traditional agriculture[M]. New Haven:Yale University Press.

TURVEY C G, Zhao C, 1993. Parametric and nonparametric crop yield distributions and their effects on all-risk crop insurance premiums[D]. Guelph:University of Guelph.

WOOLDRIDGE J M, 2010. Econometric analysis of cross section and panel data [M]. Cambridge:The MIT Press.

WRIGHT B D, HEWITT J D, 1994. All-risk crop insurance:lessons from theory and experience [J]. Economics of agricultural crop insurance:Theory and evidence, 4:73-112.

XU J F, LIAO P, 2014. Crop insurance, premium subsidy and agricultural output[J]. Journal of integrative agriculture, 13(11): 2537-2545.